FAO中文出版计划项目丛书

世界畜牧业

——实现可持续发展目标，促进畜牧业转型

联合国粮食及农业组织　编著

刘芹防　刘　琳　译

中国农业出版社
联合国粮食及农业组织
2022·北京

引用格式要求：

粮农组织和中国农业出版社。2022年。《世界畜牧业——实现可持续发展目标，促进畜牧业转型》。中国北京。

14-CPP2021

本出版物原版为英文，即*World livestock, Transforming the livestock sector through the Sustainable Development Goals*，由联合国粮食及农业组织于2018年出版。此中文翻译由中国农业科学院农业信息研究所安排并对翻译的准确性及质量负全部责任。如有出入，应以英文原版为准。

FAO中文出版计划项目丛书

指 导 委 员 会

自农业出现以来，人类的进步就一直依赖于畜牧相关的产品和服务，即使是在后工业社会，在粮食和营养安全方面也仍然严重依赖动物。随着我们对经济发展的理解不断深入，我们必须认识到畜牧业的持久重要性。畜牧业对发展中国家的经济尤为重要，在这些国家，粮食不安全是一个普遍问题。

联合国《2030年可持续发展议程》（简称《2030年议程》）及该议程确定的17项可持续发展目标（Sustainable Development Goals，SDGs，简称可持续发展目标）和169项指标已成为所有国家都能接受和适用的、普遍认可的准则。可持续发展目标以2000—2015年千年发展目标（Millennium Development Goals，MDGs，简称千年发展目标）的成功为基础，旨在为消除贫困和饥饿做出更多努力。它们寻求以可持续的方式解决贫困的根源并满足发展的普遍需要。各国政府应主动作为，并为实现这些目标建立国家框架。每个国家只有加大可持续发展政策支持力度，健全完善部门间的协调机制，制定并落实好相关计划和方案，才能实现这些目标。

许多艰巨的挑战依然存在。世界上有八分之一的人生活在极端贫困之中；有8.15亿人营养不良；每年有13亿吨粮食被浪费；每年有600万儿童在5岁生日之前死亡；有超过2亿人失业。此外，约30亿人依靠木材、煤炭、木炭或动物粪便等来做饭和取暖；地球的土壤、淡水、海洋和森林正在迅速退化，生物多样性正在受到侵蚀；气候变化给我们所依赖的自然资源带来了更大的压力，扰乱了国民经济，影响了许多人的生活。几十年来，关于畜牧业的争论一直集中在如何以更少的资源生产更多的产品，以便到2050年可以供养98亿人。然而，《2030年议程》现在为辩论增加了新的、更广泛的内容，它将重点从促进可持续生产本身转向增强畜牧业对实现可持续发展目标的贡献。

除了严峻的挑战之外，未来还有巨大的机遇。畜牧业将在改善数百万人的生活方面发挥关键作用：向世界提供充足和可靠的肉类、牛奶、鸡蛋和乳制品；增加动物源性食品的直接消费；增加收入和创造就业机会；增加农村家庭用于实现生计目标的资产。它还可以改善儿童的认知，促进儿童的身体发育，提升儿童的入学率和表现；赋予农村妇女权利；提高自然资源利用效率；增加获得清洁和可再生能源的机会；促进经济持续增长。最后，它可以产生财政收入和外汇；创造增值和工业化的机会；鼓励小农创业，缩小不平等差距；促进可持续的消费和生产；提高家庭对气候冲击的适应能力；并召集不同的利益相关者来实现以上这些目标。

　　然而，在实现这一切之前，需要解决一些复杂的相互关联问题。发展中国家稀缺的生产要素可能会妨碍小型畜牧饲养者从快速发展的畜牧业中获益；过度使用自然资源来增加短期产量可能会降低长期生产率；尽管畜牧业温室气体排放强度正在下降，但产量的增加将导致更高的温室气体（Greenhouse Gas，GHG）水平。这样的问题还有很多：土地竞争可能会限制用于生产粮食的自然资源；跨界动物疾病的出现和传播可能会对公共卫生构成重大威胁；以更高的市场集中度促进更强的竞争可能会将许多小生产者排除在市场之外。这些问题的核心是需要遏制畜牧业生产对生物多样性和环境的负面影响，并停止在畜牧业中不当使用抗生素。不能解决这些相互关联的问题可能会影响积极的协同作用，导致消极的作用占主导地位。现有的政策工具既可以用来增强积极作用，也可以用来缓解负面后果。然而，一些可持续发展目标的实现可能与其他目标的实现相冲突。因此，决策者可能不得不在一个领域的收益与其他领域的损失之间进行权衡。为了支持畜牧业所需的转型，以增强其对可持续发展目标的贡献，本书研究了畜牧业与每个可持续发展目标之间的关系，以及潜在的协同效应、利弊和复杂的相互作用。

　　在这方面，本书旨在作为一个参考框架，供成员和利益相关者在推进实现畜牧业对《2030年议程》的重大潜在贡献时参考。

José Graziano da Silva
时任联合国粮农组织总干事

ACKNOWLEDGEMENTS |致　谢|

《世界畜牧业——实现可持续发展目标，促进畜牧业转型》由联合国粮食及农业组织（Food and Agriculture Organization of the United Nations，FAO，简称联合国粮农组织）的一个多学科小组编写，该小组由联合国粮农组织畜牧生产及动物卫生司（Animal Production and Health Division，AGA）司长 Berhe G. Tekola 和牲畜政策专员兼出版物编辑 Alejandro Acosta 指导。由畜牧生产及动物卫生部门管理团队的 Henning Steinfeld、Juan Lubroth 和 Badi Besbes 提供总体指导。

研究和写作团队由 Alejandro Acosta 领导，成员包括：Philippe Ankers、Carlos Barrantes、Roswitha Baumung、Badi Besbes、Paul Boettcher、Mirko Bruni、Paolo Calistri、Rodrigo Castañeda、Giacomo de' Besi、Tito Diaz、Francesca Distefano、Ahmed ElIdrissi、Juan Lubroth、Harinda Makkar、Raffaele Mattioli、Anne Mottet、Francesco Nicolli、Julio Pinto、Ana Saez、Jozimo Santos-Rocha 和 Markos Tibbo。最初的背景材料由 Alejandro Acosta（畜牧生产及动物卫生）、David Roland-Holst（加州大学伯克利分校）、Joachim Otte（顾问）和 Thomas Eliot Brooks（加州大学伯克利分校）编写。

编写小组要感谢联合国粮农组织以下同事的付出和建议：Festus Akinnifesi、Deyanira Barrero、Mohammed Bengoumi、Magdalena Blum、Andrea Cattaneo、Juan Carlos Garcia Cebolla、Ricardo Claro、Katinka DeBalogh、Camillo De Camillis、Ana Paula de la O Campos、Bouna Diop、Aragie Emerta、Sergio Rene Enciso、Ceren Gurkan、Sergio Rene Enciso、Irene Hoffmann、Clarisse Ingabire、Ana Islas Ramos、Akiko Kamata、Panagiotis Karfakis、Arwa Khalid、Silvia Kreindel、Hilde Kruse、Jeffrey Lejeune、Gregoire Leroy、Yilma Makonnen、Natasha Maru、Arni Mathiesen、Holger Matthey、Friederike Mayen、Samia Metwally、Subhash Morzaria、Jamie Morrison、Oliver Mundy、Lee Myers、Karin Nichterlein、Felix Njeumi、Carolyn Opio、HendrikJan Ormel、Patrick Otto、Eran Raizman、Andriy Rozstalnyy、Beate Scherf、Margherita Squarcina、Baba Soumare、Keith Sumption、Gregorio Velasco-Gil、Sophie von Dobschuetz、Makiko Taguchi 和 Esther Wiegers。我们衷心感谢联合国粮农组织中期展望和市场分析小组分享的数据和信息。

本书得益于许多国际专家的外部评审和建议：Richard Abila，国际农业发展基金（International Fund for Agricultural Development，IFAD，简称国际农发基金）；Alban Bellinguez（国际农发基金）；Mawira Chitima（国际农发基金）；Ségolène Darly（巴黎第八大学）；Stephane de la Rocque（世界卫生组织）；Khadija Doucouré（国际农发基金），Benjamin Henderson（Organization for Economic Cooperation and Development，OECD，经济合作与发展组织，简称经合组织）；Ermias Kebreab（加州大学戴维斯分校），Hayden Montgomery（Global Research Alliance，GRA，全球研究联盟）；Antonio Rota（国际农发基金）；Silvia Sperandini（国际农发基金）；Luis Tedeschi（得克萨斯农工大学）；Alberto Valdés（智利卡托利卡大学）。

特别感谢时任国际粮食政策研究所（International Food Policy Research Institute，IFPRI）总干事樊胜根在本书发布期间发表的主旨演讲。

KEY MESSAGES |关键信息|

　　题为"实现可持续发展目标，促进畜牧业转型"的《世界畜牧业》把辩论的焦点从促进可持续生产本身转向增强畜牧业对实现可持续发展目标的贡献。本书呼吁实行畜牧业可持续发展综合方针，强调今后的主要挑战是将可持续发展目标有效转化为具体的、有针对性的国家政策行动。

　　发挥畜牧业乘数效应，促进经济增长。畜牧业对全球各国的经济做出了重大贡献。在发达国家和发展中国家，畜牧业产值分别占农业总产值的40%和20%。然而，畜牧业可在生产以外的范畴发挥纵向和横向的乘数效应，强化对经济增长的贡献。其实，与农业部门相比，非农业部门对畜牧生产方面的变化往往更加敏感。相关政策应推行提高劳动生产率、促进增加附加值的劳动密集型畜牧业模式。

　　把畜牧业的快速发展转化为更加快速的消除饥饿。鉴于畜牧业有望实现快速发展，同时很多贫困人口都以畜牧为生，因此人们有时下意识地认为畜牧业有助于消除饥饿。无疑，畜牧业可以发挥关键作用，防止人们陷于贫困，但更值得商榷的是，畜牧业能否让人们摆脱贫困。随着全球人口不断增长，发展中国家对畜牧产品的需求可能有所增加，因此必须探索各种方式，确保畜牧业快速发展能够有效促进消除饥饿。同时，也有必要更深入地了解经济增长与消除饥饿的关系以及促进畜牧业快速发展的因素。

　　发挥畜牧业消除饥饿和营养不良的潜力。畜牧业可以通过多种方式促进消除饥饿和一切形式的营养不良，包括：提高有营养的动物源性食品的直接消费；帮助创收；创造就业机会；创造财政收入；赚取外汇。然而，畜牧业必须克服一些相互关联的新挑战。更多的畜牧产品需求将加大生态系统当前承受的压力，畜牧业生产者将面临更大的资源挑战，因此生产率即使有所提高，很有可能只会缓慢提高。此外，当前畜牧市场结构转型可能会妨碍小规模生产者和贫困消费者从经济增长和生产率提高中受益。

　　预防动物疫病，确保健康生活。纵观全球，畜牧产品及其衍生品有助于改善人类生计，并且通过优质营养，还有利于人类的健康和福祉。然而，包括家畜及其产品在内，动物也会对人类健康产生风险。增养大量家畜、密集管理、加快牲畜出栏、在狭小空间内圈养大量动物和在扩大畜牧生产过程中造成生境零碎化的做法全都增加了暴发重大动物疫病的概率。在动物生产中不当使用、过度使用和滥用抗微生物药物，会提高病原体对抗微生物药物的耐药性，可能会造成全球人类感染。通过"同一个健康"办法，确保动物生产与卫生专家、公共卫生官员和商界（包括饲料业）协作，对于实施综合预防战略应对与畜牧相关的人类健康风险至关重要。

平衡动物源性食品摄入，促进儿童认知发展，提高儿童入学率和学习成绩。动物源性食品富含能量，可为人体提供高质量、易消化的蛋白，及易吸收、生物可利用的微量养分。比起植物源性食品，这类养分更易从动物源性食品中获得。在儿童膳食中提供足量的动物源性食品，可以增加儿童所需营养的多样性，保持并促进其认知表现、微量养分状况、生长发育、体育活动、学习成绩和适当的免疫反应，同时抵御微生物伺机侵害。

促进妇女参与畜牧生产，培育妇女畜牧决策能力。纵观全部发展中国家，农村和城市郊区的妇女都深度参与畜牧生产。然而，比起男性，妇女获取资源的机会较差，这意味着女性养殖户在经济、社会和制度上往往面临更大的障碍。为使妇女切实从事畜牧活动并从中受益，相关政策和计划应着力消除造成性别不平等现象的根源，打破妇女面临的障碍和桎梏。

提高畜牧生产用水效率，解决缺水问题。在现有全部淡水资源中，农业用水量约占70%，畜牧业用水量约占农业用水量的30%。为满足不断增长的畜牧产品需求，目前畜牧业用水量占农业用水量的比重增加，从而加剧了与其他人类用水和种植业用水需求的竞争。鉴于畜牧生产留下了大量水足迹，提高整个畜牧生产系统用水效率并加强政策指导至关重要，这将确保获得安全水源和改善水源卫生条件。

把家畜粪肥变为可再生能源。在全球人口中，约有17%没有电力供应，38%没有干净的烹饪设施。这些人群中的80%大都生活在农村地区。家畜粪肥转化而成的沼气能为10亿多人提供一种重要的家用可再生能源，使其获得负担得起、可靠、可持续的能源。这对撒哈拉以南非洲和南亚特别重要，在这两个区域，农村往往没有直接接入国家电力系统，因而陷于贫困和欠发达的境况。

推动工业化，提高畜牧产品附加值和复杂度。在很多发展中国家，畜牧产品对价值链的贡献是为下游从业者提供简单产品，而这类产品在农产品加工和总出口中占比极小。由于不是所有产品都对经济增长有着相同影响，所以集中生产简单产品的做法使很多发展中国家的畜牧业难以实现更快的经济增长。经济发展的意义不仅在于不断改进同类产品的生产，还在于获得更加复杂的能力，实现生产多样化，从而提高产品复杂度，提高生产率。工业化带来了巨大机遇，发展中国家可以借此提高畜牧初级产品的附加值和复杂度，让畜牧业进入全球价值链下游，从而加快经济发展。

实施基础设施、财政和制度建设政策，配合贸易开放，减少国与国之间不平等现象。关于贸易开放有助于缩小国与国之间发展差距的论点主要建立在传统经济理论的基础之上。然而，贸易自由化的潜在惠益未必会对所有的国家和社会产生同样影响。发达国家与发展中国家、净出口国家与净进口国家、国内与国际、小农与商业化农民、农村非农生产者与城市消费者之间很有可能存在巨大差异。在发展中国家，畜牧业往往不居优势地位，难以从贸易自由化中受益。为减少国与国之间的不平等现象，贸易改革需要辅以适当的基础设施、财政和制度建设政策。

实现惠益最大化，同时防控城市畜牧风险。1996年联合国人类住区会议确认，包括畜牧生产在内，城市农业是建设可持续城市的一种"可取做法"。在城市中，畜牧生产对城市发挥的作用变化不定，有争议性，但往往必不可少，尤其是在发展中国家。城市畜牧生产的主要惠益包括创收、创造就业机会、改善粮食安全和营养状况。然而，城市畜牧生产也会产生重大风险，在缺乏适当卫生条件和基础设施的情况下，这类风险可能造成环境和公共卫生危害。为促进城市可持续发展，必须采取具体措施减少此类风险，包括采取加强卫生、农业、市政和环境部门之间的协调等措施。

少投多产，同时平衡消费和减少损失。在动物产品消费将增加的情况下，畜牧业有必要少投多产。不可持续的生产和消费方式除了助长资源的低效利用之外，也是经济机会丧失、环境破坏、贫困和健康问题的源头。最佳做法的采用可以大大地提高自然资源利用效率。根据营养建议调整膳食，也能对自然资源利用和温室气体排放产生重大影响。通过减少供应链各个环节的粮食浪费和损失，可以进一步提高效率。由于产品的整个生命周期都需改进，所以这项目标要求各利益相关者都参与其中，这些利益相关者包括消费者、政策制定者、零售商和业界代表等。然而，更大的挑战在于因地制宜调整和运用新技术，以及为鼓励采用新技术制定配套政策和构建基础设施。

提高畜牧资源利用效率，应对气候变化及其影响。畜牧业与气候变化存在两方面关系。一方面，畜牧业大大加剧了气候变化；另一方面，气候变化影响了畜牧生产。提高资源利用效率是减少排放和增强抵御气候变化能力的关键。现有若干减缓和适应气候变化的方案，可以提高自然资源利用效率，同时增加食品链内部土壤碳含量和养分再循环。这些方案的实施需要转让技术和传授知识，辅以适当激励和有利的监管体系。此外，还必须在农场以外采取措施，包括制度调整、灾害风险管理和社会保障等。

预防污染，控制鱼品用作动物饲料，减少畜牧业对海洋生态系统的影响。全球海洋鱼类面临的严重威胁，既体现为生物多样性丧失，又表现为鱼类数量日益减少。其原因主要是渔业过度捕捞。全球渔获大量变为鱼粉和鱼油，并用作陆生动物饲料。然而，通过使用若干植物源性饲料，辅以合成氨基酸和酶，可以大大减少家畜和水生动物饲料配方所用鱼粉，从而有助于保护海洋生态系统。更有效的沿海或流域规划以及畜牧业、饲料业和渔业的密切协作有助于促进陆地和海洋食物生产系统可持续发展。

实行草地可持续管理，提高饲料利用效率，加强生态系统服务。纵观全球，自然资源日渐衰竭，生态系统面临压力，生物多样性不断丧失。放牧和饲料生产用地对环境造成严重影响。尽管畜牧业加剧了生物多样性减少、土地退化和森林砍伐，但也提供了非常宝贵的服务，从而保护、恢复和促进了陆地生态系统的可持续利用，防治了荒漠化，扭转了土地退化，遏制了生物多样性丧失。畜牧业对环境影响的好坏取决于畜牧生产和管理体制。例如，畜牧生产可以对促进草场可持续利用和管理、保护野生动物、提高土壤肥力和促进养分循环起到至关重要的作用。

发展畜牧业，促进社会和平与稳定。稳定、和平的环境是可持续发展的基础。在发展中国家的很多社区，社会经济福祉与畜牧业息息相关。危机时期，尤其是在重建恢复期间，家畜对恢复动物蛋白供应至关重要。在公共卫生领域，动物疫病可能暴发后迅速蔓延，并演变为区域范围（有时为全球范围）内严重的卫生、社会和经济危机。此外，人口之间的土地和草场纠纷也可能引发冲突。明晰的产权、严明的立法、合理的畜牧政策和对当地机构的信任，这些机制都可以增强畜牧业作为社会和平与稳定催化剂的作用。

建立包容、有效的畜牧业伙伴关系，配合实现《2030年议程》。坚定建立伙伴关系与开展合作的决心对于实现《2030年议程》至关重要。要具备广博的知识、丰富的经验和专长，意味着必须广泛调动各类能力，动员众多利益相关方参与。多利益相关方进程是旨在通过对话、磋商和联合分析，一致商定可持续解决方案并促成变革的进程。畜牧业已将希望寄于全球、区域和国家层面的若干多利益相关方伙伴关系。这类伙伴关系在确保畜牧生产可持续发展、满足全球日益增长的需求以及应对相关环境、社会和经济挑战等方面发挥了关键作用。诚然，多利益相关方伙伴关系有必要扩大公私联合行动的影响力，但必须深入了解联合行动的合理性、包容性、治理性、有效性和对发展的影响。

把畜牧业对可持续发展目标的关键作用转化为国家政策和战略。可持续发展目标及其具体目标高远全面。因此，各国必须确定如何把畜牧业对可持续发展目标的作用纳入国家规划进程、政策和战略，如何在全球可持续发展目标的指引下兼顾国情设定国家具体目标。在全球畜牧政策领域，近期讨论的焦点是畜牧业对《2030年议程》的潜在贡献。然而，目前没有全面的政策框架，难以评估和更有效支持将畜牧业和可持续发展相关问题纳入国家政策进程。为更好地支持畜牧业政策与可持续发展战略相结合，《世界畜牧业》提出了"畜牧业-可持续发展目标政策框架"，作为增强畜牧业政策分析在实现《2030年议程》方面影响力的工具。

推行畜牧业可持续发展综合方针。畜牧业可持续发展分析历来采用不完全的部门方法，评估的是畜牧业发展对可持续发展某个特定层面的影响。对比《关于环境与发展的里约宣言》提出的可持续发展"支柱"概念，在《2030年议程》中，可持续发展的社会、环境和经济层面相互交织，涵盖整个框架。《世界畜牧业》呼吁制定一个可持续发展综合框架，以更均衡的方式同时兼顾环境、社会和经济层面。

把辩论焦点从促进可持续生产本身转向增强畜牧业对实现可持续发展目标的贡献。几十年来，有关畜牧业的辩论聚焦如何少投多产，以便到2050年可以供养98亿人。然而，《2030年议程》为这方面辩论增加了新的、更广泛的内容。《2030年议程》把辩论的重点从促进可持续生产本身转向增强畜牧业对实现可持续发展目标的贡献。

执行摘要 | EXECUTIVE SUMMARY

通过签署《2030年议程》，世界各国政府承诺在未来共同应对紧迫的经济、社会和环境方面的全球挑战。《2030年议程》是一份旨在消除贫困和饥饿，保护地球，促进共同富裕的路线图。实施这一议程至关重要的是要提高认识、了解每个经济部门对这一目标的潜在贡献，以及就如何实现这一目标建立多方利益相关者共识。自农业出现以来，人类的进步就一直依赖于畜牧相关的产品和服务，即使是最现代的后工业社会，在粮食和营养安全方面也仍然严重依赖动物。随着我们对经济发展的理解不断深入，我们必须认识到畜牧业的持久重要性。

我们正面临着巨大的挑战：世界上有八分之一的人生活在极端贫困之中；有8.15亿人营养不良；每年有600万儿童在5岁生日之前死亡；有超过2亿人失业；我们的土壤、淡水、海洋、森林和生物多样性正在迅速退化；气候变化给我们所依赖的自然资源带来了更大的压力。畜牧业可以直接或间接地在应对其中许多挑战方面发挥关键作用。几十年来，畜牧业辩论的焦点一直是如何以可持续的方式增加产量，而《2030年议程》为辩论增加了新的、更广泛的内容。它将辩论的重点从促进可持续生产本身转向增强畜牧业对实现可持续发展目标的贡献。

可持续发展目标 1. 无贫穷

自1990年以来，尽管极端贫困率有所下降，但全球生活在极端贫困中的人数仍然高得令人难以想象。根据最新估计，2013年10.7%的世界人口生活在人均每天1.90美元的国际贫困线以下。南亚和撒哈拉以南非洲是绝大多数极端贫困人口生活的区域。可持续发展目标1采取多层面的方式结束贫困，强调消除极端贫困、促进包容性经济增长、平等享有经济资源和产权，以及在国家和地区层面增强抵御经济、社会和环境冲击的能力。

牲畜是帮助农村家庭实现生计目标的催化剂。第一，它们可以作为食物或健康的、从事活动的劳动力，从而增强人力资本。第二，它们建立社会资本，加强一些民族和人口的文化多样性和传承。第三，它们有助于增加自然资本存量，提供维持和改善生计所需的资源和服务。第四，它们增加实物资本，为家庭提供交通、畜力和替代能源，以支持和提高生产力。第五，它们增加了家庭的金融资本，提供了一种储蓄机制，并可作为流动资产或确保生计目标的信贷抵押品。第六，它们是抵御外部冲击的重要承受力和平稳消费策略。

可持续发展目标2. 零饥饿

全世界大约有九分之一的人遭受饥饿，其中大多数人生活在发展中国家。在发展中国家，大约13%的人口营养不良。地球上有足够的粮食满足每一个人的生存需求，但仍然存在持续的饥饿和营养不良现象，这说明全球农业粮食体系需要发生重大改变。可持续发展目标2采用全面系统的方法来消除饥饿，重点是实现粮食安全和改善营养不良状况，以及促进农业可持续发展。可持续发展目标2包括确保全年都可以获得安全、营养充分和供应充足的粮食，提高小规模粮食生产者的生产力和收入，完善可持续、有弹性的粮食生产体系，保持粮食和农业遗传资源的多样性，确保粮食市场的正常运行。

畜牧业可以在不同的层面和不同的切入点为消除饥饿做出贡献，并发挥关键作用。在家庭层面，其主要贡献是增加了健康营养的动物源性食品（Animal-source Foods，ASF，动物源性食品）的直接消费并帮助增加收入；在农村社区一级，它的贡献是在上游的畜牧业和下游的食物链产业中创造就业机会。就国家经济而言，发展畜牧业有助于降低动物源性食品价格、产生财政收入和赚取外汇。在全球层面上，它可以向世界提供充足和可靠的鸡蛋、肉类、牛奶和乳制品。

特别地，家畜和动物源性食品可提供人体易于消化的蛋白质和必需的营养素，因此可以为消除饥饿、改善粮食安全和营养状况做出重要贡献。畜牧产品可以贡献全球人类饮食33%的蛋白质摄入和17%的卡路里摄入。动物源性食品是营养丰富、口感舒适的能量和优质蛋白质来源，可提供多种必需微量营养素。动物源性食品所含的维生素B_{12}、核黄素、钙、铁、锌和各种必需脂肪酸等微量营养素，仅从植物源性食品中很难获得足够的量。这些特点使得动物源性食品对于那些通常无法摄入全部所需食物的人群（如幼儿、孕妇和哺乳期妇女）来说非常重要。

可持续发展目标3. 良好健康与福祉

在全世界范围内，人畜共患病严重威胁着人类的健康，导致大量生活在贫困中的人发病和死亡，特别是其中的儿童，他们即使活下来，在余生中也往往会面临更高的医疗费用和更少的收入。总体而言，重大人畜共患病每年造成约25亿例疾病和270万人死亡。在动物生产中不恰当地使用抗生素会导致可感染人类的耐药性病原体在全球范围内传播。如今，每年约有70万人死于耐药菌感染。据估计，如果现在不采取行动，那么到2050年时，耐药菌（Antimicrobial Resistance，AMR）每年可能会导致约1 000万人死亡，经济损失约100万亿美元。可持续发展目标3旨在通过改善生长发育、孕产妇和儿童健康，确保各个年龄段人群的健康和福祉；结束重大传染病疫情；减少非传染性疾病和环境疾病；实现全民医疗覆盖。

牲畜及其衍生品是人类的生计、营养、健康和福祉的重要资产。它们提供大量必需的、高生物价值的蛋白质、脂肪酸、各种矿物质和维生素。此外，它们也是抗菌肽等治疗性化合物的来源。然而，同时它们也会对人类健康造成风险。这些风险可能是直接的，例如通过人畜共患病病原体传播的疾病，埃博拉病毒和中东呼吸综合征冠状病毒（Middle East Respiratory Syndrome Coronavirus，MERS-CoV）等新出现的威胁。如前所述，抗药性微生物带来了另一个日益严重的风险，药物、添加剂、环境中污染物的残留也会对人类健康造成风险。如果过度食用畜牧产品，会产生间接风险，例如心血管疾病等非传染性疾病。

可持续发展目标4. 优质教育

在富人和穷人、男性和女性、农村居民和城市居民之间以及国家内部和国家之间的教育水平的差距仍然很大。2014年，全世界有2.63亿儿童、青少年和年龄较小的成年人没有上过学。在低收入国家，只有14%的学生完成了高中教育。2005—2014年，约有7.58亿成年人（其中近三分之二是女性）缺乏任何识字技能。可持续发展目标4旨在确保所有人都可以受到包容性的、公平的优质教育，并促进所有人享有终身学习的机会。它侧重于人们可以在教育和发展的各个阶段获得基础和高级技能；更多地、更公平地接受各级优质教育，包括技术、职业教育和培训；以及获得良好发挥个人作用和为社会做出贡献所需的知识、技能和价值观。

畜牧业和教育之间既有直接联系，也有间接联系。食用动物源性食品可以改善儿童的认知，促进儿童的身体发育，提升儿童的入学率和表现。此外，畜牧业可以为贫困的农村家庭提供收入，这些农村家庭可以用这些收入支付学费、购买校服和教材。反之，基础教育、农业教育和培训可以促使畜牧生产系统更可持续、更高效。然而，贫困家庭要想获得高质量、包容性的教育、农业培训和推广以及高质量的饮食往往很难，其中一个原因是贫困家庭的儿童需要参与畜牧业生产活动。

可持续发展目标5. 性别平等

性别不平等现象在全世界持续存在，剥夺了妇女和女孩的基本权利和机会。实现性别平等以及赋予妇女和女孩权利将需要做出更多努力，如改革和建立国家法律体系，以打击往往源于父权制和相关社会规范的根深蒂固的性别歧视。可持续发展目标5旨在赋予妇女和女孩权利，让她们在包含农业部门在内的生活的各个领域充分发挥潜力，这也要求消除对她们的一切形式的歧视和暴力。该目标力求确保她们有一切机会可以获得性健康、生殖健康以及生殖权利；在无偿工作时可以获得应有的认可；充分地利用生产资源；与男性平等地参与政治、经济和公共生活。

在发展中国家，平均43%的农业劳动力是女性。农村妇女为小规模畜牧业的发展做出了巨大贡献，据估计，在全球范围内，农村妇女约占低收入畜牧业饲养员的三分之二。然而，与男性相比，女性在全球公共、私人和经济生活中的许多领域都会经历挑战和不平等，这降低并限制了她们的贡献。在农业部门，这些挑战包括更难获得和控制土地、水等生产性资源，获得信贷、市场和技术信息的机会减少等。牲畜饲养和生产可以对可持续发展目标5中实现性别平等以及赋予妇女和女孩权利方面做出重大贡献，但为了使妇女能够在畜牧业中有意义地开展活动并从中受益，应该制定可以消除所有阻碍和限制的方针和政策。

可持续发展目标6. 清洁饮水和卫生设施

缺水、水质差和卫生设施不足已经威胁到世界各地贫困家庭的粮食安全、生计和教育前景。干旱困扰着世界上一些最贫困的国家，加剧了生活在这些国家中的人的饥饿和营养不良。随着全球人口增长和经济发展推高了粮食需求，灌溉和畜牧业的用水量将增加。可持续发展目标6是找到生产更多粮食、同时使用更少水的方法，这是我们现在的重大挑战之一。实现普遍、公平地获得安全和负担得起的饮用水，减少污染以改善水质，消除或尽量减少危险化学品和生物制剂的倾倒和扩散，以及鼓励水的回收和再利用是主要的战略目标。

农业用水量约占现有可用淡水资源的70%，全球约30%的农业用水用于畜牧业生产，其中三分之一用于肉牛饲养。但牲畜直接或间接地使用淡水只是动物生产面临的与水有关的主要挑战之一，另一个挑战是废物管理和处置。牲畜粪便流出和富营养物质泄漏对淡水资源、海洋环境都是一种危害。因此，鉴于与畜牧业生产相关的水足迹巨大且不断增长，提高畜牧业生产系统的用水效率对于实现可持续发展目标6至关重要，从而可以确保所有人都能获得安全水源和卫生设施。

可持续发展目标7. 经济适用的清洁能源

根据国际能源机构（International Energy Agency，IEA）的数据，全球约17%的人口无法获得电力，38%的人口没有干净的烹饪设施，这些人中的80%几乎都生活在农村地区。在12亿无法获得电力供应的人口中，一半以上在非洲（6.34亿），其次是亚洲（5.12亿）、拉丁美洲（2 200万）和中东地区（1 800万）（国际能源机构，2016）。目前，世界消耗的大部分能源（约80%）来自化石燃料，而化石燃料不仅是一种化石资源，还会产生包括温室气体在内的环境污染物。可持续发展目标7旨在寻求确保所有人都能获得负担得起、可靠、可持续的现代能源。它强调投资可再生能源和扩大基础设施以向发展中国家提供可持续能源服务的重要性。

"能源革命"正在用清洁的可再生能源取代具有污染性的煤炭和石油，这很可能成为21世纪最重要的挑战之一。可以转化为沼气的牲畜粪便在这一过程中发挥着重要作用，尤其是在南半球。因为沼气不仅可以提高发展中国家的能源安全，而且有助于解决环境污染、臭味等令人烦恼的问题。在全球层面上，将牲畜粪便转化为沼气还将消除甲烷的主要来源，而甲烷是全球变暖的强大驱动力。在当前环境争论背景下，太阳能、风能、地热能、畜力和生物质能被认为是清洁能源。畜牧业生产依赖于生物质中的能量，而生物质中的能量主要来自太阳能，尽管也有少部分来源于其他能源。

可持续发展目标8. 体面工作和经济增长

在过去的几十年里，畜牧产品的生产和消费已经成为农业中增长最快的部门之一。这一被称为"畜牧业革命"的现象是由人口和收入增长以及快速城市化推动的。随着全球人口的持续增长，对畜牧产品的需求将持续增加，预计全球人口数量将从2017年的76亿上升到2030年的86亿。可持续发展目标8提出了实现更可持续、更包容的经济增长的整体方案。为此，可持续发展目标8旨在通过多样化、技术发展和创新，以及关注高附加值和劳动密集型行业来提高经济生产率。《2030年议程》还提出了以增长为导向的政策，如支持生产活动、创造体面的就业、发展创新型企业、提供更大的金融服务机会，以及微型、小型和中型企业的正规化等。

畜牧业除了能够影响经济和社会的许多不同领域之外，该行业的快速发展对许多国家来说都是一个重大的发展机遇。畜牧业生产对全世界的国民经济做出了重大贡献。2014年，发达国家的畜牧业产值占农业总产值的40%，发展中国家的畜牧业产值占农业总产值的20%。在全球范围内，约有13亿人从事于不同的畜牧产品生产环节。鉴于预测出畜牧业具有惊人的增长率，可以推知畜牧业在创造就业和缩小差距方面具有巨大潜力，直接有助于实现包容性和可持续的经济增长、创造就业和人人都可以有一份体面工作的目标。畜牧业生产可以通过两种主要方式促进经济增长：一是通过对农村生计和农业产出的直接贡献；二是考虑畜牧业与其他行业的各种联系，通过畜牧产品在消费和供应链上达到倍增效应。

可持续发展目标9. 产业、创新和基础设施

可持续工业化对经济和社会快速发展而言至关重要，尽管它为发展中国家带来了巨大的机遇，但这些国家仍远未达到相适应的工业生产力水平。事实上，过去几十年，全球平均制造业增加值（Manufacturing Value Added，MVA）占GDP的比例一直在稳步下降，从1995年的21%左右下降到2015年的15%左右。根据联合国工业发展组织（简称联合国工发组织）的数据，发展中国家制

造业就业的比例从1970年的12%左右增长到2010年的14%左右，即基本上保持停滞。可持续发展目标9旨在使人们重新关注建设弹性基础设施、促进包容性和可持续的工业化以及鼓励创新的重要性，从而重新分配资源，促进社会包容性和环境可持续的经济增长。

畜牧业为工业化提供了具有吸引力的机会，并增加了制造业增加值在国民经济中的份额。畜牧产品加工业是新兴国家增长最快的行业之一。这一事实以及工业能力、基础设施、研究创新和融资渠道的全面发展，为增加畜牧业价值、实现更具包容性的经济增长提供了一个极好的机会。然而，相当多的发展中国家主要通过向发达国家的下游行业提供初级和粗加工产品来为全球畜牧业价值链做出贡献。由于并非所有产品都对经济增长具有相同的影响，所以专注于粗加工产品在很大程度上阻碍了这些国家的经济增长速度和关键发展指标的改善。因此，经济发展的意义不仅在于不断改进同类产品的生产，还在于获得更加复杂的能力，实现生产多样化，从而提升产品复杂度，提高生产率。

可持续发展目标10. 减少不平等

经济不平等是指人们在社会中的经济地位不平等，以收入、购买力或财富来衡量。然而，不平等也与性别、年龄、种族等人口特征有关。仅仅是因为某些人的出身不同，他们面临的机会就会一直低于他们的同胞。可持续发展目标10呼吁减少收入不平等，以及国家内部和国家之间基于性别、年龄、残疾、种族、阶级、民族、宗教和机会等的歧视。可持续发展目标10与可持续发展目标1（消除贫困）密切相关，尽管过去几十年来在消除饥饿方面取得了进展，但世界仍然存在严重的不平等。为了实现可持续发展目标1和10，除了采取促进经济增长的措施之外，还需要制定促进公平的政策并采取相关干预措施（世界银行，2016）。

畜牧业为创收和创造就业岗位提供了大量机会，尤其是在乳制品行业。在供给方面，牲畜是至少5亿贫困人口的食物和收入来源，这些人口部分或全部依靠饲养牲畜为生。从广义上讲，贫困的女性和老年人参与农业生产的比例正在增加。与此同时，在撒哈拉以南非洲寻找工作的年轻人（15～24岁）的数量在未来30年内将增加75%，而繁荣的畜牧业将在吸引他们进入劳动力市场方面发挥重要作用。有了正确的投资和政策，并提供一种国家和地区支持的包容性强、倾向妇女和年轻人需求的畜牧业发展形式，该部门可以为减少收入不平等以及基于性别和年龄的歧视做出重大贡献。

可持续发展目标11. 可持续城市和社区

全球快速城市化是人类居住区崛起中最深刻的转变之一。2007年，世界城市人口首次超过农村人口。这一趋势在过去十年中一直持续，预计未来将催生更多的城市和城市居住区，改变国家的经济和社会结构。到2050年，预计将有超过三分之二的世界人口生活在城镇，这将给自然资源、生活环境和公共卫生带来压力。可持续发展目标11旨在通过实现各种目标从而使人类居住区具有包容性、安全性、适应性和可持续性，这些目标包括：促进参与性和包容性的城市规划和管理；加强城市和农村地区之间的联系；解决环境和气候问题，包括空气质量和废物管理、提高资源利用效率、缓解和适应气候变化，以及抗灾能力等。

直到最近，城市畜牧业生产依然经常被认为是有问题的，受到城市法律和政策的严格限制。然而，现在在城市环境中饲养牲畜得到了更多的认可，因为它可以为城市居民带来好处。畜牧业生产通常在城市中发挥着重要作用，尤其是在发展中国家。它的好处主要包括创收，创造就业，改善城市粮食安全、营养和健康。它在减轻贫困和增加对弱势群体，特别是对妇女的社会包容方面，以及在提高城市居民对粮食危机或经济危机的适应能力方面，也发挥着重要作用。与当地市场的距离较近会使城市畜牧业生产具有吸引力，尤其是对易腐食品来说。然而，只有在解决与健康和环境风险有关的几个问题后，畜牧业才能充分发挥对实现可持续发展目标11的促进作用。

可持续发展目标12. 负责任消费和生产

根据世界自然基金会（World Wide Fund for Nature，WWF）和全球足迹网络（Global Footprint Network，GFN）等组织的一些生态足迹研究，人类已经使用了超过一个地球价值的资源，到21世纪中叶可能会消耗三个地球价值的资源。尽管这些研究存在争议，但它们提出了一个问题：到2030年，是否有足以维持86亿人生活的资源。可持续发展目标12关注可持续消费和生产，旨在"用更少的资源做更多更好的事情"。其目标是增加所有经济活动的净收益，同时减少资源使用量，减少环境退化和污染。由于产品的整个生命周期都需要改进，所以这一目标需要各利益相关者的参与，这些利益相关者包括消费者、决策者、零售商和行业代表等。可持续发展目标12优先考虑规划，并鼓励各国政府实施支持可持续消费和生产的公共采购政策，帮助私营部门将可持续实践融入其生产周期中。

作为一个特别需要资源的部门，畜牧业可以在这里做出非常重要的贡献。在所有地区和生产系统中都存在产量差距和提高效率的巨大潜力。然而，需求方面也需要可持续性。可持续发展目标12强调了信息的重要性，特别是对消费者而言。该目标强调教育的必要性，并鼓励发达国家带头实施促进可持续消费的方案。这对畜牧业非常重要，因为发展中国家对动物源性食品的需求正在快速增加。最后，减少浪费、损失以及化学污染也被列为可持续发展目标12的关键目标。在整个食品供应链中，所有利益相关者都需要共同努力，以减少消费者和食品行业的浪费或在生产过程中损失的肉、奶和蛋的数量。这可以带来巨大的可持续性收益。

可持续发展目标13. 气候行动

联合国认识到气候变化是发展面临的最大威胁。2016年是有记录以来最热的一年，也是第三个破纪录年份。同年，大气中的平均二氧化碳浓度超过了百万分之400的标志性阈值，这是有记录以来（超过65万年）第一次达到这样的水平。目前二氧化碳浓度的增长速度比上一次冰河时代结束时快100多倍。气候变化对农业和粮食安全的影响令人担忧，这种影响将不均衡地落在最贫困和最脆弱的人身上。可持续发展目标13旨在加强应对气候相关危害和自然灾害的恢复力和适应能力。其第二个目标是将气候变化措施纳入国家政策、战略和规划，这意味着提高各国适应气候变化及其不利影响的能力，同时促进绿色低碳发展。

气候变化可以直接影响牲畜，如通过热应激增加牲畜发病率和死亡率；也可以间接影响牲畜，如通过影响饲料、牧草的质量和可用性以及动物疾病来影响牲畜。小规模畜牧饲养者、渔民和牧民是最容易受到气候变化影响的群体。与此同时，畜牧业对气候变化贡献最大，2010年，牲畜粪便和肠道发酵直接产生的温室气体排放量为240亿吨二氧化碳当量，约占农业、林业和其他土地利用排放总量的21%，约占人类活动产生的温室气体排放总量的5%。联合国粮农组织估计，畜牧业相关的温室气体排放量，包括饲料生产、加工和运输以及农场中使用的能源排放，约占人类活动产生的温室气体排放总量的14.5%。

可持续发展目标14. 水下生物

超过30亿人的生存依靠着海洋和沿海生物的多样性，而相同数量的人群从鱼类中获得的蛋白质约占其动物蛋白质平均摄入量的20%。此外，鱼类还提供人体必需脂肪（如长链ω–3脂肪酸）、维生素A、维生素B、维生素D以及矿物质。然而，近几十年来，全球鱼类资源面临的压力一直在稳步增加。2013年，约58%的海洋种群被完全捕捞，失去了增产潜力；31.4%的海洋种群被过度捕捞，只有在成功重新储备后才能增产。可持续发展目标14旨在促进海洋和沿海生态系统的保护和可持续利用；防止海洋污染；增加小岛屿发展中国家和最不发达国家从可持续利用海洋资源中获得的经济利益。

世界上有很大一部分鱼被加工成鱼粉（主要用于高蛋白饲料）和鱼油（主要用作水产养殖的饲料添加剂，但也用于人类消费），但这一比例正在下降。鱼粉和鱼油不仅可以从整条鱼中提取，还可以从鱼边角料或其他鱼类副产品中提取。对鱼粉和鱼油持续增加的总体需求大量消耗海洋资源。猪和鸡目前使用全球约27%的鱼粉。一个重要的问题是：如果管理不当，牲畜粪便中的养分流失和析出会产生严重的环境后果，并可能对沿海海洋渔业造成极大危害。析出率因气候和土壤条件而异，在一个国家或地区内也存在显著差异。

可持续发展目标 15. 陆地生物

在全球范围内，自然资源正在恶化，生态系统正在退化，生物多样性正在丧失。包括砍伐森林在内的土地利用的变化导致了宝贵栖息地的丧失、清洁水的减少、土地退化、土壤侵蚀和温室气体的排放。这种破坏主要归因于将森林或牧场用于农业和基础设施开发等其他土地用途。可持续发展目标 15 基于这样的理论，即健康的生态系统可以保护地球并维持生计。可持续发展目标 15 主要侧重于生物多样性和土地利用，旨在加强各种环境中生态系统维护的供给，明确目标是保护生态系统和遗传资源、恢复土地、停止砍伐森林和防治荒漠化。

畜牧业生产无处不在，高达 25% 的全球土地被牧场覆盖。牲畜约占该地区的 70%，而 33% 的农田用于饲料生产。近年来，人们对于畜牧业对生物多样性、土地利用和气候变化的影响的认识和监督有所增强。然而，畜牧业对环境是否有益不仅取决于使用的生产系统的类型，还取决于使用的方式。通过与土地、植被和栖息地的直接相互作用，畜牧业可以为生态系统维护提供有价值的调节和支持。可持续草地管理、通过畜牧业加强生态系统维护以及适度提高饲料利用效率是实现可持续发展目标 15 的关键。

可持续发展目标 16. 和平、正义与强大机构

据联合国称，许多国家仍面临长期暴力和武装冲突，很多人在体制薄弱，无法获得司法、信息和其他基本自由的情况下受苦受难。截至 2015 年底，全世界有 6 500 多万人因冲突、暴力或侵犯人权行为而流离失所，其根源往往可以追溯到农业、畜牧业、粮食危机和经济危机。大多数流离失所者是来自农村地区的畜牧业从业者。可持续发展目标 16 设想在尊重人权、法治、善政以及透明、有效和负责的机构的基础上建立和平、包容的社会。

治理不善和缺乏法律为土地使用和管理方面的冲突提供了肥沃的土壤，危及高度依赖牧场资源和放牧区的牧民的生计。气候变化和相关的资源损失进一步加剧了他们的不安全感。内乱和人道主义危机对畜牧业造成了沉重的损失，因为集体的不安全感会迅速转化为更高的牲畜死亡率、更低的生产力并减少畜牧产品进入当地和国家市场的机会。管理良好的畜牧业有助于保护生态系统和生物多样性，但在这种情况下也受到了重创。气候变化异常和自然灾害造成的紧急情况可能会造成大规模的社会混乱以及牲畜养殖户的大规模流离失所。

可持续发展目标 17. 促进目标实现的伙伴关系

《2030 年议程》的通过标志着全球社会发展方式的一个转折点。可持续发展目标涵盖了经济、社会和环境方面的发展，并强调了它们之间联系的重要

性。实现可持续发展目标所需的知识、经验和专业技能的广度意味着要有广泛的能力和非国家行为者的参与，如民间社会组织、生产者组织、私营部门、学术界和研究机构。这对实现经济、社会和环境三个方面的所有的可持续发展目标至关重要。可持续发展目标17呼吁各行为者之间建立多方利益相关者伙伴关系，以提供财政、知识和机构支持，推动不同部门的进步。通过互相合作，所有利益相关者都可以实现变革。

目前，畜牧业已经依赖于全球和区域层面的多个利益相关者伙伴关系。它们在确保牲畜生产的可持续增长，满足不断增长的全球需求，以及应对相关的环境、社会和经济挑战方面发挥着关键作用。以下是在畜牧业可持续发展方面公认的一些重要的合作伙伴关系：同一健康（One Health）、全球可持续畜牧业议程（Global Agenda for Sustainable Livestock，GASL）、畜牧业环境评估和绩效（Livestock Environmental Assessment and Performance，LEAP）合作伙伴关系、全球牧民知识中心（Global Pastoralists Knowledge Hub）、多利益相关者饲料安全合作伙伴关系（Multi-stakeholder Feed Safety Partnership），联合国粮农组织三方伙伴关系（Tripartite Partnership of FAO）、世界卫生组织（World Health Organization，WHO）、世界动物卫生组织（World Organization for Animal Health，OIE）、全球畜牧兽医联盟（Global Alliance for Livestock Veterinary Medicine，GALVmed）、畜牧业全球联盟（Livestock Global Alliance）、亚洲乳品业（Dairy Asia）、畜牧业发展伙伴关系（Partnership for Livestock Development）、非洲的消除饥饿和可持续经济增长（Alleviation and Sustainable Economic Growth in Africa，ALIVE）以及拉丁美洲可持续牲畜发展委员会（Latin American Commission for Sustainable Livestock Development，CODEGALAC）。

目　录 CONTENTS

1 畜牧业与脱贫

1.1 引言

　　自1990年以来，尽管极端贫困率有所下降，但全球生活在极端贫困中的人数仍然高得令人难以想象（图1-1）。根据最近的估计，2013年，发展中国家有五分之一的人生活在每人每天1.90美元的国际贫困线以下（世界银行，2017）。尽管近几十年来所有区域的极端贫困率都有所下降，但进展并不平衡。贫困水平下降的主要原因是东亚和太平洋地区以及南亚的快速发展，使撒哈拉以南非洲成为最贫困的地区，世界上约一半的极端贫困人口生活在那里。此外，在我们努力消除贫困的过程中，仍然有约2亿人失业，预计未来15年内还需要6亿个新的工作岗位来吸纳不断增长的达到工作年龄的人口（世界银行，2013）。《2030年议程》可持续发展目标1采用了一种多层面的方法来清除一

切形式的贫困。可持续发展目标1包括消除极端贫困；建立贫困人口的适应能力；建立健全相关政策体系（联合国，2016a）。

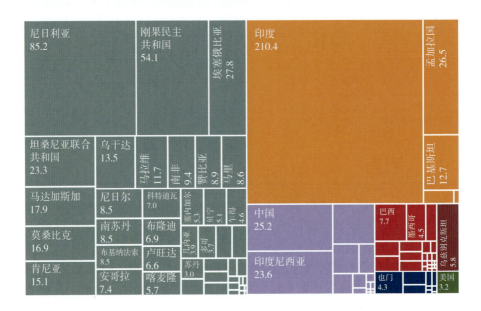

图1-1　世界上极端贫困率（2013）

资料来源：基于世界银行和联合国人口署数据，2018年。

　　畜牧业是帮助农村家庭实现生计目标的重要途径。第一，它们可以作为食物或健康的、从事活动的劳动力，从而增强人力资本。第二，它们建立社会资本，加强一些民族和人口的文化多样性和传承。第三，它们有助于增加自然资本存量，提供维持和改善生计所需的资源和服务。第四，它们增加实物资本，为家庭提供交通、畜力和替代能源，以支持和提高生产力。第五，它们增加了家庭的金融资本，提供了一种储蓄机制，并作为流动资产或确保生计目标的信贷抵押品。第六，它们是抵御外部冲击的重要承受力和平稳消费策略（Abed和Acosta，2017）。

　　鉴于畜牧业有望实现快速发展，而且根据经验观察，许多贫困人口的生计都依赖畜牧业，因此人们普遍认为畜牧业将对消除饥饿做出贡献。如前所述，畜牧业在帮助贫困家庭维持生计方面发挥着重要作用。然而，这些家庭却未必能够从该行业的预期发展中获益。畜牧业将快速发展转化为消除饥饿的有效能力取决于微观经济和宏观经济因素的联合影响。前者包括生产者利用其与畜牧业相关的资产创造收入的能力，工人获取不断扩大的就业机会的能力，以及消费者从更具竞争力的价格中获益的可能性（De Janvry和Sadoulet，2009）。

后者包括该行业在经济中的规模，该行业的发展程度以及贫困人口在该行业发展中的参与程度（Christiaensen等，2011）。

1.2　畜牧业在加强家庭生计方面的促进作用

畜牧业发展与消除饥饿之间的关系在经济学领域中仍然是一个未被研究的主题。一个原因是与数据的质量和获取有关。通常，农业调查或家庭调查中提供的统计信息很难区分家庭生计策略中的各种畜牧业活动。因此，很难确定牲畜资产所起的具体作用。在最好的情况下，当信息可用时，会以热带牲畜单位（Tropical Livestock Units，TLU）的形式进行报告，这使得评估畜群组成的影响以及某些动物物种的特殊相关性变得极其复杂。然而，最近的一些出版物强调了牲畜资产组成的重要性。例如，Bati（2013）和Ngigi等（2015）强调了小型反刍动物在建立应对气候风险和外来冲击的恢复力方面的重要性，但也指出，冲击以不同的方式影响不同的牲畜群体。在马达加斯加的一项研究中，Feldt（2015）强调，主要以草为食的山羊与其他牲畜相比，受区域干旱和气候压力的影响通常较小。因此，有人认为，将山羊、小型反刍动物以及更普遍的多样化的牲畜组合作为应对干旱的战略，将越来越重要。然而，仍然缺少在一定规模上对这一假设的适当验证。

畜牧业的发展导致消除饥饿的证据仍然没有定论。Pica Cimarra等（2015）利用家庭层面的数据表明，牲畜是他们分析的12个国家所有收入群体的重要资产，但家庭财富、畜群规模和拥有的牲畜品种之间没有强相关性。Alary等（2011）在尼日尔研究了牲畜发挥的多重和复杂的作用，他们的分析强调，牲畜对消除饥饿的主要贡献在于它与其他经济活动之间的相互作用，因为牲畜与收入之间没有直接关系。最后，Ellis和Mdoe（2003）展示了坦桑尼亚联合共和国的牲畜所有权如何集中在收入排行榜的前四分之一，而较低收入群体几乎没有牲畜。

Acosta等（2018）指出，与其从简单的收入角度评估畜牧业与贫困之间的关系，还不如从畜牧业在帮助贫困人口实现生计目标方面所起的促进作用来理解畜牧业的贡献。为了更好地把握畜牧业与贫困之间的关系，不应将畜牧业对收入的贡献与其他农业和非农业收入来源分离开来。它们都是农村家庭为建立恢复力和消除贫困而采用的复杂生计策略的一部分。

如图1-2所示，农业是大多数发展中国家小农户的主要收入来源。与畜牧业有关的活动在小农户总收入中所占的份额因国家而异，但平均约为15%。这一比例在埃塞俄比亚（37%）、阿尔巴尼亚（28%）和肯尼亚（25%）最高，在危地马拉和尼日利亚（均为3%）最低。相对而言，畜牧业活动是第三大最重要的收入来源，仅次于农作物和非农就业，高于农业就业、运输和其他收入。因此，畜牧业在农村家庭经济组合中作为收入多样化来源发挥着重要作用。畜牧业活动产生的资源可用于"维持"（即维持生计水平）、"提升"（扩大这些活动以产生新收入）或"退出"（积累资产以进入不同的经济活动）（Dorward 等，2009）。

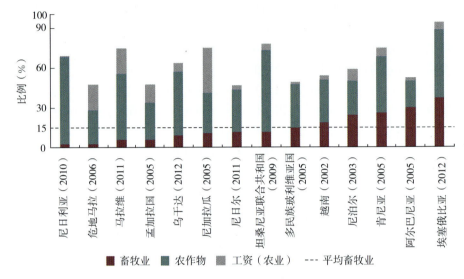

图1-2　不同创收活动在小农户总收入中占的比例

资料来源：基于联合国粮农组织小农肖像数据，2018年。

　　然而，牲畜养殖、收入多样化和消除饥饿之间的关系并不是直接的。例如，如果牲畜养殖的份额随着收入的增加而增加，这可能表明家庭正在利用牲畜作为改善生计的"提升"策略。或者，如果牲畜养殖的份额随着收入的减少而增加，这可能表明家庭在面临不利的社会经济环境时，或者因为无法实现收入来源的多样化而通过牲畜养殖"维持"，或者无法区分收入的来源。最后，随着收入的增加，牲畜活动的减少可能作为一个迹象表明家庭正在将牲畜作为一种"退出"策略来积累资产，然后进入不同的经济活动（Dorward 等，2009；Davis 等，2010）。

1.3　畜牧业作为适应性战略

　　对于贫困、装备不良的农民来说，应对气候冲击和其他类型的外源收入减少危机可能极其困难，特别地，对于缺乏足够财政支持或正规、非正规安全网络系统的农村地区的农民来说更是如此（Banks 等，2001）。事实上，当冲击同时袭击同一社区的所有成员时，这些困难就会被放大，就像自然灾害和其他气候冲击一样（Binswanger 和 Rosenzweig，1986）。例如，可以影响整个地区的严重干旱可能会给整个村庄带来巨大困难，同时会抑制地方性的消费平稳性机制，而在正常情况下，这些机制可以为意外的消费减少提供一些保险。

畜牧业在增强抵御外部冲击的能力方面的作用已经得到重视。畜群可以被视为一种预防性的储蓄形式，因为它们代表了一种在任何情况下只要有需要就变现的资产（Dercon，2002）。这一点在降雨量低且降雨量分布不均导致农作物歉收时表现得尤为重要，在缺乏信贷的情况下更为重要（Banks 等，2001）。在这种情况下，同时拥有农作物和牲畜的农民预计会有更强的抵御气候冲击的能力，或者总体上更有能力应对不同类型的外部压力。然而，这一机制可能会被几个因素削弱。第一，较贫困的农民可能需要维持一个大的牲畜存栏量以维持繁殖群，至少要将其消费水平保持在维持生存水平以上。第二，畜牧业的保障功能可能会受到收入冲击和资产冲击相关性的限制（McPeak，2017）。第三，如果在危机发生后，同一地区的农民决定出售牲畜以应对收入损失，这会使牲畜的市场价格下降，从而抑制出售（Kazianga 和 Udry，2006）。

在撒哈拉以南非洲的几项研究表明，牲畜资产可以帮助缓冲收入和农业生产的突然下降（Kinsey 等，1998；McPeak，2004），因为它们可以在好年份被积攒起来，在不好的年份进行出售以稳定消费。类似地，Rosenzweig 和 Wolpin（1993）利用来自印度的数据发现，传统上用作畜力来源的公牛，在收入危机中也经常被用来平稳消费。然而，出售牲畜所获得的短期好处是以长期因失去畜力而造成农作物生产力下降为代价的。Seo（2011）指出，在全球变暖的情况下，同时拥有农作物和牲畜的综合农场比专门种植农作物或专门养殖牲畜的农场更具适应性。最后，Hanke 和 Barkmann（2017）最近的一项分析证实牲畜销售有助于农民增加收入，而且小型反刍动物在弥补食物支出方面发挥着根本性作用，从而提高了家庭的适应性。

然而，在 Fafchamps 等（1998）、Fafchamps 和 Lund（2003）以及 Hoogeveen（2002）的研究中可以发现不同的结果，他们一致认为牲畜销售的影响很小，在收入减少的情况下，此类销售对平稳消费几乎没有任何作用。同样地，Kazianga 和 Udry（2006）的一项研究考察了牲畜、粮食储存和家庭内部转移在应对收入风险的平稳消费中的作用，他们的分析是基于 1981—1985 年在布基纳法索严重干旱的季节进行的一项调查。总体而言，他们发现，在分析期间，牲畜并没有起到缓冲库存的作用。虽然粮食库存的积累和减少确实有助于在危机期间平稳消费，但是这种影响的规模很小。

图 1-3 显示了标准化降水蒸散指数（SPEI）的平均区域值，作为不同年份调查的一些非洲国家气候冲击的替代指标。该指数记录了温度异常及其对干旱

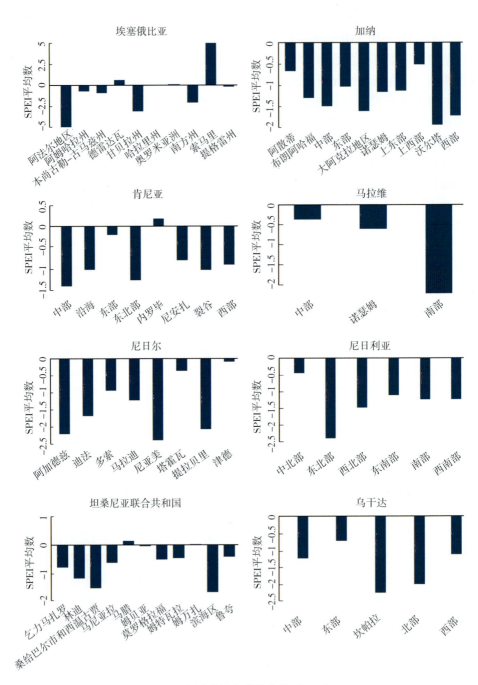

图1-3　标准化降水蒸散指数（SPEI）

资料来源：Acosta等。

强度的影响，使我们对外界冲击观察地更加直观（Acosta等）。随着降水量的减少（或温度升高），该指数的值变为负值。因此，相对于接近零的数字而言，较低的指数意味着更严重的干旱。这些数字表明，大多数国家都表现为负值，因此存在一定程度的同质性，突显出干旱是一种严重影响农村家庭生计的外界冲击。

Acosta等将这些数据与联合国粮农组织小农户数据库相结合，能够测试牲畜作为一种事前风险管理和自我保险策略在应对气候冲击时的作用（表1-1）。更具体地说，Acosta等测试了气候冲击和牲畜（用热带牲畜单位TLU衡量）的影响，以及它们对家庭福利两个不同衡量标准的相互作用：收入和消费。这项分析是利用19个国家的超过22.3万个家庭的一个大型横截面数据集进行的。Asfaw（2018）利用五分位数回归框架，针对收入和消费分布的不同五分位数给出了不同的回归结果，这是因为不同收入群体的应对策略和福利结果之间的关系预计是不相符的。

表1-1　小农户生产要素

国家	小农户 （%）	平均农村规模 （Ha）	热带畜牧单位 （TLU）	家庭劳动力 （人/天）
肯尼亚（2005）	75	0.5	1.6	1.7
埃塞俄比亚（2012）	75	1.0	2.1	1.0
马拉维（2011）	75	0.5	0.6	0.3
尼日尔（2011）	78	2.6	0.9	0.4
尼日利亚（2010）	90	0.6	2.4	0.9
坦桑尼亚（2009）	80	0.9	1.4	1.1
乌干达（2012）	75	0.7	0.2	0.7
孟加拉国（2005）	80	0.2	0.7	0.8
尼泊尔（2003）	81	0.6	1.7	2.5
危地马拉（2006）	84	0.7	1.0	1.0
阿尔巴尼亚（2005）	74	0.4	1.4	1.4
平均值	79	0.8	1.3	1.1

资料来源：基于联合国粮农组织小农户数据库，2017年。

同一项研究发现，当使用收入作为因变量时，降雨量的增加和温度降低的平均水平与较高的总收入水平有关。换句话说，这意味着气候条件影响福利。热带牲畜单位（TLU）的影响也很显著，证实了牲畜数量与家庭收入之间存在正相关关系。有趣的是，这种效应随着收入水平的变化而变化，并且随着从第一个五分位数移动到最后一个五分位数，这种效应变得越来越大、越来越强。最后，这种相互作用有一个正系数，这可以解释为，平均来看，牲畜部分缓解了标准化降水蒸散指数（SPEI）对总收入负面影响的肯定。这一结果对于较贫困的家庭尤为明显，在这些家庭中，互动效应的规模明显高于总体效应。

在其他大陆重复这一分析得出了一些额外的提示。在非洲、欧洲和中亚国家，主要证据与总体结果一致。相反，在拉丁美洲，气候异常对不同收入群体的影响非常小，而且这种相互作用的结果与预期相反。根据Acosta的说法，主要的解释可能是拉丁美洲牲畜的组成不同。换句话说，南美国家典型的大型反刍动物对干旱更为敏感，当家庭面临不利的气候条件时，可能会对收入产生负面影响。然而，这只是一个假设，并没有在分析中得到正式验证。

当使用消费作为因变量时，研究得出与收入情况类似但不太可靠的结果。总之，Acosta等发现：第一，在分析中涉及的大多数样本中，牲畜对家庭福利和适应性有显著贡献；第二，气候危机往往是倒退性的，较贫困的家庭通常受到的影响更大；第三，国家特性很重要。

1.4 将快速经济增长转化为更快的消除饥饿

经验证据表明，成功的宏观经济表现是战胜贫困的先决条件（Cervantes Godoy 和 Dewbre，2010）。传统意义上，家畜贫困分析侧重于研究家畜资产对贫困家庭生计的微观经济影响，而对决定该行业对消除饥饿有潜在贡献的更高层次的经济因素却关注较少。这种情况导致人们对迅速变化的畜牧市场趋势和结构如何影响贫困人口通过畜牧养殖过上体面生活的能力缺乏了解。部分关于经济增长和消除饥饿的宏观经济辩论涉及个别部门的增长对消除饥饿的实际贡献问题（Bourguignon，2003）。

在全球范围内，发达国家畜牧业占农业产出的比例约为40%，在发展中国家约为20%。根据经济合作与发展组织和联合国粮农组织数据（2017），畜牧业一直是发展中国家增长最快的农业部门之一。毫无疑问，经济快速增长有助于减轻贫困（Christiaensen 等，2011；De Janvry 和 Sadoulet，2009）。事实上，根据Loayza 等（2010）的说法，农业被认为是对消除饥饿影响最大的经济部门。然而，畜牧业生产的快速增长与农村消除饥饿之间的关系仍然是一个尚未被研究的话题。

2000—2004年和2009—2013年，许多发展中国家的畜牧产品总产值大幅增长。然而，尽管一些消除饥饿的数字令人印象深刻，但畜牧业的经济表现与农村消除饥饿水平之间的关系并不明确。例如，在马里、埃塞俄比亚和乌干达等国家，畜牧业生产总值分别增长了80%、52%和50%，而农村贫困人口比例则下降了14%、9%和18%。畜牧业惊人的增长表现与农村贫困人口的下降比例并不匹配，这一事实表明，畜牧业的快速发展本身可能不会自动转化为贫困人口的利益。这在很大程度上取决于发展的模式和构成、就业和生产力强度、生产系统概况、市场结构和贫困人口的参与程度。

1.5　畜牧业发展和创造就业机会

就业水平、工作质量以及贫困人口是否有机会获得体面的工作是消除饥饿的关键因素（Hull，2009）。人口前景表明，创造体面就业的能力现在是、并将继续是发展中国家未来几十年的主要挑战之一。考虑到在这些国家中，贫困大部分出现在农村地区，因此扶贫战略必须特别关注农村地区的就业。畜牧业仍然是重要的生计来源，这一事实需要在这些战略中得到反映。鉴于相关的制造业活动也将迅速扩大，因此必须特别注意在农场系统之外创造以牲畜为导向的就业机会。

如果畜牧业发展是通过创造就业机会来减少贫困的，那么提高小农户的劳动生产效率就至关重要。如表1-1所示，虽然绝大多数农业生产者是小农户（79%），但可用于提高小农户劳动生产率水平的国内生产要素很少。在所分析的发展中国家，小农户通常拥有不到1公顷的土地，拥有约1.3热带牲畜单位（资本），每天需要利用约1个单位的家庭劳动力。可以得出，以小农户作为生产单位创造就业机会的能力有限。因此，仅能导致维持牲畜生产单位倍增而没有劳动生产率的改变的增长可能不足以减轻贫困。

1.6　结论

可持续发展目标1呼吁以多层面的方式消除贫困。鉴于畜牧业有望实现快速发展，以及许多贫困人口依靠畜牧业谋生的假设，人们普遍认为畜牧业将对消除饥饿做出积极贡献。畜牧业确实可以在加强农村家庭用于实现生计目标的资产以及提高家庭抵御外部冲击的能力方面发挥重要作用。然而，畜牧业将快速发展转化为消除饥饿的能力将因国家和生产系统以及宏观经济和微观经济因素的组成而有所不同。宏观方面，这些因素包括畜牧业在经济中的规模、增长率以及贫困人口在该行业发展中的参与程度；微观方面，这些因素包括生产者利用其牲畜相关资产创造收入的能力，工人获取不断扩大的就业机会的能力，以及消费者从更具竞争力的价格中受益的可能性。

2 畜牧业和消除饥饿

2.1 引言

　　全球大约有八分之一的人在遭受饥饿之苦，其中大部分人生活在发展中国家。如图2-1所示，在这些发展中国家，大约有13%的人营养不良（以摄取的膳食能量来衡量）。饥饿的持续存在不再是粮食供应问题。如今有足够的粮食满足地球上每一个人的生存需求，但持续的饥饿和营养不良现象说明全球农业粮食体系需要发生重大改变（联合国，2016a）。早于当前可持续发展目标的联合国千年发展目标（MDGs）设定了在1990—2015年将饥饿人口比例减半的目标。在此期间，发展中国家的饥饿人口比例从23.3%下降到12.9%。在129个发展中国家中有72个（即超过一半）受监测的国家都达到了千年发展目标的减少饥饿人口比例目标。然而，发展中国家约八分之一的人口仍然无法从饮

食中获得足够的蛋白质和能量，甚至很多人患有某种微量营养素缺乏症（联合国粮农组织，2016a）。

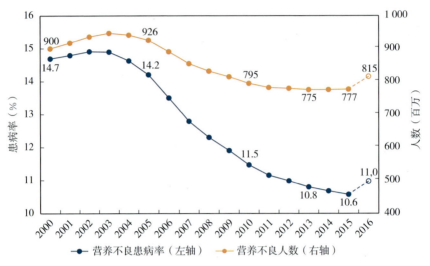

图2-1　2000—2016年全球人口营养不良的患病率和数量

资料来源：联合国粮农组织，世界粮食安全和营养状况，2017年。

在饥饿人数长期下降之后，最近的估计表明，世界上遭受饥饿的人数从2015年的7.77亿增加到2016年的8.15亿。由于战争冲突、干旱或洪水等原因，粮食安全状况首先在撒哈拉以南非洲、东南亚和西亚的部分地区恶化。然而，在较为稳定的环境中，粮食安全也受到了威胁，特别是在经济增长放缓导致外汇储备和财政枯竭的地方。这些地方主要通过以下两种方式来保护贫困家庭免受国内粮食价格上涨的影响：减少粮食进口能力和粮食供应，减少财政收入。最新的饥饿人口数据警示，到2030年实现全球消除饥饿的目标是一项具有挑战性的目标，实现这个目标需要新的动力和工作方式（联合国粮农组织，2017a）。

可持续发展目标2采取了全面系统的方法来消除饥饿，重点是实现粮食安全、改善营养结构以及促进农业可持续发展。可持续发展目标2包括确保全年都可以获得安全、营养充分和供应充足的食物，提高小规模粮食生产者的生产力和收入，完善可持续的、有弹性的粮食生产体系，维护粮食和农业遗传资源的多样性，确保粮食市场的正常运行（联合国，2016a）。畜牧业在消除饥饿方面发挥关键作用，可以从不同层面和不同角度做出贡献。在家庭层面，主要贡献是增加了健康营养的动物源性食品的直接消费并帮助增加收入。在农村社区层面，主要贡献是在畜牧业和食品链的上下游创造就业机会。

就国家经济而言，发展畜牧业有助于降低动物源性食品价格，创造财政收入和赚取外汇。在全球层面上，可以为世界提供充足且稳定的肉类、牛奶和乳制品。

然而，如果要实现预期目标，畜牧业必须克服一系列相互关联的新挑战。对动物源性食品需求的增加将加大生态系统的压力，畜牧业生产者将面临更激烈的资本、劳动力、土地、水和能源竞争，因此预计生产力虽然会提高，但提高速度会逐步下降。当前畜牧市场结构转型可能妨碍小规模生产者和贫困消费者从经济增长和生产率提高中受益，特别是在发展中国家。这些问题的关键是需要遏制畜牧生产对生物多样性和环境的负面影响，停止滥用抗生素，并尽量减少实现可持续发展目标2对其他可持续发展目标的影响。

2.2　影响行业的全球趋势

根据联合国《世界人口展望》（2017年修订版）（联合国，2017），2017年世界人口接近76亿，这意味着地球在10余年内增加了约10亿居民。如今，15岁以下的儿童约占全世界居民的四分之一，60岁以上的人所占的比例略高于八分之一，而地球上超过一半的人是15～59岁。到2030年，预计世界人口将再次增加，增量略高于10亿，世界人口将达到86亿，并将在2050年进一步增加到98亿。2017—2050年，预计世界人口将净增加22亿，其中一半以上的人口增量（13亿）将出现在非洲。到2050年，世界上大部分人（54%，即52亿）将居住在亚洲，26%（25亿）居住在非洲，8%（7.8亿）居住在拉丁美洲和加勒比地区，7%（7.16亿）居住在欧洲，4%（4.35亿）居住在北美洲，1%（5 700万）居住在大洋洲。

在过去的六十年里，世界经历了快速城市化的过程（联合国，2014）。1950年，超过三分之二的人居住在农村。现在，世界上超过一半的人口生活在城市。未来几十年内，预计全球人口规模和空间分布将进一步发生深刻变化。预计未来将发生持续的城市化和人口增长，在未来13年内将有10亿人涌入城镇，其中85%的增长将发生在亚洲和非洲。与此同时，自1950年以来一直缓慢增长的世界农村人口将在几年后达到顶峰。因此，到2030年，预计世界人口将是60%的城市人口和40%的农村人口（图2-2）。

经合组织的全球长期增长前景表明（经合组织，2012），预计未来十年内全球经济每年将增长2.8%，但发展中经济体的增长速度将比发达经济体更快。未来几年，世界各国在全球GDP中的份额将发生重大变化（图2-3）。例如，经合组织成员国的GDP份额在2011年占全球经济活动的65%，到2030年他们的GDP份额将缩减到世界总量的49%。美国GDP份额在2011年占全球经济的23%，到2030年将下降到18%。中国2011年的GDP占全球的17%，预计到2030年将成为最大的经济体，GDP将占世界产值的28%。印度目前正在超越日本，并将在大约15年内超过欧洲国家。

图2-2　2015—2050年世界农村和城市人口

资料来源：基于联合国经济和社会事务部2017年的数据。

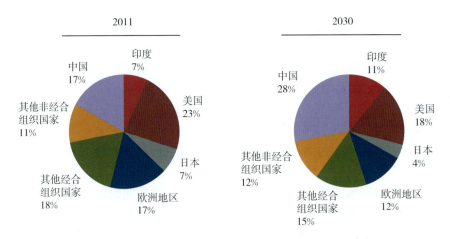

图2-3　世界各个国家和地区在全球GDP中所占比例的变化
（按2005年购买力计算的实际GDP）

资料来源：经合组织，2012年。

　　人口、城市化和收入同时增长预计将增加全球对食品的需求。然而，增长速度应该会放缓，因为预计中国的收入增长将保持平稳，从而降低食品支出。下面分析的大多数商品的需求预计都将会进一步增加（图2-4），鲜奶除外。通常收入增长被假设为适用于整个人群并影响对农产品的需求。然而，经济增长并不是平均的，因此处于收入阶梯底层的消费者可能不会看到他们的收入增加（经合组织和联合国粮农组织，2016）。这可能解释了这样一个事实：虽然未来十年的消费将主要由人口增长驱动，但人均需求增长只对少数商品发挥重要作用（经合组织和联合国粮农组织，2017）。

图2-4　2008—2017年和2018—2030年主要商品类别需求的增长

资料来源：联合国粮农组织，2018年，Aglink-Cosimo模型预测。

根据联合国粮农组织Aglink-Cosimo模型预测（2018），2030年的全球牛奶产量将比2015—2017年的基本线高出33%。发展中国家的牛奶产量增长源于每年增加的约1.2%的奶牛群以及约1.0%的产量；而在发达国家，增长主要来自产量的提高（图2-5）。基期的三个最大生产者是欧盟（21%）、印度（20%）和美国（12%）。到2030年，印度将超过欧盟成为最大的牛奶生产国，印度与巴基斯坦的牛奶产量将占世界牛奶产量的近三分之一。

相对于2015—2017年的基本线，预计2030年的全球肉类产量将增加19%，虽然最大的生产者（巴西、中国、欧盟和美国）将继续主导肉类生产，但预计发展中国家增长量将占总增长量的绝大部分（图2-6）。实际上肉类产量增加的大部分将来自发展中国家，尤其是阿根廷、中国、巴西、印度、墨西哥和巴基斯坦，这些国家的产量将占新增产量的77%。禽肉仍将是全球肉类生产增长的主要驱动力，以满足全球对这种可负担得起的动物蛋白来源的不断扩大的需求。对于生产饲料谷物过剩的国家，其产量将迅速增加（经合组织和联合国粮农组织，2017）。

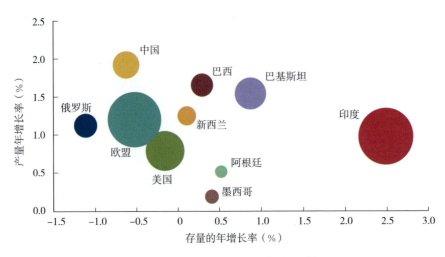

图2-5　2018—2030年牛奶产量的增长

资料来源：联合国粮农组织，2018年，Aglink-Cosimo模型预测。

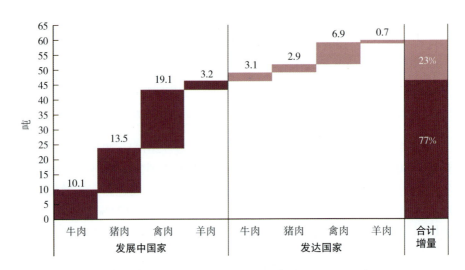

图2-6　2015—2017年和2030年全球肉类产量的增长情况

资料来源：联合国粮农组织，2018年，Aglink-Cosimo模型预测。

　　根据联合国粮农组织Aglink-Cosimo模型（2018），农产品贸易的增长速度正在放缓（图2-7）。可能的原因包括：需求减少；全球供应链形成缓慢；贸易改革放缓；中国的贸易趋于成熟等。虽然大多数畜牧产品增长速度的放缓趋势都很明显，但这种变化在猪肉和奶粉上最为明显。贸易增长速度放缓反映了中国需求模式的变化，同时也受到俄罗斯实施的进口禁令的影响。尽管贸易增长速度放缓，但不同商品交易的比例不会发生剧烈变化，奶粉仍然是交易量最大的农产品，新鲜乳制品仍然是交易量最少的产品之一。

图2-7　2008—2017年和2018—2030年贸易量的年增长率

资料来源：联合国粮农组织，2018年，Aglink-Cosimo模型预测。

2.3　畜牧业和消除饥饿：协同作用和权衡利弊

这些全球市场趋势可为畜牧业带来机会，加强其对消除饥饿的贡献，但是也带来了一系列新的挑战。因此，政策制定者很可能不得不以某些领域的损失来换取另一领域的收益。为了更好地将畜牧政策和实践与可持续发展战略相结合，本节讨论了一些关键的协同作用和权衡问题。

2.3.1　营养

各种形式的微量营养素缺乏症影响着全球约20亿人，特别是在发展中国家。这种"隐性饥饿"造成的最大健康负担是锌和维生素A的缺乏，其次是铁的缺乏。锌、维生素A和铁的缺乏导致生长发育受阻、免疫功能受损等，缺铁还会导致认知发育受损、工作能力下降。导致这些微量元素缺乏的一个重要原因是主要食用植物源性食品，而这些食品的微量元素含量很低（图2-8）。儿童很难从植物源性食品中获取足够的能量和营养。

动物和动物源性食品能够提供人体易于消化的蛋白质和必需的营养物质，可以为消除饥饿、改善粮食安全和营养不良做出重要贡献。畜牧产品在全球人类饮食中占蛋白质摄入量的33%，占热量摄入量的17%（Rosegrant等，2009）。动物源性食品是营养丰富、口感舒适的能量和优质蛋白质来源，也可提供多种必需微量营养素。动物源性食品所含的维生素B_{12}、核黄素、钙、铁、

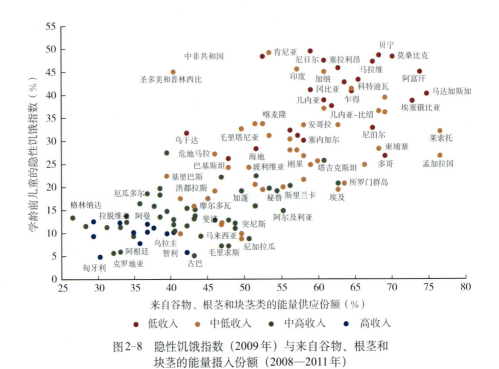

图2-8　隐性饥饿指数（2009年）与来自谷物、根茎和
块茎的能量摄入份额（2008—2011年）

资料来源：基于2017年联合国粮农组织统计数据库和2013年Muthayya等人的研究。

锌和各种必需脂肪酸等微量营养素，仅从植物源性食品中很难获取足够的量（Murphy和Allen，2003）。此外，肉类增加了人体对富含纤维和植酸盐的植物源性食品中铁和锌的吸收（Gibson，1994）。Brown等（1998）指出，只有动物源性食品才可能为婴儿提供足够的钙、铁和锌。就维生素B_{12}而言，必须从动物源性食品中获取，因为植物源性食品几乎不含维生素B_{12}（联合国粮农组织和欧盟，2017）。这些特点使得动物源性食品对于那些吸收能力有限的人群而言非常重要，例如幼儿、孕妇和哺乳期妇女等（图2-9）。

相反，发达国家和越来越多的发展中国家遭受了不利的健康影响，如超重和肥胖，这与过度消费红肉和加工肉制品以及一些相关的慢性疾病有关（Neumann等，2010）。多年来，疾病与过度消费动物源性食品之间的联系一直被归因于动物源性食品的饱和脂肪酸含量，然而至少在食用适量动物源性食品的饮食状况下，近期的研究已经开始怀疑这种关联的可信度（Fogelholm等，2015；Praagman等，2016）。目前在发展中国家的农村贫困人口对动物源性食品消费水平较低的情况下，即使小幅增加其摄入量，所能提供的营养的收益也要远远超过高收入国家或发展中国家高收入家庭因高消费红肉和其他畜牧产品所带来的急性或慢性疾病的风险（Randolph等，2007）。

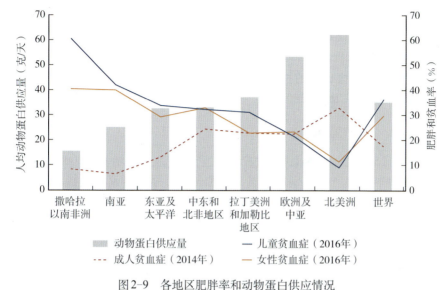

图 2-9 各地区肥胖率和动物蛋白供应情况

资料来源：基于世界卫生组织和联合国粮农组织的数据，2018 年。

2.3.2 消费平稳化

畜牧业组成可以通过加强实施小规模畜牧饲养者应对外部冲击的消费平稳化战略，发挥特别重要的作用。基于单一国家的案例研究表明相关证据非常充分。其中一些分析强调，小反刍动物在建立抵御气候风险和额外冲击的能力方面有重要意义，但也注意到这些冲击对不同牲畜群体的影响不同（Bati，2013；Ngigi 等，2015）。在马达加斯加的一项研究中，Feldt（2015）强调，与家畜相比，以草为食的山羊一般受干旱和气候的影响较小。因此，混合饲养山羊、小型反刍动物和家畜的重要性日益增加，这可能是应对干旱的一种策略。但是对该策略仍缺乏适当检验来印证其在整体规模上的效果。

同样也可以找到与前面有关论述的相反证据：Fafchamps（1998）、Fafchamps和 Lund（2003）以及 Hoogeveen（2002）等一致发现畜牧业的影响很小或不显著，这表明在收入损失的情况下，畜牧业无法使消费平稳化。Kazianga 和 Udry（2006）的研究也得出了类似的结论，他们研究了畜牧、粮食储存和家庭内部转移性支出在应对收入风险时对于消费平稳化的作用，研究结果基于 1981—1985 年在布基纳法索严重干旱时期进行的调查。总体而言，该研究得出的结论是，在此期间畜牧业并没有起到缓冲作用，而粮食储存的积累和减少有助于在危机期间平稳消费。

根据文献描述，有一些因素可以解释这些发现，但这与畜牧业对抵御外部冲击提供了重要保护作用的观点相冲突。第一，较贫困的农民可能需要依靠他们的牲畜来维持繁殖率；第二，畜牧业的保障功能可能会受到收入冲击和资产冲击的限制（McPeak，2004；McPeak，2017）；第三，如果同一地区的农民决定在危机期间出售他们的牲畜，这将导致畜牧市场价格下跌，并进一步阻碍销售（Kazianga和Udry，2006）。

2.3.3 生产率

过去的15年里，世界上的畜牧产品生产有了很大的增长。2000—2014年，全球肉类和牛奶的产量分别增加了39%和38%。通过要素替换提高部分生产率是一个合理的目标，如果通过部分要素替换来提高每头牲畜的生产率，例如通过强化饲养或使用更多的资本，那么部分要素生产率的水平可能会上升，而全要素生产率（Total Factor Productivity，TFP）的增长保持不变（Ludena等，2007）。然而，要提高全要素生产率，意味着要同时提高土地、资本、劳动力、水和能源的生产率，这将是一个重大挑战（Abed和Acosta，2018）。因此，更好地了解畜牧生产率的驱动因素和衡量标准已成为围绕畜牧业可持续发展政策辩论的一个主要议题（Acosta和De los Santos，2018）。

在评估全球农业生产力增长水平时，Ludena等（2007）衡量并预测了农作物、反刍动物和非反刍动物生产系统的全要素生产率水平。结果（表2-1）显示，农业全要素生产率的增长率在过去20年里有所提高，从20世纪90年代的年均1.52上升到2000—2010年的年均1.86。然而，将农业全要素生产率细分为子组别后发现，非反刍动物（即猪和家禽）全要素生产率的增长远远超过了其他子组别的增长，这种快速增长源于这一时期的重要技术变革；反刍动物也存在同样的模式，尽管技术驱动的增长要慢得多。

表2-1　全球农业部门全要素生产率的历史和预测增长率

部门	全要素生产率（TFP）			
	1991—2000年	2001—2010年	2011—2030年	2021—2030年
农业总计	1.52	1.86	1.45	1.19
反刍动物	1.06	1.13	0.87	0.70
非反刍动物	2.72	4.64	3.81	3.16
农作物	1.33	1.30	0.97	0.79

资料来源：Ludena等，2007年。

虽然过去20年里农业生产力增长率迅速提高，特别是畜牧业，但目前的证据不足以支撑类似的增长会在未来持续下去的假设。事实上，如表2-1所示，在未来20年内，三个农业分部门的全要素生产率的年增长率水平预计都将会下降。支持这一趋势的主要论据是：①畜牧业生产者将面临更大的资本、劳动力、土地、水和能源的竞争；②发展中国家正在快速追赶发达国家的生产率水平；③未来的生产力增长将受到技术创新进一步扩大的制约；④技术效率的提高将很快达到一个稳定的上限。

2.3.4　土地使用

世界上50亿公顷被归类为"农业用地"的土地中，约有三分之二不适合农作物生产，只能用于放牧（de Haan等，1997）。畜牧业不仅提供了一种利用草原来维持人类生计的手段，还将大量人类不可食用的植物材料（例如麦秆、玉米秸秆、油籽饼、啤酒谷物等）转化为有价值的食物（联合国粮农组织，2012a）。牲畜的粪便可以增加农作物产量，从而进一步间接增加粮食供应，而粪便是一种宝贵的、有机的植物营养来源，可减少对化肥的需求（Sansoucy等，1995）。

随着畜牧业的发展，相对于用土地生产粮食和供人类消费的农作物而言，为生产饲料和饲料作物而竞争土地会减少人类可用的粮食数量。另一个有争议的问题是将粮食作为动物饲料的问题，目前有33%的可用耕地被用来种植动物饲料（Steinfeld等，2006）。根据Mottet等（2017）的说法，牲畜消耗了全球谷物作物的三分之一，反刍动物每产生1千克无骨肉平均需要消耗2.8千克人类可食用的粮食，单胃动物则需要3.2千克。然而，这样的全球数据掩盖了物种和生产系统之间的巨大差异。虽然反刍动物每生产1千克蛋白质所使用的干物质比猪或家禽多，但它们需要的人类可食用蛋白质较少，因为它们更依赖草料和饲料。虽然猪和家禽可以消耗较少的饲料来生产相同数量的蛋白质，但这些饲料中人类可以直接食用的占比更高（插文1）。

插文1　食品-饲料竞争

近年来，在动物饲料生产如何与人类食物生产竞争土地和其他资源的争议中，畜牧业受到了相当大的关注。畜牧业消耗了全球谷物产量的三分之一，并使用了全球约33%的耕地，它们占据了20亿公顷的草地，其中约7亿公顷可用于种植农作物。然而，用于喂养牲畜的谷物仅占其总饮食的13%，另有1%来自其他人类可食用作物。草和树叶占牲畜饮食的46%；牲畜饮食的19%来自农作物残体；8%来自饲料作物；5%来自油菜籽饼；5%来自其他副产品；3%来自其他人类不能食用的植物。在喂养牲畜的植物中，有86%是人类不能直接食用的，但却被转化为有价值的食物供人类食用，对粮食和营养安全做出了巨大贡献。

2.3.5 遗传多样性

遗传改良是提高生产力和生产效率的有力工具，但对遗传资源的妥善管理至关重要（联合国粮农组织，2007）。任何决策均应符合国家动物遗传资源政策。杂交育种计划，尤其是进口品种的杂交育种，应与物种保护计划相辅相成。品种内的遗传改良应力求在保持遗传多样性的前提下优化生产力的提高。因此，加强对动物遗传资源的管理能力是许多国家的迫切需要（联合国粮农组织，2007，2015a）。

为提高产量而进行不加选择的杂交被认为是全球品种多样性的主要威胁（联合国粮农组织，2015a）。在品种内层面，荷斯坦牛的遗传多样性随着时间的推移而大幅下降（Kim 和 Kirkpatrick，2009）。人工授精一直是提高生产力的一个非常有价值的工具，但最近的一项基因组研究显示，在美国，所有可用于人工授精的荷斯坦公牛（$N>250$）都只来自两个祖先动物（Yue 等，2015）。

在任何地区存在多年的牲畜种群都被认为在遗传上适应了当地的条件，包括气候、可用的饲料资源和地方性疾病。同样，在牲畜与自然生物多样性发生实质性相互作用的情况下，如在牧民生产系统中，当地生物已经适应了牲畜的存在。因此，牲畜品种独特的生物多样性对于维持高效和可持续的牲畜生产以及周围的生态系统而言都被认为是重要的。出于这个原因，可持续发展目标是专门针对当地品种的适当管理（插文2、插文3）。

> **插文2　生物多样性与生产力**
>
> 保持牲畜品种的遗传多样性对于在各种环境中饲养家畜、帮助生产系统适应气候变化以及为多样化的产品和服务提供基础至关重要。保护生物多样性最有可能与提高产品产量的目标背道而驰，因此常常被忽视，包括在涉及牲畜本身的多样性的情况下。遗传多样性必须在物种、品种和品种内层面加以考虑。在物种水平上，尽管绵羊和山羊在美国也存在，但牛是美国主要的产奶牲畜。在品种层面，1944年，奶牛品种的分布更加多样化，一半以上的牛奶（54%）由"小型"奶牛品种（艾尔夏牛、更赛牛和爱薇牛）生产，46%由大型品种（荷斯坦牛、瑞士褐牛）生产。2007年，90%的牛奶是由单一品种荷斯坦牛生产的。

插文3　欧盟牛奶配额制度的终结

在过去的几十年里,欧盟的乳制品行业经历了几次重大的结构变化。自冷战结束后,欧盟乳品生产的监管力度大幅降低,1992年的麦克萨里改革(以当时的欧盟农场专员命名)引入了一个持续的自由化进程,这一进程中的最后一个重大事件是2015年3月31日欧盟取消了牛奶配额制度。政府对欧盟乳制品市场的干预不断减少,一方面导致了更大的市场导向,另一方面也降低了奶农的收入保障。在2007—2008年世界粮食价格危机期间,欧盟农场牛奶价格开始变得不可预测,随后2008年美国病理学家协会实施了自由化步骤(所谓的"软着陆")。在2007年之前,价格以及由此产生的收入变化每年保持在10%左右,但此后每年的价格波动高达65%。这种销售价格和农场收入的前所未有的巨大不确定性,对许多农场的经济生存能力都是一种挑战,特别是对小型的专业乳品企业而言。

2.3.6　贸易改革

贸易政策通过收入和支出对粮食安全产生重要影响。虽然任何改变农产品自由化和保护政策之间的平衡的贸易改革都会影响粮食安全水平,但与畜牧业有关的改革影响极其严重,因为该部门在大多数发展中国家都发挥着关键作用。这种作用可以是直接的,即通过畜牧业对粮食供应的贡献;也可以是间接的,因为在许多国家,该部门不仅是经济发展的关键引擎,而且是最严重扭曲的农业子部门之一(联合国粮农组织,2003)。

贸易开放有助于经济增长,而经济增长又能促进消除饥饿和粮食安全,这一论点在传统经济理论中是有充分依据的。然而,贸易自由化的潜在收益不一定会以同样的方式影响所有国家和社会中的群体。发达国家和发展中国家之间、净出口国和净进口国之间、国家内部和国家之间、小规模农民和商业农民之间、农村非农业生产者和城市消费者之间,都可能存在巨大差异(Valdés和Foster,2012)。

发展中国家的畜牧业往往不能很好地从贸易自由化中获益,部分原因是该部门的生产和贸易结构不灵活;金融发展不足且要素流动迟缓;过度监管阻碍了资源流动;以及生产者迅速适应市场变化的能力有限(联合国粮农组织,2003)。贸易自由化影响的性质和程度取决于许多因素,这些因素包括自由化的速度、顺序和范围;该部门对不断变化的经济条件的适应性;该部门受到粮食进口竞争影响的程度;有利的初始条件的存在,以及适当的监管和出口能力等配套措施;考虑的时间范围等(联合国粮农组织,2015a)。

联合国粮农组织(2015a)称,当贸易改革在一个不稳定的宏观经济体系下或在一个薄弱的制度环境中实施时，会产生负面效应。如果市场缺失或不能正常运作，相对价格的变化将不会导致生产的转变，从而对粮食安全产生积极影响。同样，缺乏良好的物质基础设施，如道路、港口和营销设备等，会阻碍畜牧业从贸易改革中获益。因此，虽然理论可能表明贸易政策的自由化会为采取该政策的国家带来净收益，但它可能对某些国家，尤其是比较贫困的国家，产生一些不利后果。然而，决策者不应利用这一事实来抵制贸易改革，而应研究补充政策，最大限度地减轻自由化的不利后果（Winters，2001）。

2.3.7　市场表现

市场是生产者和消费者之间的自然联系，因此，加强粮食商品市场的正常运作是消除饥饿的关键（Sexton和Lavoie，2001）。自21世纪初的粮食危机以来，全球对粮食市场的效率和透明度水平以及粮食价格如何在供应链上形成和传导等问题越来越关注。在许多经合组织国家（表2-2），市场效率问题被政府和行业的利益相关者确定为首要任务（经合组织，2015）。

表2-2　对食品市场效率和透明度的关切问题

国家和地区	食品价格上涨	食品价格波动	价值链的传递	农民贸易条件恶化
澳大利亚			+	+
比利时		+	+	
加拿大	+		+	
智利			+	+
捷克	+			
丹麦	+		+	
爱沙尼亚			+	+
欧盟	+	+		
法国	+	+		+
印度尼西亚	+		+	+
以色列	+		+	
意大利	+	+	+	+
拉脱维亚			+	
立陶宛	+			
荷兰			+	+
新西兰			+	
波兰		+		
葡萄牙			+	+
斯洛文尼亚			+	
南非	+		+	

（续）

国家和地区	食品价格上涨	食品价格波动	价值链的传递	农民贸易条件恶化
瑞士	+	+	+	
土耳其	+	+	+	+
英国	+			+

资料来源：经合组织，2014年。

　　畜牧业经历了深刻的结构转型，合并和整合提高了该行业的集中度，生产者数量减少，经营规模扩大（Acosta和Valdés，2014）。这种现象在发展中国家和发达国家都有发生，例如，图2-10显示了美国猪肉和牛肉在农场和零售层面价格演变的历史，尽管所有系列的价格都在朝着同一个方向发展，但零售价格的上涨速度远快于生产价格，因此营销利润率也在上升。

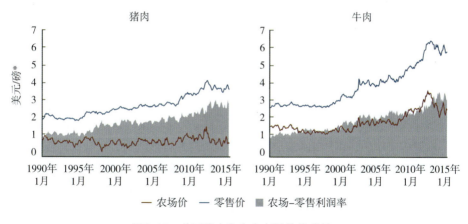

图2-10　美国猪肉和牛肉市场价格差异

资料来源：基于美国农业部经济研究局的数据，2016年。

　　这个问题引起了政策制定者的特别关注，因为它对福利分配有影响，所以需要政策干预。根据美国农业部（USDA）经济研究局（ERS）对"食品美元"（图2-11）的细分显示，2015年消费者每花在国产食品上一美元，只有8.6美分给了农民，15.6美分给了加工者，9.3美分给了批发商，12.7美分给了零售商，34.4美分用于支付餐饮业提供的服务（经济研究局和美国农业部，2017）。换句话说，消费者每年在国内生产的食品上的支出，约有91%流向非农业食品和服务的提供者，约有9%流向农民。正如Lloyd（2017）所说，"在

　　＊　磅为英制质量单位，1磅≈0.453 6千克。——编者注

农场和餐桌之间发生的事情简直大到无法忽视"。

农场生产8.6美分　食品加工15.6美分　包装2.5美分　运输3.5美分　批发贸易9.3美分　零售业12.7美分　食品服务34.4美分　能源4美分　广告业2.6美分　金融与保险3.4美分

图2-11　2015年食品美元（美国）

资料来源：美国农业部。

在过去十年中，畜牧市场的扩张伴随着与合并和整合相关的结构性变化，导致市场集中度的提高（如麦当劳等，2000）。这种现象威胁着小畜牧生产者的生计，他们面临着更高的市场准入门槛，因此有被边缘化或被排斥的风险；也威胁着消费者，他们面临着比提高市场效率所预期的价格更高的动物源性食品价格。

2.4　结论

可持续发展目标2旨在消除饥饿和所有形式的营养不良。畜牧业部门可以在不同层面和不同角度做出重大贡献。在家庭层面，可以直接增加动物源性食品的消费并帮助增加收入；在农村社区层面，可以创造就业机会；在国民经济层面，可以降低动物源性食品价格、创造财政收入并赚取外汇；在全球层面，可以为世界提供充足且稳定的肉、奶、蛋和乳制品供应。然而，畜牧业必须克服一些相互关联的新挑战。对畜牧产品需求的增加将加大生态系统的现有压力；畜牧业生产者将面临更大的资源竞争，因此虽然生产力会有所增加，但速度可能会更加缓慢。此外，该部门市场结构的持续转变可能会阻碍小规模生产者和贫困消费者从经济增长和生产率提高中受益。

3 畜牧业与健康生活

3.1 引言

在世界范围内，牲畜及其衍生产品是维持人类生计和营养的重要资产，也是使人类保持健康和福祉的资产，它们提供了必要的、高生物价值的蛋白质、脂肪酸、各种矿物质以及维生素。此外，动物是抗菌肽等治疗性化合物的来源，而从猪和牛体内提取的胰岛素长期以来一直用于治疗人类糖尿病。另外，家畜具有提供原材料（羊毛、毛皮、羽毛等）、牵引和运输、保障现金和财务安全等功能，这些都是维持人类体面的生计和建立应对气候变化及相关自然灾害能力的重要组成部分。此外，动物通常会为人类提供积极的心理、情感和社会效益（例如陪伴或宠物对自闭症患者的影响），对它们的主人及其家人和整个社会都具有文化价值。

然而，牲畜及其衍生产品也会对人类健康造成风险。这种风险可以是直接的，例如通过人畜共患病病原体传播的疾病、新出现的病毒性疾病等，如埃博拉病毒和中东呼吸综合征冠状病毒（MERS-CoV）；或对抗生素产生了抗药性的微生物的生长繁殖；以及环境中药物、添加剂和污染物的残留物浓度的增加。这种风险也可以是间接的，可能会导致非传染性疾病的发生，如过量食用动物源性食品就有可能发生心血管疾病等非传染性疾病。然而，虽然野生动物和家畜长期以来一直是人类部分疾病的来源，但它们在营养、健康、生计、预期寿命和福利方面给人类带来的好处很大程度上超过了其带来的消极影响。本章讨论了畜牧业如何为实现可持续发展目标3做出贡献，该目标旨在：通过改善生殖健康、孕产妇健康和儿童健康，确保各年龄段人群的健康和福祉；结束重大传染病疫情；减少非传染性疾病和环境疾病；实现全民健康覆盖；并确保所有人都能获得安全的、可负担的、有效的药物和疫苗（联合国，2016a）。

3.2　畜牧业和疾病

虽然畜牧业生产对经济发展和人类健康有很多肉眼可见的好处，但绝大多数的人类病原体都源于动物（Jones等，2008），这意味着动物和畜牧产品对人类健康有潜在的、经常性的、不断增长的风险。然而，这种风险可以通过适当的预防和控制措施来减少，例如有人建议对家畜进行干预以减少胃肠道或呼吸道疾病，这可能会对人类疾病产生直接的积极影响（Thumbi等，2015）。也有证据表明，针对人畜共患布鲁氏菌病（不是一种新疾病）对家畜进行大规模疫苗接种不仅有益于人类健康，也有益于整个农业部门，在此过程中还有助于减轻贫困（Roth等，2003）。

在发展中国家，人畜共患病的风险总体上较高。此外，由于这些国家的文化和社会分工，所以面临暴露风险的主要群体是与家畜密切接触的妇女和儿童。妇女以多种方式与家畜打交道：她们清洁牛舍、喂养家畜，并负责挤奶、加工和乳制品销售（联合国粮农组织，2013a）。由于在挤奶期间经常接触奶牛和小牛，她们往往是第一个发现患病动物的人（Tangka等，2000）。儿童的主要任务是放牧和给动物提供饮水，或收集鸡蛋。据报道，在埃塞俄比亚，儿童每天大约花费九个小时来放牧和给动物喂水（Giglietti和Steven，1986）。

经过八年的研究，2015年12月世界卫生组织首次发布了各个国家和地区对食源性疾病死亡率和负担的估计值，以伤残调整寿命年（DALYs）计算，发现其中的许多疾病是人畜共患病或是通过畜牧产品传播的（Havelaar等，2015）。据估计，2010年全球有超过6亿人（即几乎每10人中就有1人）在食用了受污染的食物后患病，在这些人中有42万人死亡，其中非洲地区的死亡人数最高。在全球范围内，食源性疾病的最常见原因是腹泻病原体，尤其是诺如病毒、弯曲杆菌属和非伤寒沙门氏菌属是死亡的主要原因。总的来说，5岁以下儿童具有40%的患病风险。腹泻病原体造成了1 800万伤残调整寿命年，约占全球负担的54%，其中仅非伤寒沙门氏菌属就造成400万伤残调整寿命年，弯曲杆菌属造成了200多万伤残调整寿命年，估计寄生虫猪带绦虫造成了280万伤残调整寿命年。这些数据证实，食源性疾病在全世界范围内给人类健康带来了巨大的负担，而且其中很大一部分与动物和动物源性食品有关。尽管发展中国家的负担较重，但食源性疾病对发达国家也有重大影响。

　　如图3-1所示，在全世界范围内，人畜共患病严重威胁着人类的健康，导致大量贫困人口发病和死亡，特别是其中的儿童，他们即使活下来，也往往会面临更高的医疗费用和更少的收入。国际畜牧研究所进行的一项研究（Grace等，2012）发现，56种人畜共患病每年大约导致25亿人患病且造成270万人死亡。在肯尼亚的深度贫困地区，人畜共患病发病率较高（Felkin等，2011），如Q热、囊虫病、隐孢子虫病以及锥虫病等（Knobel等，2013；Von Wissmann等，2011）。由于许多发展中国家卫生服务和监测系统的局限性，所以人畜共患病往往不能被诊断和报告（WHO，2005），它们没有被这些发展中国家或国际卫生系统列为优先事项，而且大多数属于"被忽视的热带病"（NTD）范畴。

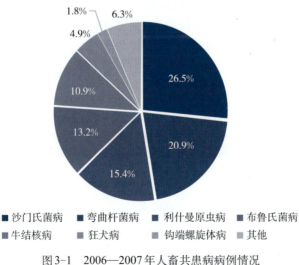

图3-1　2006—2007年人畜共患病病例情况

资料来源：基于WAHIS系统的数据，2017年。

　　非传染性疾病所带来的挑战不再局限于发展中国家。由于全球化、不断增长的国际贸易和气候变化，发达国家也受到了影响（TWN，2016），尤其是涉及病媒传播的疾病。随着全球变暖，病媒和相关病原体正在移动到以前没有出现过的地区（Jones等，2008）。据报道，现在世界上几乎一半的人口对病媒传播的病原体易感（Tomley和Shirley，2009）。与人畜共患病一样，这些疾病主要影响发展中国家的妇女和儿童，他们是最脆弱的社会群体（妇女是因为怀孕和分娩，儿童是因为他们的免疫系统没有完全发育）（McDonald，2011），例如最近塞卡病毒侵入了拉丁美洲和加勒比地区。

家畜数量的增加、管理的强化、动物更替的加快、大量动物被限制在狭小空间或者因为扩大畜牧业生产造成的栖息地被破坏，都增加了新的人畜共患病暴发的概率，如牛海绵状脑病（BSE）、高致病性禽流感（H5N1）、严重急性呼吸系统综合征（SARS）和MERS等，其中一些人畜共患病可能具有大流行的潜力（Cohen，1992；Shea，2003）。一项研究发现，自20世纪40年代以来，人类出现的70%以上的传染病可以追溯到动物，尤其是野生动物（Jones等，2008），如蝙蝠、果子狸和其他哺乳动物的SARS和相关冠状病毒、野生动物的埃博拉病毒，以及狂犬病和相关病毒（Bennet，2006；Calisher等，2006；联合国粮农组织，2013b；Jones等，2008；Turmelle和Oliva，2009），其中许多病毒是食源性的，且对抗微生物药物具有抗性。在家畜和野生动物身上发现的这类微生物中，有很大一部分可以通过环境或动物源性食品直接传播给人类。

动物和畜牧产品也可以将药品、添加剂和污染物的残留物传播给人类。它们可以通过单次接触影响人类身体健康，导致急性中毒，或通过长期接触影响生殖和免疫系统（如外部激素残留），或导致癌症等非传染性疾病（NCDs）。人类非传染性疾病负担的增加与过度消费动物源性食品有关，特别是心血管疾病与胆固醇和饱和脂肪酸水平有关（Steinfeld，2013；Wang和Beydoun，2009）（表3-1），但也与超重和某些癌症有关。

表3-1　美国1850年、1900年和2000年引起死亡的十大原因

1850年	1900年	2000年
结核病	肺炎	心脏病
痢疾/腹泻	结核病	癌症
霍乱	痢疾/腹泻	中风
疟疾	心脏病	肺部疾病
伤寒症	中风	意外事故
肺炎	肝脏疾病	糖尿病
白喉	意外事故	肺炎或流感
猩红热	癌症	阿尔兹海默症
脑膜炎	正常衰老	肾脏疾病
百日咳	白喉	败血症

资料来源：https://nonprofitupdate.info/2010/10/21/10-leading-causes-of-death-in-1850-and-2000-2/。

从积极的一面来看，畜牧业产生的收入可以增加家庭收入和用于医疗保健（Thumbi等，2015）。此外，还应该强调的是，家畜对人类健康做出了许多积极贡献，例如从猪和牛体内提取的胰岛素可以用于治疗糖尿病，马能产生抗蛇毒血清，以及革兰氏阳性菌和革兰氏阴性菌具有广谱活性的阳离子抗菌肽（AMP）（Kues和Niemann，2004）。还应注意的是，一般来说，动物在心理和情感层面对人类福祉有积极的影响，在许多区域具有重要的文化意义。

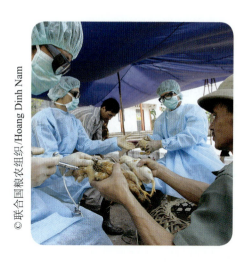

©联合国粮农组织/Hoang Dinh Nam

与动物和动物源性食品相关的人类健康风险可以通过提高认识、加强对消费者的教育以及推广卫生的畜牧业生产和食品制备方法来预防。通过"同一健康"（One Health，2018）的方法，确保动物生产和健康专家、公共卫生官员和商业部门（包括饲料行业）之间的合作，对于实现与畜牧业相关的人类健康风险的综合预防战略至关重要，并以此为基础可促进可持续发展目标3的实现。

3.3　畜牧业与抗生素使用和抗生素耐药性

动物生产中抗生素的不当使用、过度使用和滥用会在全球范围内引起可感染人类病原体的抗生素耐药性（AMR）增加（Landers等，2012）。据估计，如果现在不采取行动，那么到2050年，每年将有1 000万人的生命和100万亿美元的经济产出受到耐药性微生物感染的威胁，如今每年约有70万人死于耐药性微生物感染。中低收入国家面临着耐药性微生物感染增长带来的最大负担（O'Neill，2016）。联合国粮农组织制定了一项关于粮食、农业和环境中的抗微生物药物耐药性行动计划（联合国粮农组织，2016b），该计划涉及四个重点领域：

- 提高对AMR相关威胁的认识；
- 发展对粮食和农业（包括畜牧业）中AMR和抗生素使用（AMU）的监督和监测能力；
- 加强粮食和农业（包括畜牧业）中AMU和AMR相关的治理；
- 推广食品和畜牧业-农业系统的良好做法，以及谨慎使用抗微生物药物。

联合国粮农组织行动计划支持世界卫生组织牵头的抗生素耐药性全球行动计划（世界卫生组织，2016），两者都强调必须采用"同一健康"（One Health，2018）的方法，让公共卫生和兽医部门、食品和畜牧业-农业部门以及其他有关伙伴参与其中。我们应该从源头上阻止疾病的发生、暴发和传播，而不能也不应该在发现疾病时仅仅依靠使用抗生素。

预防是对抗AMR的最佳方式。大量使用抗微生物药物被认为是产生AMR的主要原因之一（O'Neill，2016）。在此背景下，饲养自然抗病动物（DRAs）已被提倡为减少抗生素使用的长期政策和战略，这将减少家畜的AMR（Woolhouse等，2015），因为自然抗病动物需要的治疗次数比易感动物少（Mattioli等，1998；Murray和Black，1985）。此外，如前所述，阳离子AMPs代表了一类来源于家畜品种的新抗生素，具有不受经典抗性基因影响的能力，因此到目前为止还未记录到AMPs抗生素耐药性案例（Kues和Niemann，2004）。

3.4　畜牧业、水源、卫生和环境

贫困人口在家庭卫生条件、获得清洁水源和获得卫生设施等方面面临若干挑战，这些问题共同为病原体通过食品（特别是动物源性食品）传播创造了理想的环境。缺乏卫生设施可能会显著增加细菌和病毒传播的风险。

据世界卫生组织称，在过去几十年中，卫生设施的使用率有所增加，自1990年以来，能够使用这些设施的人口比例从54%上升到68%。然而，全球仍然有30%的人口无法使用卫生设施，这意味着超过20亿人仍然没有厕所或改良厕所使用。从图3-2可以看出，每10万居民中发生食源性疾病更多的地区是那些卫生设施较少的地区。

在低收入国家卫生条件差的贫困家庭中，腹泻每年导致约190万人死亡，主要的死亡者是儿童，其中大部分是由沙门氏菌和弯曲杆菌等食源性病原体引起的，这些病原体通过动物源性食品传播（联合国粮农组织和世界卫生组织，2009）。如图3-2所示，食源性疾病病例最多的地区也是那些获得改善水源较少的地区。一项综述发现，在29项研究中有20项表明家畜饲养与人类腹泻病有关（Zambrano等，2014），推测是经粪、口病原体传播到幼儿家庭。在较贫困家庭中很常见的亚临床环境肠道功能障碍，其病因仍有待确定，最近被发现该病是儿童发育迟缓的主要决定因素（Crane等，2015）。

图3-2显示，食源性疾病在C、D和E层更易复发。与其他地区相比，C、D和E层也集中了最大比例的极端贫困人口。可以看出，这些地区的贫困率远远超过了全球平均水平，这意味着食源性疾病是一个影响贫困人口的主要因素。

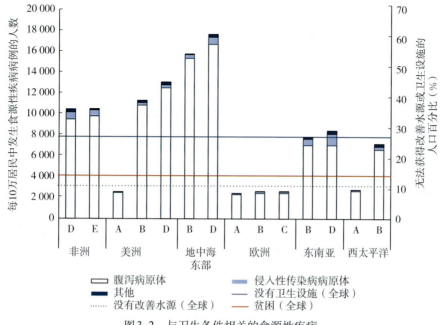

图3-2　与卫生条件相关的食源性疾病

注：子区域是根据Ezzati等（2002）定义的儿童和成人死亡率来定义的。A层：儿童和成人死亡率非常低；B层：儿童死亡率低，成人死亡率很低；C层：儿童死亡率低，成人死亡率高；D层：儿童和成人死亡率高；E层：儿童死亡率高，成人死亡率很高。

资料来源：基于世界卫生组织、联合国儿童基金会联合监测计划（JMP）和世界银行的数据，2018年。

与家畜生活在一起，特别是在缺乏基本卫生设施的环境中，会促使疾病从动物传染给人类。通常分担照顾家畜任务的儿童面临更大的暴露风险，而5岁以下儿童一旦感染人畜共患病，患重病的风险最高（联合国粮农组织，2013b；Marquis等，1990）。因此，清洁的水、良好的卫生习惯和健康的环境都是有助于阻止传染病发生和传播的积极因素。

3.5　畜牧业和营养

肉类、肉制品、乳制品和蛋类及其制品是高生物价值的蛋白质、脂肪和各种生理、功能化合物的宝贵来源，例如微量元素和维生素（Wyness，2013；Zhang等，2010）。这些对于人类日常饮食和均衡生长（包括认知和身体发育）都非常重要（Randolph等，2007）。

动物源性食品可以为学龄儿童平衡生长和认知结果提供必需的营养物质（Neumann等，2003）。在厄瓜多尔（Iannotti等，2017）和肯尼亚（Mosites等，

2016）进行的研究表明，儿童食用牛奶和鸡蛋可以改善他们的营养、生长速度和身高。肯尼亚的研究还表明，食用动物源性食品的频率与对家畜的所有权和健康的家畜有关。因此，旨在控制动物疫病的行动不仅对畜牧生产力有积极影响，而且对动物源性食品消费模式也有积极影响（插文4）。

插文4　儿童成长和动物源性食品的消费

动物源性食品可以为学龄儿童平衡生长和认知结果提供必需的营养物质（Neumann等，2003）。在厄瓜多尔（Iannotti等，2017）和肯尼亚（Mosites等，2016）进行的研究表明，儿童食用牛奶和鸡蛋可以改善他们的营养、生长速度和身高。肯尼亚的研究还表明，食用动物源性食品的频率与对家畜的所有权和健康的家畜有关。因此，旨在控制动物疫病的行动不仅对畜牧生产力有积极影响，而且对动物源性食品消费模式也有积极影响。

为了回应人们对食用肉类和肉类产品可能带来的健康风险的担忧，同时也为了提高乳制品、肉类和鸡蛋在人类饮食中的有益作用，一些畜牧业生产系统正在改进其工艺，以改善肉类的质量和营养特征（Pighin等，2016）。例如，日本开发了生产不饱和脂肪酸与饱和脂肪酸比例更加平衡的猪肉的技术（Kues和Niemann，2004）。

该可持续发展目标的一个主要全球目标是改善儿童和孕产妇健康。在发展中国家，230万儿童的死亡（占儿童总死亡率的41%）可归因于营养不良（Schroeder和Brown，1994）。据世界卫生组织称，每天约有830名女性死于怀孕和分娩等可控制的原因，99%的孕产妇死亡发生在发展中国家（世界卫生组织，2016）。畜牧业与儿童和孕产妇健康之间的关系是复杂的，采取的多种措施都能产生积极的和消极的影响（Mosites等，2015）。如果采取了卫生措施来防止病原体从动物传播给人类，那么家畜所有权与人类的营养和健康则呈正相关，尤其是在低收入环境中（Randolph等，2007）。

食用动物源性食品可以改善儿童营养，提高免疫能力，提高对传染病的抵抗力和恢复力（Begum，1994；Yigrem等，2015），促进儿童认知并减少发育不良（Jin和Iannotti，2014；Murhpy和Allen，2003）。动物源性食品为孕妇和哺乳期女性提供高能量和优质的饮食、微量营养素和更多的营养（Grosse，1998）。事实证明，儿童在早期摄入少量动物源性食品对身体和认知发展有明显的影响，可以极大地提高人力资本（Neumann等，2002）。

由国际粮食政策研究所制定的2017年全球饥饿指数（GHI）通过考虑四个指标，营养不良、儿童消瘦、儿童发育迟缓和儿童死亡率来显示饥饿的多维性。GHI得分较高的国家，如乍得、中非、利比里亚、马达加斯加、塞拉利昂、苏丹和赞比亚，其饥饿程度令人极其震惊。然而，随着各国提高向人们提供大量动物蛋白的能力，其GHI得分趋于下降，反映出营养状况得到改善，特别是儿童的营养状况得到改善（图3-3）。

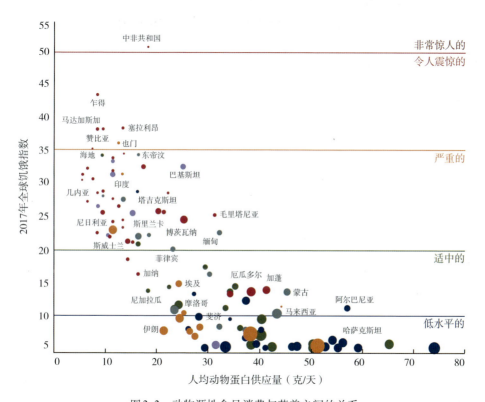

图3-3　动物源性食品消费与营养之间的关系

资料来源：基于国家粮食政策研究所、联合国粮农组织和世界银行的数据，2018年。

3.6　结论

可持续发展目标3旨在确保各年龄段人群的健康和福祉。虽然畜牧业带来的好处已广为人知，但如果管理不当，畜牧业及畜牧产品可能成为人类传染病和非传染病的来源。家畜携带的许多微生物都可以传染给人类，过度消费动物源性食品会导致非传染性人类疾病负担增加。在畜牧生产中不当使用抗生素会导致可感染全球动物和人类的微生物的抗生素耐药性不断上升，并通过粪便和其他废物对土壤或地表水造成污染。考虑到人类健康、动物健康、营养和环境之间联系的规模和关系的复杂性，需要采取多学科和跨学科的措施。"同一健康"（One Health，2018）的概念和方法被认为在设计和促进畜牧业政策、战略和行动以确保健康的生活和生产效率方面至关重要。

4 畜牧业与优质教育

4.1 引言

联合国认为教育是一项基本人权（联合国，1948）。尽管在过去15年中，在实现普及初等教育方面取得了重大进展，其中部分进展是由千年发展目标（MDGs）和全民教育体系推动的，但对许多人来说，教育仍然是一项未实现的权利。在贫富之间、男女之间、城乡之间、国家内部和国家之间的受教育程度仍然有很大的差距。2014年，全世界有2.63亿名儿童、青少年和年轻人没有上过学。低收入国家的高中教育完成率仅为14%。2005—2014年，约有7.58亿成年人（其中近三分之二是女性）缺乏任何识字技能（联合国教科文组织，2016）。

可持续发展目标4旨在"确保所有人都可以受到包容性的、公平的优质教

育，并促进所有人享有终身学习的机会"。它的范围比千年发展目标2的"普及初等教育"更广，因为它旨在确保各级教育和获得终身学习的机会。具体而言，它侧重于人们可以在教育和发展的各个阶段获得基础和高级技能；更多地、更公平地接受各级优质教育，包括技术、职业教育和培训；以及获得良好发挥个人作用和为社会做出贡献所需的知识、技能和价值观（联合国，2016b）。作为实现可持续发展目标4的第一步，全球教育界于2015年11月在巴黎通过了《2030年教育行动框架》（联合国教科文组织，2015）。

畜牧业和教育之间既有直接的联系，也有间接的联系。食用动物源性食品，如肉、奶和蛋，可以改善儿童的认知、促进儿童的身体发育以及提升儿童的入学率和表现（Neumann等，2002；Ruel，2003；Fratkin等，2004；Moore等，2008；Dror和Allen，2011；Hulett等，2014）。此外，畜牧业为贫困的农村家庭提供收入，这些家庭可以用这些收入支付学费、购买校服和教材（Leroy和Frongillo，2007；联合国粮农组织，2009a）。此外，基础教育、农业教育以及培训可以促使畜牧生产系统更可持续和更高效。然而，贫困家庭要想获得高质量、包容性的教育、农业培训和推广以及优质饮食往往是一个挑战，可能的原因是儿童参与了与畜牧相关的活动。这限制了贫困的小规模畜牧业生产者发展高利润、高效率的企业和采用创新技术的能力，反过来又使他们更难摆脱贫困、粮食短缺和使用童工。

畜牧业与教育之间的联系是畜牧业可持续发展和消除饥饿的关键。如果畜牧生产系统的效率得到提高（例如通过改进牲畜养殖和管理），依靠畜牧的贫困家庭的子女就可以摆脱童工，并且可以获得更好的教育机会。包容性和参与性的畜牧业研究和推广方案可通过相关信息和知识在支持这一进程方面发挥关键作用。本章提供了动物源性食品如何促进儿童健康和认知发展的证据。它描述了儿童参与畜牧生产的程度，以及这如何减少他们的上学率和获得教育的机会。此外，本章还介绍了畜牧业收入在让贫困家庭负担得起基础教育方面的重要性。畜牧业研究、推广和培训被视为是提高畜牧业生产力和收入的机会。如果取得成功，那么这些活动既有助于减少畜牧业使用的童工，又有助于提高贫困人口的营养状况。

4.2 用于改善营养和教育水平的动物源性食品

良好的营养是人类健康和福祉、身体和认知发展以及经济生产力的基础（联合国粮农组织，2013c）。事实上，人们越来越认识到，充足的营养是消除饥饿和经济社会发展的决定性因素（联合国粮农组织，2013d）。在儿童时期和怀孕期间的营养摄入量尤为重要，因为它会影响个人的成长、健康和教育表现，成年后的经济状况以及对传染病和非传染性疾病的保护（Neumann 等，2003；Victora，2008）。然而，在许多发展中国家，营养不良仍然是一个问题，全世界有超过8亿的饥饿人口（联合国粮农组织等，2017）。微量营养素缺乏影响近20亿人，增加了他们失明、智力迟钝和过早死亡的风险。非洲和亚洲是受营养缺乏影响最大的地区。超过三分之一的非洲和亚洲妇女患有贫血症，几乎每四个五岁以下儿童中就有一个发育迟缓（联合国粮农组织等，2017）。与此同时，全世界约有20亿人超重或肥胖，自1975年以来，全球肥胖人数几乎增加了两倍（联合国粮农组织，2012b；世界卫生组织，2017）。

动物源性食品富含能量，可以为人体提供优质且易于消化的蛋白质以及易于吸收、生物可利用的微量营养素（Neumann等，2012b）。与植物源性食品相比，这些营养素更容易从动物源性食品中获得（Murphy和Allen，2003；Dewey和Adu-Afarwal，2008；Allen，2014）。尽管铁和锌等必需矿物质也存在于谷物主食中，但由于其形态和植酸盐等吸收抑制剂的存在，它们的矿物质生物利用度较低（联合国粮农组织，2009a）。动物源性食品比植物源性食品含有更丰富的微量营养素，如维生素A、维生素B_{12}、核黄素、钙、铁和锌等，但这取决于食物的种类。总体而言，红肉的锌和铁含量高于其他肉类，如家禽。牛奶和鸡蛋是预制维生素A的重要来源，而牛奶是钙和磷的来源。维生素B_{12}主要由肉类和牛奶提供（Watanabe，2007；Neumann等，2013）。表4-1详细列出了一些动物源性食品中所含的主要微量营养素。

表4-1　选定的动物源性食品中含有的主要微量营养素（每100克）[a]

动物源性食品（ASF）	铁（毫克）	锌（毫克）	维生素B_{12}（微克）	维生素A [b]（微克）RAE [c]	钙（毫克）
肉类					
牛肉（中等脂肪、煮熟的）	0.32	2.05	1.87	15	8
山羊肉（适度脂肪）	2.3	4.0	1.13	0	11
肝脏（牛）	10	4.9	52.7	1 500	8
绵羊肉	2	2.9	2.2	10	10
猪肉	1.8	4.4	5.5	2	11
家禽肉	1.1	4.0	0.10	85	10
全脂牛奶（非强化）	0.01	0.18	0.39	55	119
鸡蛋（煮熟的）	3.2	0.9（生的）	2.0（生的）	500	61

资料来源：修改自Neumann等，2013年。

注：（a）营养素含量为近似值，并基于不同来源；（b）维生素A含量因烹调方法而异；（c）RAE指维生素A活性当量。

如今，许多发展中国家的贫困人口（尤其是没有牲畜的农村家庭中的幼儿及其母亲）没有摄入足够的动物源性食品（Murphy和Allen，2003；IFPRI，2004；Azzarri等，2014；Jin和Iannotti，2014；Mosites，2015），而其他人（特别是发达国家的人）消费过多（泛美卫生组织，2006）。在孕期和儿童期，动物源性食品中某些主要微量营养素的摄入不足可能会导致健康问题，从而影响生长发育和受教育程度。这些营养素摄入的程度不足可能会导致贫血、工作能力下降、夜盲症和发育不良等问题。长期低摄入这些营养素会导致更严重的问题，如佝偻病、认知能力受损、失明、神经肌肉缺陷、精神障碍和死亡等（Murphy和Allen，2003）。另一方面，过度食用动物源性食品会增加肥胖（尤其是儿童）、患心脏病和其他非传染性疾病的风险（McMichael等，2007；Voortman等，2016）。

4.2.1 动物源性食品对儿童成长和教育成就的贡献

尽管近几十年来有所改善，但发育迟缓的高发病率仍然是一个大问题，尤其是在非洲和南亚地区。2016年，有1.55亿名五岁以下儿童发育迟缓（适龄身高偏低），约占世界儿童总数的23%（联合国儿童基金会、世界卫生组织和世界银行，2017）。发育迟缓是各种因素累积的结果，例如孕产妇营养不良、饮食不当和出生后前两年的感染（联合国粮农组织，2013c）。发育迟缓会导致认知和身体发育的永久性损害，并增加儿童发病率（Hoppe等，2006）。在儿童时期发育迟缓的成年人通常收入较低，并且受教育程度较低的可能性更大（Victora等，2008；Dewey和Begum，2011）。几项研究已经证明，动物源性食品在孕妇和婴儿的饮食中以及在降低发育迟缓的发生率方面具有有益作用（Allen等，1992；Neuman等，1992；Kirksey等，1992）。例如，通过全球妇女和儿童健康研究网络在危地马拉、刚果民主共和国、赞比亚和巴基斯坦开展的一项横断面研究结果表明，吃肉可以防止发育迟缓（Krebs等，2011）。

营养不良的儿童在学校的表现可能较差，这不仅是因为他们在婴儿期的基本认知能力受损，还因为持续的饥饿限制了他们集中注意力的能力。有证据表明，在学龄儿童的饮食中加入足量的动物源性食品可以增加儿童所需营养的多元化，并维持和改善认知能力、微量营养素状况、生长发育、身体活动和学业成绩（Black，2003；Murphy等，2003；Grillenberger等，2006；Neumann，2007；Gewa等，2009；联合国粮农组织，2013c；Iannotti等，2013；联合国粮农组织，2016c）。Mayurasakorn等（2010）在一项关于小学生营养状况的研究中得出结论，每周至少食用三个鸡蛋可以有效改善小学生的蛋白质营养不良。因此，通过学校供餐计划为营养不良的学龄儿童提供牛奶、肉类和鸡蛋

可以成为改善他们饮食的宝贵工具。它也被证明是对入学率和出勤率的激励
(Adelman等，2008；Omwami等，2011；Kristjansson等，2016)。Glewwe等
(2001) 进行的成本效益分析所得出的结论是，在菲律宾的幼儿营养计划中投
资一美元可以在学业成就方面至少获得三美元的回报（插文5）。

插文5　改善营养不良儿童认知和身体发育的学校牛奶方案

尽管过量食用动物源性食品会增加儿童肥胖、患心脏病和其他非传染
性疾病的风险（Koletzko等，2016），但充分获得安全优质的动物源性食品
可以改善营养不良个体的营养状况。在动物源性食品中，牛奶被认为在促
进儿童生长发育方面起着关键作用（Dror和Allen，2011）。它是能量、脂
质和优质蛋白质的重要来源，并含有对生长和发育至关重要的营养素，例
如钙、维生素A、核黄素和维生素B_{12}（Hoppe等，2008）。一项由Lien do
等进行的研究（2009）显示，在越南北部三角洲的一个省份，小学生从一
个学校牛奶方案中受益匪浅。获得的好处包括体重不足和发育迟缓的比例
减少10%，微量营养素状况改善，学习指标改善（包括更好的短期记忆得
分）和总体健康改善。Chen（1989）在马来西亚对2 000多名6～9岁的儿
童进行的一项研究也表明，在计划开始的两年内，学校牛奶计划导致体重
不足的比例从15%减少到9%，发育迟缓的比例从16%减少到8%，消瘦
（身高较低和体重较轻）从3%减少到2%。

资料来源：改编自联合国粮农组织，2016a。

4.3　依赖畜牧业的家庭获得基础教育的机会：挑战与机遇

获得基础教育可以帮助农民采纳和应用创新技术，提高农业生产力
(Lockheed等，1980；Phillips，1994；Weir，1999；联合国粮农组织和联合国
经济及社会理事会，2003；Asadullah和Rahman，2009；Reimers和KLASEN，
2013)。然而，在发展中国家的农村地区，那里大多数是小规模畜牧业生产者，
生活在农村地区的儿童（特别是女孩）获得优质教育的机会和获得技能的机会
都比生活在城市地区的儿童要少。这反映了在许多农村地区生活的人识字率低
的事实，尤其是贫困妇女（图4-1）。

农村地区的教育特点通常是学校和基础设施的可用性和质量较低（尤其
是偏远地区和中学），教师的质量低而流动率高，以及教学材料有限（国际农

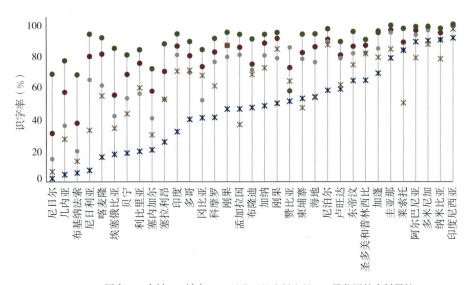

图4-1　选定国家按地点、性别和财富分列的青年识字率

资料来源：改编自联合国教科文组织2017年的数据。

发基金，2011；国际劳工组织，2016；2017）。此外，学校课程往往建立在城市儿童的需求之上，不包括农业主题，从而降低了农村父母让孩子入学的兴趣（国际农发基金，2011）。通常，学校日历与农业季节不一致，因此很难将教育与农村工作结合起来（联合国粮农组织，2013a）。阻碍农村地区贫困儿童上学的其他障碍是学费和上学的机会成本。在一些国家，学费可以占一个家庭收入的5%～10%，而对于最贫困的家庭来说，这一比例高达30%（联合国儿童基金会，2002）。对牧民而言，流动性和游牧可能会给教育带来额外的障碍（插文6）。

4.3.1　用于支付教育的牲畜收入

　　牲畜在需要时为贫困和弱势家庭（尤其是妇女）提供优质食物和现金，作为一种资产、一种形式的储蓄和安全网（联合国粮农组织，2009a）。这些家庭经常出售或交换家禽、绵羊、山羊、牛及其产品，以满足学校教育需求（即学费、校服和教科书）和其他家庭需求，例如食物、医疗费用和衣服（Alders和Pym，2009；Gabanakgosi等，2013；Thomas等，2014）。在纳米比亚的一项地区调查中有近40%的受访者表示他们通过出售牛来支付学费，而60%的人通过出售牲畜来满足其他家庭需求（Thomas等，2014）。

插文6 牧民教育

牧民经常面临是否将孩子送到传统学校的困难。正规的走读学校被束缚在特定的地点,因此排除了流动的(通常是游牧的)生活方式。此外,大多数学校课程与牧民关系不大。被送到正规走读学校的孩子错过了从家人那里学习游牧知识的机会,成年后通常会选择不同的职业。现在,虽然一些孩子上传统学校,在许多情况下这些学校是寄宿学校,但是另一些孩子则随家人一起搬家。目前已经开发了各种替代的教育模式,试图将传统教育和正规教育联系起来。在伊朗(伊斯兰共和国)以及较小程度上在东非成功开办了在帐篷或公共汽车上跟随迁移牧民的流动学校。通过无线电进行远程开放学习是一种很有希望的方式,可以以适中的成本将知识传给大量的人:教师和学生不必在同一个地方,信息可以被灵活地提供。

资料来源:Scott Villiers 等,2006 年;Krätli 和 Dyer,2009 年;Dyer,2010 年,2015 年。

牲畜收入中用于学费的比例可能会很高。例如,Chenyambuga 等(2014)的一项研究报告称,坦桑尼亚联合共和国两个村庄的奶和山羊生产收入(即山羊奶和活山羊的销售收入)中超过25%用于支付学费。Kosgey 等(2008)发现,肯尼亚中部和西部的部分地区的家庭将超过30%的牲畜收入用于支付学费。在某些地区,需要在学年开始时支付学费,这可能会影响当地市场的牲畜价格。市场上可供出售的牲畜突然增加会导致其价格下降(Barrett 等,2003;Moreki 等,2010;Maass 等,2012)。

4.3.2 畜牧业中的童工

近1亿名儿童从事农业(包括畜牧业)工作,占5~17岁童工总数的近60%(国际劳工组织,2013a)。在全世界范围内,这个问题是农村贫困的主要问题之一。儿童所做的与畜牧业相关的工作通常包括放牧、喂养、清洁(动物和棚屋)、收集饲料和水以及帮助加工。其中许多活动可能是危险的,甚至可能干扰儿童的教育。放牧活动特别难以与学校结合起来,因为它们占用了一天的大部分时间

©联合国粮农组织/Ami Vitale

（联合国粮农组织，2015a）。国际劳工组织于2013年开展了一项关于牧区童工和教育的研究，分析了南苏丹牛群营地中儿童的生活，以及与营地中的劳动和生活相关的风险和危害（例如牛或野生动物的危害、人畜共患病等）。研究发现，许多父母并不重视孩子（尤其是女孩）的正规教育，而是重视通过与牲畜打交道获得的学习经验。然而，人们发现这些传统观点正在发生变化，有牧民社区开始认为教育对于政治参与、政治代表以及市场营销都很重要（国际劳工组织，2013b）。世界上越来越多的牧民社区对正规教育的态度正在发生变化，如果通过优质教育计划得到充分支持，那么这将是提高牲畜依赖型社区入学率的机会（联合国粮农组织，2013a）。

4.4 研究和推广更可持续和更高效的畜牧业

在过去几十年中，对肉类、牛奶和鸡蛋需求的增加主要是通过畜牧业的重大技术创新和结构变化来满足的。技术变革主要是通过私人研究、开发和努力来实现的，目的是提高畜牧产品（特别是家禽、猪肉生产和乳制品）生产者的生产力，而公共资助的研究则侧重于为小规模生产者制定解决方案。因此，后者的效益和生产力提高有限，在许多发展中国家，牲畜数量的增加远远超过产量的增加（联合国粮农组织，2009a）。预计2050年世界人口将达到98亿人，对动物源性食品的需求将继续增加（Alexandratos 和 Bruinsma，2012；联合国，2017）。这为消除饥饿、保证粮食安全和改善人类营养提供了重大机会，但必须在不增加环境和公共健康风险的情况下满足日益增长的需求。为此，进行畜牧业研究可以在提高牲畜生产力和资源利用效率（例如通过改善动物健康、饲养和繁殖）以及支持畜牧业的可持续和公平发展方面发挥关键作用（联合国粮农组织，2009a）。

根据Alston等（2000）分析的大量证据，农业生产力的提高与农业研究和发展的公共投资密切相关（Pardey等，2006）。Nin等（2007）描述了研究和推广（R&D）畜牧业可以对畜牧业发展做出贡献。相比于研究农作物，畜牧业研究常常是更慢、更昂贵和更复杂的，因为动物比农作物和种子更昂贵，需要更多的时间来观察新技术的影响。结果也具有更不确定性。他们还发现在部分发展中国家，由于研究计划、环境和组织不完善等问题，研究未能充分促进畜牧业发展。在许多情况下，这可能与畜牧业研究不被视为优先事项有关（特别是在将畜牧业研究投资与农作物研究投资进行比较时），并且畜牧业研究被视为足以满足当前的发展需求。Townsend 和 Thirtle（2001）根据南非数据进行的一项研究，通过一种能够区分动物健康和动物生产研究的方法分析了畜牧业研究的回报率。当考虑到研究有助于避免动物疾病引起的潜在损失时，研究发现，畜牧业研究的回报率很高，而且研究对牲畜和农作物同样有效。这项研究得出的结论是，在南非，动物健康研究的收益率超过35%，并且旨在提高牲畜产量和生产力研究的收益率为27%。

尽管农业研发和农业生产力与消除饥饿之间存在联系，但许多低收入国家的研发投资已经停滞或下降。例如，撒哈拉以南非洲在全球公共农业研究支出中的份额从1960年的10%下降到2009年的6%（联合国教科文组织，2016）。对农业研发的国外援助也是非常低的、不稳定的，这给规划和实施方面带来了挑战。联合国粮农组织2015年对经合组织数据进行了综合分析并得出结论，用于农业、林业和渔业的官方发展援助中只有7%用于研究，只有2%用于推广（联合国粮农组织，2015b）。

今天，在一些发展中国家，特别是撒哈拉以南非洲和亚洲地区的一些国家，农业专家和农业专业人员严重短缺。此外，代沟威胁着未来的农业研究，因为具有博士学位的农业研究人员中有很大一部分即将达到退休年龄（Dobermann和Nelson，2013）。在纳米比亚、几内亚和马里等国家，超过80%拥有博士学位的农业研究人员的年龄超过了50岁（IFPRI，2017）。相比之下，中国、印度和巴西等中等收入国家作为农业生产国和农业研究产出国的重要性都在增加（IAASTD，2009；Alston和Pardey，2014）。在此背景下，应该指出的是，这些中等收入国家对公共农业研究的投资总和占世界总量的31%（联合国教科文组织，2016）。

4.4.1　推广和培训

传统上，推广被视为提供一种服务，将研究的知识"推广"给生产者。这种方法非常注重增加产量、培训农民和转让技术。但人们认为许多国家的公共农业推广系统并不成功，这导致发展了几种新方法。许多国家引入了农业咨询系统，帮助农民组建团体来处理营销问题以及与其他服务提供者和利益相关者合作（Davis，2008；联合国粮农组织，2008，2010a）。经验表明，有效的咨询服务必须针对各种不同生产者（例如牧民、渔民、林农）在不同背景和环境中的具体需求和要求进行调整（联合国粮农组织，2016c）。为此，制定了一些参与式方法，如农民田间学校（FFSs）（插文7），以更好地满足不同环境中农村家庭的需要，从而增加咨询服务和研究创新的影响和相关性（联合国粮农组织，2014a）。

如今，推广或农村咨询服务不再完全由公共部门提供，而是由私营部门公司（包括农业投入公司、农业加工公司及合作社）和民间社会组织（如生产者组织）提供（联合国粮农组织和KIT，2016）。然而，贫困的农民和边缘的畜牧业生产者，尤其是妇女，往往被排除在推广和其他服务之外（国际农发基

插文7 畜牧农民田间学校：通过参与式和实践学习的方式改善小规模畜牧业生产者的生计

农民田间学校（FFSs）不仅是一种推广方式，也是成人教育的一种形式。在过去的二十年里，联合国粮农组织和其他发展利益攸关方为广泛的环境和畜牧生产系统建立了畜牧农民田间学校，包括游牧业和农牧业、乳制品业、家禽生产、稻鸭一体化系统、兔子生产、猪生产、养蜂业、牛肉生产、骆驼生产和小型反刍动物生产等。在畜牧FFSs中，由15～25名畜牧生产者组成的小组在一个季节或生产周期内进行实践、参与式学习。在这些"没有围墙的学校"，小规模生产者定期开会（通常每周一次），测试、验证和调整良好的农业和营销做法，帮助他们实现可持续的粮食生产和改善生计。FFSs小组通过试验、观察、批判性分析和讨论将当地实践与新想法进行比较，从而进行学习。在此过程中，小组成员获得了技术技能，加强了小组凝聚力，并通过更好地理解价值链来设计增加收入的战略，同时也为业务和企业发展提供了机会。此外，团体制定社区行动计划，与服务提供者和私营部门参与者建立新的联系，以加强他们的企业并改善他们的生计。今天，FFSs方法被用于发展中国家的畜牧业发展，并吸引了各国政府、非政府组织、私营部门和其他利益攸关方的越来越多的关注。

资料来源：联合国粮农组织，2016d，2018。

金，2011）。来自9个国家的家庭调查数据样本显示，较小的农场总是最不可能获得推广信息的（联合国粮农组织，2014a）。多年来，一直努力增加农村妇女和男性获得推广信息的机会。例如，在肯尼亚实施的基于无线电的创新培训方法旨在许多推广无法覆盖的偏远地区的小规模乳制品生产商，尤其是妇女和年轻人。该方法被证明是有用的和深入的，并带来了许多立竿见影的回报，例如通过合作将牛奶拒收率从30%减少到8%，以及对推广服务的需求从59%增加到68%，寻求牲畜价格信息的乳制品生产商数量从28%增加到35%（Njuguna等，2014）。

4.5 结论

可持续发展目标4旨在促进各级包容性的、公平的优质教育。食用动物源性食品可以改善儿童的认知，促进儿童的身体发育，以及提高儿童的入学率和表现。此外，牲畜为贫困家庭提供收入以便支付上学费用。包括动物源性食品在内的学校供餐方案可以为营养不良的儿童提供适当的营养。然而，在传统的畜牧社区中，送孩子上学与游牧的生活方式相冲突。其他问题涉及畜牧业研究的差距，以及小规模畜牧业生产者在获得农业培训和咨询服务方面往往面临挑战，从而限制了他们更有效地管理牲畜的能力。参与式的实践方法，例如畜牧农民田间学校，可以成功地培养畜牧业生产者的判断性分析、决策和沟通技巧。要加强畜牧生产、营养、教育和健康之间的联系，就需要针对畜牧业生产者的具体需要采取包容性的跨部门方法。

5　畜牧业发展与性别平等

5.1　引言

　　畜牧业为全世界大多数的农村提供了生计。在全球范围内，约有6亿最贫困的家庭将家畜作为重要的收入来源（Thornton等，2006）。在这种情况下，牲畜发挥着多种功能，可以作为食物、肥料和燃料，可通过售卖获得现金收入，还可促进储蓄，发挥社会职能（国际畜牧研究所，2007）。然而，一些研究表明，畜牧业的表现不佳，原因包括气候变化、农村向城市的迁移、投资不足和性别不平等等。与男性相比，女性更难获得和控制自然资源及其他资源，例如土地、水、信贷、市场、资产和技术信息。因此，女性畜牧饲养者通常需要克服更大的经济和制度障碍，并经常缺乏必要的手段来充分参与、维持和提升她们的农业活动。以性别平等和女性赋权为重点，提升畜牧业的生产管理、

©联合国粮农组织/Farooq Naeem

加工和销售，可以在实现可持续发展目标5设定的各种目标上发挥重要作用。

在发展中国家，约有2.9亿妇女和女孩依靠畜牧业来获得收入（联合国粮农组织，2011a，2013a）。一些人可以通过生产和加工畜牧产品（如奶酪和酸奶）来略微增加收入，这些产品价值较高，可以较长时间地保存，也能够提供营养。另一个获得额外收入的方式是通过羊毛和其他动物骨骼，同样也需要加工。例如，在墨西哥的恰帕斯山区，养羊主要是女性的责任，通过羊毛加工和销售赚取的收入约占家庭总收入的36%（联合国粮农组织，2012c）。此外，畜牧业极大地促进了农村女性的经济赋权，为家庭即时需求提供了现金来源。尽管如此，这些女性也必须在有约束的条件下工作，这限制了她们的生产力，降低了她们为家庭食物、营养安全以及整个畜牧业的发展做出充分贡献的能力。事实上，越来越多的证据表明，性别不平等给全社会带来了高昂的成本，阻碍了经济的生产潜力和整体发展。这既是一个挑战，也是一个机遇。在家庭层面，对畜牧资产有更大控制权的女性已被证明有助于保障所有家庭成员的粮食安全，并有助于其子女的营养和教育（世界银行，2001；Quisumbing，2003）。在全球范围内，消除或大大减少农村女性面临的障碍是促进畜牧业发展和改善农村社区福利的有效途径之一。

在发展中国家，畜牧业通常在国家GDP中占有稳定的比例，并对农村收入做出了巨大贡献。据世界银行估计，在非洲农村地区，平均而言，与畜牧有关的活动创造了近四分之一的农村收入（世界银行，2013）。畜牧业不仅为农民和牧民提供收入和就业，而且沿着价值链为与牧民订立合同的当事人、驯兽员、贸易商和市场经营者提供收入和就业（联合国粮农组织，2011c）。家畜还有助于改善所有家庭成员的营养状况，尤其是儿童。正如前一章所指出的，由于微量营养素的缺乏，数以百万计的儿童患有生长迟缓、认知障碍、免疫力下降等疾病。家畜可以最大限度地提供各种有营养的动物源性食品，促进蛋白质和微量营养素的摄入（Stevens等，2015）。

尽管许多农村女性以畜牧业及其相关活动为生，但传统的性别角色极大地影响了她们充分参与其中并从中获利的机会，也影响了她们从自给自足到畜牧业商业化生产以及从非正规市场到正规市场的机会，而正规市场通常代表着更大的利润空间。女性往往缺乏获得必要知识和专业技能的机会，也缺乏在畜牧领域成功经营所需的信贷设施和土地。传统的性别规范和权利限制了她们进入高价值市场并从畜牧业生产中充分获利的能力。权利关系也会限制女性的创收机会，在许多地区，女性在出售或宰杀动物前必须征求丈夫的意见（Dolan，2002；van Hoeve和van Koppen，2005）。此外，畜牧业价值链的工业化和正规化往往对女性畜牧饲养者构成威胁，她们发现自己因更严格的法规和

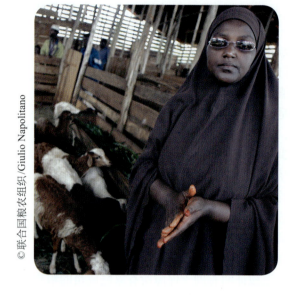

标准被边缘化，并且她们的工作时间会因母亲和收入者的角色而冲突。

以农村女性畜牧饲养者为目标，制定适合当地条件的方案、政策和推广服务，有助于实现可持续发展目标5的若干目标，如消除对女性的歧视；认可并重视无偿护理和家务劳动；确保女性参与政治、经济和公共生活决策；确保女性在生产、自然资源以及服务等方面享有平等权利。获得家畜的使用权和控制权使女性有机会就业并得到额外收入，有助于充分发挥她们的潜力。目前，全球对动物蛋白的需求不断增长，这对从事畜牧业的农村贫困女性来说是一个真正的机会，为女性本身和她们的家庭以及整个农业部门和全球经济提供了巨大的利益。

然而，关于畜牧业对女性重要性的相关证据综述（国际家畜研究所，2010）表明，尽管女性对发展中国家的畜牧业生产和管理做出了巨大贡献，但仍需要对她们在个人、家庭和社区层面以及畜牧业相关干预措施的潜在益处上进行更多研究。因此，当务之急是激发更强的政治意愿，进行更有针对性的农业援助和制定对性别问题有敏感认识的行动计划以及政策，以实现农村经济发展和社会转型，并使其更加公平、高效且有成效。本章对畜牧业、性别平等和女性赋权之间的重要联系进行了分析，并提供了一些现有证据。同时，考虑了最近的一些数据和成功做法，这些做法在国际上实施后，能够证明其一方面促进了畜牧业可持续生产，另一方面促进了性别平等和女性赋权。

5.2　减少工作负担和提高畜牧业生产力

平均而言，女性占发展中国家农业劳动力的43%（联合国粮农组织，2011a；Fan等，2015）。在畜牧业内，女性通常承担的工作是每天照顾家畜，这些工作任务艰巨、耗时多且需要大量精力。在非洲，这些工作包括清洁畜棚、收割饲料、给动物喂水、挤奶、制作黄油和奶酪，以及照顾怀孕或生病的家畜（联合国粮农组织，2015c）。然而，男性通常负责放牧，并在有需要时带动物进行治疗（Yisehak，2008）。拉丁美洲和东南亚也有类似的模式，那里的农村女性工作量往往也很繁重（全球家畜兽医学联盟，2011a，2011b；国际农业研究磋商小组，2017）。

劳动力统计数据往往低估了女性用于畜牧业的时间。因为相较男性而言，女性更不可能将自己的活动定义为工作，也不可能报告自己从事畜牧管理，然而女性的平均工作时间却比男性更长。因此，女性从事的大部分畜牧相关的工作没有正式得到劳动统计，也没能被报告和记录（联合国粮农组织，2011c）。除了畜牧业和生产之外，女性还从事一些对农村家庭至关重要的无偿工作。这些是传统意义上分配给女性的任务，如加工粮食作物、打水和劈柴、为家庭做饭以及照顾老人、孩子和病人。相反，男性通常参与商业化农业，包括种植业和畜牧业，往往很少有时间或没有时间照顾家庭和孩子（联合国粮农组织，2013a）。

卢旺达国家统计局在2014年开展的全国时间使用调查证实，女性每周的工作时间比男性更长（女性为49小时，而男性为41小时），在这些工作时间中，女性有21小时用于家务劳动，而男性为7小时。这种繁重且不被认可的工作负担是限制女性提高畜牧业生产力的主要因素之一。然而，随着男性迁移到城市寻找赚钱更多的工作，预计女性参与畜牧业的情况将会增加（Deere，2005；Upadhyay，2005；Johnson等，2013）。在更大范围内进行的时间使用调查得出了类似的结果。图5-1显示了选定国家的女性和男性每天花在无偿和有偿工作上的时间比例。数据是基于联合国统计司（UNSTAT）在2000—2014年对59个国家进行的调查，其中30个国家为发展中国家，29个国家为发达国家。该图强调了无论是在发展中国家还是发达国家，女性在无偿工作上投入的时间往往比男性更多。这显然对女性从自给自足到畜牧业商业化生产的能力，以及在畜牧业内充分发挥潜力产生了重大影响。女性的工作量也可能受到畜牧业生产系统变化的负面影响。例如，从粗放型畜牧业生产转向集约型畜牧业生产，往往会增加女性收集和搬运水源的时间。如果女性的繁重工作量减少，那么她们就更有可能从事其他有利于家庭粮食和营养安全的生产性工作，从而获得福利。她们也更有可能参与决策过程，并通过技术和职业培训抓住发展机会。

世界各地已经制定了一些方案来改善这些不平等现象。例如，通过节省劳动力相关的技术、方法和服务，可以大大减轻女性的工作负担。这些技术中包括有效利用和收集水源的技术，如种植蔬菜作物、在家庭住所附近进行饲料生产、用家庭废水浇灌等（Bishop-Sambrook等，2004）。开发和分发专门为女性设计的，更简单、更省力的工具也可以减轻她们的工作负担。培训女性推广人员可以更容易地分享有关改进后的畜牧系统和技术知识，并克服女性通常无法与男性推广人员互动的问题。

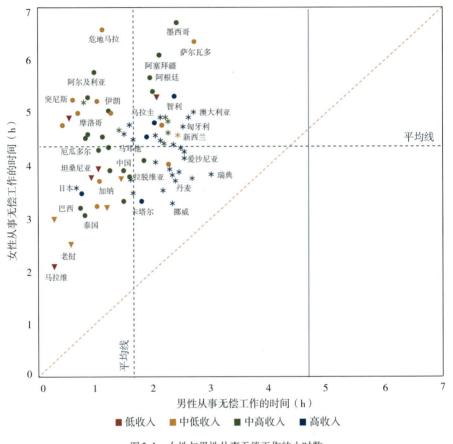

图5-1 女性与男性从事无偿工作的小时数

资料来源：基于联合国统计司的数据，2018年。

5.3 女性在畜牧业部门的参与权和决策权

女性在农业合作社和生产者协会中参与领导和决策的机会有限，这在很大程度上阻碍了他们提高畜牧业产量和生产力。她们通常在团队及内部管理职位中处于落后状态。在畜牧业和其他部门中，与政府合作制订发展计划和政策的农业合作社和生产者协会的领导人主要是男性，而女性代表数量较少，这影响了这些计划和政策的性别敏感性，以及为女性提供福利的机会（德国国际合作机构，2013）。此外，当农业合作社的成员和领导层由男性主导时，女性对参与这类团体的兴趣较低。因此，通过建立农业合作社激发增产潜力的目标无法完全实现。

根据国际劳工组织（ILO）的说法，女性参与农业合作社与消除饥饿之间存在着密切的联系。在参与农业合作社后，女性表示她们能够从事新的和更有生产力的劳动，并获得更高的收入，这大大有助于改善家庭的粮食安全。积极参与农业合作社也被证明有助于女性在家庭层面的决策，并改善她们对社区管理和发展的参与和贡献（国际劳工组织，2014）。

在全世界范围内，一些成功的项目强调了女性参与农业合作社领导和决策的好处。印度国家乳制品发展委员会（NDDB）旨在实现该国的牛奶生产现代化并改善牛奶生产，然而它却是农业合作社和生产者协会内性别不平衡的一个例子。由于成员中男性占的比例很高，导致全国奶业产量和生产力的改善远远低于NDDB的预期。看到这种令人失望的现象之后，1995年，理事会启动了女性领导乳制品合作社计划和女性节俭小组（WTG）。培训内容涉及动物卫生和健康的各个方面，以及领导能力、成员的责任和权利等。这些举措成功使印度的乳制品部门获得了更大的利润和更高的生产力（Torres，2001）。

5.4　自然资源对改善畜牧业生产的重要性

女性获得自然资源的机会有限，特别是在获得土地方面，这意味着她们在克服经济和技术障碍、经营或提升畜牧业活动方面通常比男性面临更大的挑战。土地使用权和控制权仍然是女性充分参与畜牧业并取得成功的主要障碍之一。主张权利和改善境况首先受到保障这些权利的相关法律法规的制约。虽然在过去二十年里，许多国家在制定和实施更多的有关性别平等的法律和加强监管相关的方案等方面取得了进展，但在一些国家仍存在对女性的明显歧视。因此，广泛的不平等现象仍然存在，特别是在土地权利方面。在土地、房屋和商业场所的使用、所有权和控制权等方面仍然存在具有歧视性的法律法规。

尽管土地不是饲养家畜的先决条件（如果可以购买饲料的话），但在许多地区，牧场是畜牧生产的关键（Deere和Doss，2006）。因此，土地所有权方面的性别差异可能成为女性畜牧饲养者的一个重要障碍，阻碍她们提高生产力的能力，阻碍她们在畜牧业生产方面进行长期计划和投资。没有土地，女性也缺乏可用于贷款的抵押品和获得常规金融服务的机会（Quisumbing等，2015；联合国粮农组织，2011）。

如果女性只能获得土地而不是控制土地，那就限制了她们在如何使用土地方面的决定和选择。对家庭资产分配和使用的研究表明，决定家庭发展结果的不仅是家庭资产的总量，最重要的是家庭中谁控制了这些资产。在这方面，分配给女性的土地质量也是一个重要因素，这些土地往往离家庭住所很远，并且土壤贫瘠，产量较低。由于家畜通常是农村女性实现收入多样化的一种方式，所以获得并使用优质土地往往可以大大降低女性在应对收入危机方面的脆弱性，并对她们的生产水平产生积极影响。当女性掌握了土地等资产的实际控制权时，一些积极的影响就会随之而来。旨在加强女性对资产控制的干预措施已经改善了家庭食品安全、儿童营养和教育以及女性自身的福利（世界银行，2001；Quisumbing，2003）。例如，在孟加拉国，女性资产份额的提高与女孩健康状况的改善直接相关。国际粮食政策研究所的研究表明，女性在获得和控制资产方面享有平等的权利，可以使南亚儿童的营养不良率降低13%（1 340万儿童），使撒哈拉以南非洲儿童的营养不良率降低3%（170万儿童）（Smith等，2003）。

确保女性对自然资源的控制权，特别是对土地的控制权，可以使女性良好地经营畜牧业，从而帮助她们摆脱贫困。政策制定者需要全面执行现有的土地权利相关的法律法规，并保持法定的土地政策和跨土地政策之间的一致性。然而，要保持法律之间的一致性往往比较困难，特别是当非正式的民事和家庭立法对女性的行为能力进行限制时。这种限制往往禁止女性签署土地合同，这通常违背了国家法律和国际协议。数据显示，拥有强大财产权的女性，其子女严重营养不良的可能性要比没有财产保障权的女性低四分之三，而且她们的收入有时会比没有财产保障权的女性高出近四倍（Landesa，2015；Allendorf，2007；Doss，2006）。有证据表明，加强女性对土地的权利对她们及其家庭和社区都有很大的益处。

5.5 信息通信技术中的性别平等有利于畜牧业的生产和生产力

女性学习技术的机会有限，特别是在信息通信技术方面，这是她们实现更高的畜牧产量的一个障碍，从而阻碍了女性采用更先进的畜牧业技术、获得信贷机会和更可信赖的市场。技术差距是女性在畜牧业部门和市场中的生产力和效率远低于男性的原因之一，对粮食安全和营养状况造成了负面影响（联合国粮农组织，2012a）。

信息技术为各种信息传播开辟了道路，包括重要的动物健康、兽医护理信息以及市场信息和价格等。联合国粮农组织和国际家畜研究所（ILRI）于

2016年在坦桑尼亚联合共和国选定的乳制品生产基地开展了一项研究，主要研究动物疾病如何以多种方式破坏粮食安全，特别是如何因产出、收入和投资而造成经济损失。该研究发现，尽管女性在畜牧业中非常活跃，但她们在动物健康管理方面的参与度很低，而且她们的兽医知识主要是通过传统的饲养动物实践获取的，这影响了其家庭的粮食安全。

智能手机越来越能够成功增加农村贫困人口获得金融服务的机会，特别是对女性而言。这具有重大的意义，因为缺乏足够的资金是阻碍女性利用畜牧市场机会的主要障碍。她们获得信贷的能力往往是由特定环境下的法律法规、社会规范、家庭责任以及对其他资源的获取和控制来决定的。在埃塞俄比亚、加纳和孟加拉国进行的研究表明，如果消除这些障碍，有机会获得信贷的女性会选择投资畜牧业，利用信贷获得的资金可从原先的饲养家禽转为饲养山羊和乳牛（Rubin 等，2010；Todd，1998）。

女性通过手机获得的技术信息往往能提高家畜生产力，这些技术信息包括正确的、安全的饲养方法以及动物健康和生产护理方面的知识。女性获取的所有技术信息都会转化为更高的生产力、更少的诊疗费用以及更低的家畜死亡率。

使用移动通信技术提供动物健康服务也被证明可以改善女性获得兽医知识、信息以及护理服务的机会，从而提高家畜生产力。在自给自足的生产系统中，女性对动物健康的认知不足，再加上通信和交通基础设施落后，往往导致私人和公共动物健康服务无法良好运行，因此需要建立其他形式的动物健康服务。

非政府组织"非洲农场"的肯尼亚乳用山羊及能力建设项目测试了使用手机来提供动物护理和健康服务信息。结果显示，手机在防治家畜疫病暴发方面发挥了关键作用，并有助于提高动物健康服务提供者会议的出席率和参与度。此外，手机的使用降低了女性畜牧饲养者的交易成本，因为现在可以通过手机进行诊断，而且费用很低或者不需要费用。该项目还能够使用手机订购兽药，从而节省时间和费用（国际家畜研究所，2010）。

5.6　结论

可持续发展目标5旨在增强女性（包括成年女性和未成年女性）的能力，以充分发挥她们的潜力。所有发展中国家农村地区的女性都深入参与到畜牧业生产中。然而，女性畜牧业从业者通常比男性面临更大的挑战，包括经济、社会和制度障碍。为了使女性能够在畜牧业部门工作并从中受益，应制定相关的政策和方案以努力消除性别不平等的根源及女性面临的障碍和限制。这样可以使畜牧业成为数百万农村女性摆脱贫困的途径。政策干预的关键领域包括：为农村女性制订促进性别平等的推广服务和参与性培训计划；为她们提供更多获得土地、生产资源以及市场、信贷和保险的机会；以及促进她们获得更加省力的技术。最后，有必要收集、记录和推广那些成功的方法和良好的做法，这些方法和做法显然对女性的经济赋权产生了积极的影响，并能够促进畜牧业部门的性别平等。

6 畜牧业和水资源的可持续管理

6.1 引言

　　缺水、水质差和卫生设施不足已经威胁到全世界贫困家庭的粮食安全、生计和教育前景。气候变化正在加剧一些地区的缺水状况，而另一些地区的水流量将增加甚至过剩。在一些地方，干旱和洪水等事件的频率和强度预计也会成倍增加，从而加剧世界上一些最贫困国家的饥饿和营养不良。随着全球人口增长和经济发展，对粮食的需求增加，灌溉和畜牧业的用水量也将增加。到2050年，发展中国家的粮食产量需要增加近一倍。如何用更少的水资源保障更多的粮食供应，是我们现在的巨大挑战之一。实现普遍地、公平地获得安全和负担得起的饮用水，减少污染以改善水质，消除或尽量减少危险化学品和生物制剂的倾倒和扩散，以及鼓励水资源回收再利用，是可持续发展目标6的主

©联合国粮农组织/Giulio Napolitano

要战略目标。

农业用水量约占现有可用淡水资源的70%，全球约30%的农业用水用于畜牧业生产（Ran等，2016），其中三分之一用于支持肉牛产业（Mekonnen和Hoekstra，2012）。为了满足不断增长的动物产品需求，畜牧业正在加大其用水量，从而增加了与其他人类用水和环境服务的竞争（Naylor等，2005；McMichael等，2007；Sutton等，2011）。除缺水外，畜牧业面临的与水有关的核心挑战之一是废弃物管理和处置，因为动物粪便和尿液可能对环境有害。改善屠宰、制革和食品加工的废弃物管理是当务之急。

许多分析畜牧业生产对水资源可持续管理影响的研究都广泛使用了水足迹网络（WFN）开发的方法。尽管该方法是为水资源管理而开发的，但也应用于可持续饮食相关的环境评估方面。目前，依靠竞争性的生命周期评估（LCA）框架的水足迹评估正日益流行。为了使水足迹评估的方法更加清晰和有序，以联合国粮农组织为基础的畜牧业环境评估和绩效（LEAP）合作正在寻求与多个利益相关者和主流科学界达成全面共识。

6.2　畜牧业用水需求的核算

水足迹（图6-1）已成为消费者和生产者直接用水和间接用水的指标。它的目的是衡量用于生产个人、社区和企业所消费或利用的商品和服务的淡水总量。用水量被理解为单位时间内消耗或污染的水量。水足迹在地理上是明确的，不仅显示使用和污染的水量，而且还显示所涉及的区域（Hoekstra，2008）。鉴于畜牧业生产的水足迹非常大，提高整个生产系统的用水效率和政策指导是实现可持续发展目标6和确保获得安全水源以及卫生设施的一个重要因素。除了普及用水，可持续发展目标6还强调大幅提高所有部门的用水效率，以解决水资源匮乏问题。此外，通过畜牧业生产价值链来更有效地利用水资源，也会对实现其他可持续发展目标产生影响，如可持续发展目标2旨在"消除饥饿，实现粮食安全和改善营养不良状况，促进农业可持续发展"，可持续发展目标12旨在"确保可持续消费和生产"以及可持续发展目标15旨在"保护、恢复和促进陆地生态系统的可持续利用，可持续管理森林，防治荒漠化，制止和扭转土地退化，制止生物多样性丧失"。

水足迹评估的主流做法是依靠水足迹网络开发的方法。个人或社区的水足迹共有三个部分：蓝水、绿水和灰水足迹。

- 蓝水足迹是从全球蓝水资源（地表水和地表以下的地下水）中消耗的淡水量，用于生产个人或社区消费的商品和服务。

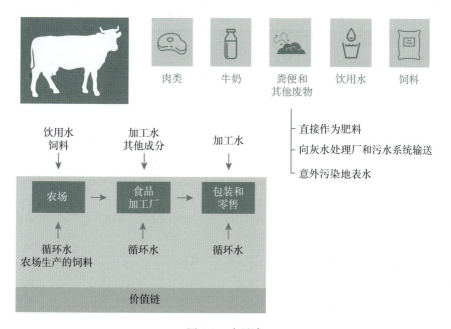

图6-1　水足迹

资料来源：联合国粮农组织，2018年。

- 绿水足迹是全球绿水资源（储存在土壤根区的雨水）中植物蒸发、蒸腾或吸收的水量（即在生产过程中消耗的水量）。
- 灰水足迹是吸收给定污染物负荷所需的淡水量，考虑到自然背景浓度和现有的环境水质标准。

在基于水足迹网络的评估中，总的水足迹是蓝水、绿水和灰水足迹的总和。此外，不可持续的蓝水提取也经常被报道。

畜牧业对水资源可持续管理影响的分析广泛地依赖于蓝水足迹。虽然水源在畜牧业生产的各个阶段（从动物饮水到乳品和肉类加工）都有使用，但饲料生产需要的水量最大。沿着价值链，水足迹有两个组成部分：一是内部水足迹，即通过回收再利用其他系统在食品生产中的水而产生的内部水消耗；二是外部水足迹，可定义为外部生产和价值链获得的水资源量的消耗。考虑到外部、内部的用水量以及产品和废弃物的含水量，可以计算出虚拟水预算。

如表6-1所示，水足迹因动物种类、食品和养殖系统类型的不同而有很大差异。例如，肉类的水足迹从鸡肉的4 300升/千克增加到山羊肉的5 500升/千克，猪肉需要的水足迹为6 000升/千克，绵羊肉为10 400升/千克，牛肉为15 400升/千克。就蓝水和灰水的综合足迹而言，工业生产系统比放牧的农场使用更多的水（Mekonnen和Hoekstra，2012）。

表6-1 部分食品的水足迹值报告

畜牧产品养殖系统		全球加权平均数（升/千克）			
		绿水	蓝水	灰水	总计
牛肉	牧业	21 121	465	243	21 829
	混合型	14 803	508	401	15 712
	工业	8 849	683	712	10 244
	加权平均数	14 414	550	451	15 415
绵羊肉	牧业	15 870	421	20	16 311
	混合工业	7 784	484	67	8 335
	工业	4 607	800	216	5 623
	加权平均数	9 813	522	76	10 411
山羊肉	牧业	9 277	285	—	9 562
	混合型	4 691	313	4	5 008
	工业	2 431	413	18	2 862
	加权平均数	5 185	330	6	5 521
猪肉	牧业	7 660	431	632	8 723
	混合工业	5 210	435	582	6 227
	工业	4 050	487	687	5 224
	加权平均数	4 907	459	622	5 988
鸡肉	牧业	7 919	734	718	9 371
	混合型	4 065	348	574	4 987
	工业	2 337	210	325	2 872
	加权平均数	3 545	313	467	4 325
蛋类	牧业	6 781	418	446	7 645
	混合工业	3 006	312	545	3 863
	工业	2 298	205	369	2 872
	加权平均数	2 592	244	429	3 265
奶类	牧业	1 087	56	49	1 192
	混合型	790	90	76	956
	工业	1 027	98	82	1 207
	加权平均数	863	86	72	1 021

资料来源：Mekonne和Hoekstra，2012年。

目前，依靠生命周期评估（LCA）框架的水足迹评估正在获得更广泛的应用。与水足迹网络方法相比，LCA可能会导致不同的结果。2014年，总部位于日内瓦的国际标准化组织（ISO）发布了一项新的标准，即ISO 14046，试图通过一套新的原则、要求和指南，为基于LCA的水足迹的量化和报告建立一个统一的框架。这种方法可以帮助评估与水有关的环境影响程度，并确定减少这些影响的方法。然而，虽然ISO 14046设定了总体框架，但没有推荐特定的评估方法或指标，建议中存在的差距也可能会导致应用的不一致。

6.3 畜牧业对水的生物和化学危害

除了对淡水的直接使用和间接使用之外，畜牧业面临的与水有关的核心挑战之一是对废弃物的管理和处置。养殖过程中使用的粪便、尿液和废水可能包含有机化合物，如宏量营养素、药物残留、激素、病原体（即细菌和病毒）；也可能包含无机化合物，如重金属和其他用作饲料添加剂的元素。

将畜禽废弃物集中排放到径流中和营养物质泄漏，会对淡水资源及海洋环境造成危害（Mekonnen和Hoekstra，2012）。如果管理不善，养分流失和氮磷浓度过高会破坏周围的生态系统和沿海渔业。如果未经充分处理，动物屠宰和食品加工产生的粪便、粪坑废弃物的排放物和流出物也会污染水资源。动物废弃物也会给环境带来有害的生物化学残留物。

一些经水传播的人畜共患病，主要是通过动物粪便及粪便污染的饮用水和娱乐用水传播的。河流和小溪携带有粪便和病原体，其中一些微生物已经对抗生素产生了抗药性，对全球公共健康构成了严重威胁。这些微生物随后被释放到湖泊和其他用于娱乐的地表水、商业贝类养殖场和饮用水源中。

家禽、猪、羊、牛和其他驯养动物产生的粪便约占世界动物粪便总量的85%，其比例远远高于人类粪便量所占的比例。这些动物的粪便产生率和可能散布到环境中的粪便高达2.62×10^{13}千克/年（Dufour等，2012）。因此，每年会发生约40亿例腹泻病例，导致近200万人死亡。肠道线虫和贾第鞭毛虫等其他寄生虫在全世界感染了超过10亿人。虽然由于缺乏相关数据，人畜共患病或通过水传播的病原体引发疾病的比例很难确定，但是人们普遍认为人畜共患病病原体占新发传染病的75%（Cotruvo等，2004）。虽然大量的人畜共患病病原体可以影响人类，但有五种病原体非常频繁地引发疾病：隐孢子虫、贾第鞭毛虫、弯曲杆菌、沙门氏菌和大肠杆菌O157（Dufour等，2012），这些病原体也可能来自家畜。

释放到环境中的病原体可以通过灌溉水污染并定植于水果蔬菜。例如，沙门氏菌的出现和由伤寒沙门氏菌引起的暴发与食用新鲜莴苣有关（Horby等，2003），而这些细菌可能在粪便和粪便处理过的土壤中长期生存（Himathongkham等，1999）。

许多化学污染物可能存在于畜禽粪便中，包括微量元素（Jongbloed和

Lenis，1998)、兽药 (Boxall等，2003；Campagnolo等，2002；Meyer，2004)和重金属，特别是锌、铜 (Barker和Zublena，1995) 和自然排泄中所含的激素 (Hanselman等，2003；Raman等，2004)。畜禽粪便也富含有机物和生化耗氧物质 (BODs)，例如，处理过的污水每升中含有20~60毫克，未经处理的污水中含有300~400毫克，猪粪浆中含有20 000~30 000毫克 (Webb和Archer，1994)。

这些化学物质会损害水体和水生态系统，并直接或间接地威胁到公众健康。含有过量的磷会导致娱乐用水和饮用水中的藻类大量繁殖和生长 (Burkholder等，2007)。产生毒素的浮游植物和细菌会被滤食性贝类、浮游动物和草食性鱼类摄入，而毒素则可能会在这些动物及其捕食者的组织中累积。这些动物及其捕食者可以直接作为人类中毒的媒介 (如贝类)，或间接地进入人类的食物网 (Munday和Reeve，2013)。

抗生素作为母体化合物或代谢物被动物排出体外。例如，大约25%的四环素口服剂可通过粪便排出，50%~60%的四环素口服剂作为母体化合物或活性代谢物通过尿液排出 (Tasho和Cho，2016)。抗生素也可以在植物中进行生物累积 (Tasho和Cho，2016)，这代表了动物和人类接触抗生素的另一种潜在途径。

6.4　水污染的途径

源自动物粪便的病原体和活性化学物质以多种方式污染水进而影响动物和公众健康。动物粪便中的污染物可以通过结构不良的粪便储存物和泻湖渗漏进入环境，或在大雨期间导致泻湖溢出，或将废弃物应用于农田从而通过径流进入环境，或者以干或湿的大气沉淀物的方式沉淀 (McGechan等，2003)。

降雨已被证明在沙门氏菌传播和蔬菜污染中发挥作用，尤其是在集中降雨期间 (Cito等，2016)。就化学污染物而言，土壤特性和气候条件会影响其运输。例如，沙质、排水良好的土壤最有可能将微量营养素输送到底层地下水 (Mueller等，1995)。在潮湿的条件下，养分也可以很容易地穿过土壤 (McGechan等，2005)。

兽用抗生素在环境中的持久性主要取决于土壤类型、温度、动物排泄物、pH和紫外线。例如，低温会降低抗生素的降解率 (Tasho和Cho，2016)。此外，灰水和污水卫生处理方法的变化可能会导致水资源的污染。像地震这样的自然灾害也可能起到一定的作用，例如地震会破坏城市卫生下水道系统的管道 (Cito等，2016)。

6.5   缓解方案

提高用水效率的缓解方案有三个主要策略：减少用水量、减少损耗和改善水源（Steinfeld 等，2006）。减少用水量包括改进灌溉技术以提高效率，以及转向农牧混合系统，在提高生产力的同时减少用水量（Thornton，2010；Herrero 等，2010）。土地管理措施也会影响用水，例如过度放牧会影响草原的滤水和蓄水能力，并严重影响水循环。如前所述，畜牧业面临的主要水资源挑战之一是对废弃物的管理和处置。

在工业化生产系统中采用了许多技术解决方案，如利用物理和化学过程改进粪便的收集、储存和处理方法。缓解方案的主要问题是如何在发展中国家应用和调整这些技术以适应当地条件。一种已证明在减少营养污染和保护海洋资源方面取得成功的解决方案，是植物净化综合系统（ISP）。ISP 在不同的生产系统中进行了测试，去除化学需氧物质的平均效率值超过 85%（Petroselli 等，2016）。

至于水循环中耐药性病原体日益增长的威胁，首先要做的是使优质疫苗和（即时）诊断检测更容易获得且负担得起，来减少抗微生物药物的使用，同时也要改善农场和市场的生物安全和卫生状况。事实上，在畜牧生产中减少抗生素使用的一个关键因素是确保动物的健康和福利，有效的疾病预防是保持动物健康的最佳方式。现在需要的是引入一种综合方法来减少对家畜使用抗生素，并将其作为国家动物健康战略的重要组成部分。通过制订具体的行动计划并在严格的监测系统下实施，这种方法也将产生关于家畜及其食品中抗生素耐药性的宝贵数据。这也将为持续评估所采取措施的有效性提供重要参考。畜牧业的所有参与者，包括农户、私人兽医和食品经营者在内，都必须认识到减少抗生素使用的紧迫性，并积极参与这一进程（欧洲药品管理局和欧洲食品安全局，2017）。

世界卫生大会敦促所有成员在 2017 年前制定与世界卫生组织 2015 年全球行动计划目标一致的国家抗生素耐药性行动计划。世界卫生组织与联合国粮农组织合作编写了一份手册，以协助各国制订或完善其国家行动计划。更好的卫生条件以及更高的食品和水源安全，是预防传染病的核心组成部分。

6.6   结论

可持续发展目标 6 关注水资源的质量和可持续性。农业使用了世界上约 70% 的可用淡水，而全球农业用水中约有 30% 用于畜牧生产。水足迹的差异很大，具体取决于畜牧业系统，但集约化的动物生产似乎与水足迹的增加齐头并进。因此，在选择养殖系统时，不仅要仔细考虑经济和生产方面，还要考虑所需的水资源及其可持续利用。应采用一种全面的水资源管理方法，以实现全面综合的废水管理、密切关注抗生素和其他残留物等目标。管理策略应因地制宜，考虑到目标地区的社会、文化、环境和经济条件，并将水治理作为决策的关键要素。

7 畜牧业与清洁能源

7.1 引言

可持续发展目标7旨在确保所有人都能获得负担得起、可靠、可持续的现代能源。它强调投资可再生能源和扩大基础设施以向发展中国家提供可持续能源服务的重要性。在这些国家中，许多人仍然过着没有电的生活。根据国际能源署（IEA）的数据统计，全球约17%的人口无法获得电力供应，约38%的人口没有清洁的烹饪设施，这些人中的80%几乎都生活在农村地区。在12亿还没有用上电的人口中，一半以上生活在非洲（6.34亿），其次是亚洲的发展中国家（5.12亿）、拉丁美洲（2 200万）和中东（1 800万）（IEA，2016）。

目前，全球消耗的大部分能源（约80%）来自化石燃料，而化石燃料不仅是有限的，还会产生环境污染物，如导致气候变暖的温室气体。低碳能源，例如太阳能或从生物质中获得的能源，不仅是可再生的，而且对环境的影响要比传统燃料小得多。可再生能源是一个快速发展的行业，它可以创造就业机会并促进当地经济发展。在国家层面，可再生能源，尤其是本地生产的可再生能

源，为发展中国家提供了打破依赖于外国石油供应的机会，依赖于外国石油供应会耗尽这些国家的外汇储备，使它们的经济受制于外部力量。可再生生物能源提供了更大、更具可持续性的经济增长前景，这源于其更广泛的可获得性和越来越低的成本。

现在用清洁能源取代污染严重的煤炭和石油的"能源革命"很可能是21世纪最重要的成就之一。将牲畜的粪肥转化为沼气在这一过程中发挥着重要作用，特别是在发展中国家。因为沼气不仅提高了能源安全，而且还有助于解决环境污染、异味和苍蝇等棘手问题。在全球层面上，该方法也将消除导致全球变暖的"强大驱动力"：甲烷的主要来源。在当前环境争论的背景下，太阳能、风能、地热能、从动物和生物质中获得的能源被认为是清洁的。事实上，畜牧业生产依赖于生物质中蕴含的能源，而生物质能主要来自太阳能，虽然也有少部分生物质能来自其他来源（图7-1）。

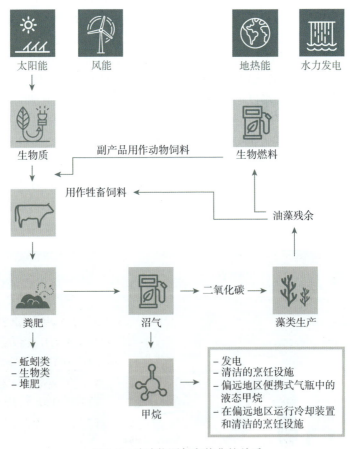

图7-1 清洁能源与畜牧业的关系

资料来源：联合国粮农组织，2018年。

7.2　沼气和能源生产

将牲畜粪肥转化为沼气可以使超过10亿人获得一个主要的国内可再生燃料来源，使他们能够获得符合可持续发展目标7、负担得起、可靠和可持续的能源。尤其是在撒哈拉以南非洲和南亚，农村和偏远地区往往没有直接接入国家电力系统，这使他们陷入了贫困和不发达之中。然而，印度和中国这两个在使用沼气技术方面较为领先的亚洲国家，已经表明存在一条走出这一能源陷阱的道路。2003—2013年，中国修建了4 200万座以鸡粪和牛粪为原料的小型家用沼气站用来提供照明、供暖和发电，此外还修建了一些日发电量为18 000～60 000千瓦时的大型沼气发电站（Chen等，2012）。截至2002年底，印度已在国内多个偏远地区安装了约340万个家庭规模的沼气反应器；2015年，据报告，印度的家庭规模沼气厂的数量为400万座，总体潜力为800万座（Kapdi等，2005）。

2013年，欧洲、亚洲、美洲和大洋洲的沼气产量分别为0.57、0.4、0.28和0.02艾焦耳（Statista，2017），其中1艾焦耳大约相当于1.74亿桶石油。在沼气装置领域处于领先地位的欧洲，尤其是其中的英国、意大利、波兰、法国和捷克有望扩大产量。2006年，全球所安装的通过厌氧消化发电的设备容量为20 000兆瓦（Demirbas和Balat，2006）。除中国和印度外，亚洲和非洲的许多发展中国家正在利用沼气扩大家庭电力生产（Sorathiya等，2014）。电气照明使孩子们晚上有机会在家学习，并可能提高他们在学校的表现（Mengistu等，2015）。这与可持续发展目标4中确保全民教育的包容性和高质量方面具有协同作用。发展中国家的牲畜产量正在增长，预计在不久的将来会继续增长，因此，将有充足的牲畜粪肥供应来作为运行新一代沼气池以生产沼气的原料。

分散式生物质能源技术为电网供电提供了一种经济高效且可持续的替代方案。因此，在电气化率较低的地区，丰富的牲畜粪肥为家庭和社区发电提供了机会。对于农民来说，还可以通过出售畜禽粪便和其他农业副产品（如饲料作物残留物）来获得宝贵的收入（Mohammed等，2013）。沼气转化可以帮助各国满足可再生能源配额制（RPS）的要求（这要求他们利用可再生资源生产更多能源），同时有助于减少污染和温室气体排放量（与关于气候变化的可持续发展目标13协同一致）（Cuéllar和Webber，2008）。然而，将粪肥过度用于生物能源生产可能会对土壤和农作物产量产生不利影响（与旨在维持生物多样性的可持续发展目标15进行权衡）。

7.3　沼气和清洁烹饪

在世界上，仍有很大一部分人口无法获得清洁燃料和烹饪技术。使用沼气烹饪不仅可以减少为烹饪而收集生物质所造成的土地退化（Wei等，2004），还可以节省妇女现在花在收集薪柴上的大量时间，从而使她们能够从事更具生产力的工作。例如，在印度，女性平均每天花一个多小时收集薪柴（Bloom Field，2015）。同样，撒哈拉以南非洲农村地区的女性也在收集薪柴方面消耗了大量时间（世界银行，2014）。

从另一个角度来看，清洁能源的提供消除了对妇女和儿童的高度致命的健康威胁，因为使用清洁能源可以避免他们吸入传统地燃烧木材的炉火所产生的大量烟雾（与可持续发展目标3协同一致）（Kang等，2009；Li等，2012；Xiao等，2015）。根据世界卫生组织（WHO）全球卫生观察站（GHO）的数据，2012年，家庭空气污染造成约430万人死亡，占全球死亡率的7.7%。选择使用沼气和其他清洁能源可将最有害健康的空气污染物（例如颗粒物）的暴露量减少90%（MacCarty等，2010）。将清洁能源用于家庭用途的另一个重要优势是，它有助于减少为烹饪而进行生物质收集所导致的土地退化（与可持续发展目标15在保护生态系统方面的协同一致）（Wei等，2004）。

7.4　沼气制冷和食物浪费

在农村地区，30%～50%的牛奶由于缺乏冷藏设备而被浪费。在发展中国家的许多偏远地区，利用沼气运行的冰箱和冷藏设备有助于保存动物源性食品、水果和蔬菜中的多种营养和维生素；延长其保质期；并减少食物浪费，加强营养和粮食安全（与可持续发展目标2和3协同一致）。使用沼气作为动力的制冷设备的引入预计将引发级联效应，将鼓励家庭和工业进一步开发基于沼气的创新技术，同时创造新的就业机会（可持续发展目标8和9）。

7.5　沼气的便携式设备

目前已经存在净化和装瓶沼气的技术。作为压缩气体储存在便携式气瓶中的纯沼气可以随时随地被使用（表7-1），从而使沼气成为一种易于销售的能源。瓶装气体降低了配送成本，因为通过管道输送沼气非常昂贵。印度旁遮普邦和马哈拉施特拉邦村庄的沼气装瓶厂已成功生产出含有98%甲烷与150帕压力的瓶装沼气（Sorathiya等，2014）。这样一来，沼气不仅可以用于烹饪，还可以用于运行偏远地区的制冷设备。除了减少食物浪费外，这些设备在个人和公共健康方面也很重要，因为它们可以在低温下保存人类疫苗和动物疫苗（可持续发展目标3）。然而，在运输和使用便携式压缩气体的过程中，在安全规范方面的任何不当都可能是有害的（与可持续发展目标3进行权衡）。

表7-1　新型沼气净化和装瓶技术的潜力

国家	工厂产能（立方米）	生产的纯沼气（千克/天）	充气的气瓶数量	气体的使用	储蓄
巴基斯坦	60	21.6	4个3.5千克的气缸	运转引擎	柴油价值147美元/天
印度	600	231	27个8千克的气缸	烹饪	轻质石油气价值240美元/天

资料来源：修改自Sorathiya等，2014年。

储存在气瓶中被净化的甲烷沼气也被用于运行机动三轮车和柴油发动机。在印度，这种甲烷被用于烹制学校供餐计划中18 000名小学生的午餐。此外，生产沼气过程中所产生的泥浆还可以用作有机肥料。旁遮普邦一座占地600立方米的工厂通过向当地农民出售泥浆每天可赚约111美元（与可持续发展目标2和3协同一致）。净化沼气的其他优点如表7-1所示。建立工厂的初始成本很高，因此需要政府补贴和贷款，但这些补贴和贷款可以在4～5年内收回。

7.6　沼气和粪肥的其他增值产品

将动物粪肥加工成沼气的过程中会产生额外的有价值的副产品，例如通过厌氧消化产生的优质肥料和通过热解产生的"生物炭"，这两种副产品都抵消了使用化肥带来的不利影响并且提高了土壤肥力和固碳能力（HolmNielsen等，2009；Schouten等，2012）（与可持续发展目标15协同一致）。蚯蚓堆肥（使用各种蠕虫的堆肥）将粪肥中存在的氮、磷、钾和钙转化为更易溶解并可被植物利用的形式。蚯蚓堆肥还含有生物活性物质，如植物生长调节剂。这些蠕虫还可以作为动物饲料中的蛋白质来源。堆肥和蚯蚓堆肥相结合可以使用更少的时间来完成一个循环，并且还可以产生具有更高稳定性和同质性的优质肥料，因此可提高农作物产量（Sorathiya等，2014）。然而，使用粪肥作为蚯蚓堆肥会减少用于生产清洁能源的粪肥（与可持续发展目标7进行权衡）。经过消毒后，粪肥可以用于饲养用作动物饲料的昆虫（与可持续发展目标2一致）。

畜禽粪肥的厌氧消化和热化学转化所产生的二氧化碳可进一步用于生产藻类生物质。藻类对二氧化碳的利用效率是陆地植物的10倍，并且具有较高的转化率。一些藻类积累了大量的胞内油脂，这些是生产生物燃料所需的最有前景的非农作物原料（Miao 和 Wu，2006）。此外，提炼植物油留下的残渣是鱼类和牲畜的良好饲料（Oilgae，2016）（与可持续发展目标2协同一致）。随着牲畜生产系统的发展和集约化，控制农场污染将成为一个越来越重要的问题。沼气生产在这里极为重要，因为除了作为燃料来源外，它还提供了宝贵的废物处理解决方案。

7.7　生物燃料和牲畜饲料

生物燃料，如生物乙醇，是可再生能源。全球生产的约6%的粮食用于生产生物燃料。全球收成的副产品是约4 800万吨富含蛋白质和能量的酒糟（联合国粮农组织，2012d）。这些酒糟可以添加到反刍动物以及家禽、猪和水生物种的日粮中（Makkar，2014）。在过去15年左右的时间里，酒糟取代了肉牛和猪日粮中的豆粕和玉米（联合国粮农组织，2012d），这表明酒糟有助于减少粮食与饲料之间的竞争，进而有助于减少用于种植大豆饲料的土地。此外，将酒糟与反刍动物日粮中的可溶物混合可减少肠道甲烷排放，尽管这样做会增加粪肥中释放的氮含量（Benchaar 等，2013；Hünerberg 等，2013），但良好的粪肥管理将减少这种问题。除了减少安全处理生物燃料所涉及的环境问题外，将生物燃料副产品饲喂给动物还可以节省谷物营养物质，以便谷物供应人类食用。

许多其他生物燃料的副产品，例如甘油、脂肪酸蒸馏物以及由油菜、大豆、山茶花、无毒麻风树和水黄皮等油料植物制成的豆饼和豆粕等，也可用于饲养牲畜，以及用于制造生物柴油的藻类副产品（联合国粮农组织，2012d）。在大多数发展中国家，反刍动物的饮食以农作物残渣和其他劣质粗饲料为基础，这一部分占饮食的比例为55%～60%（Mottet 等，2017）。这导致每单位动物产品的温室气体排放量较高（例如，每千克牛奶排放4～9千克的二氧化碳当量）（Opio 等，2013）。在饲料中添加富含蛋白质和能量的生物燃料副产品，可减少与人类食物的竞争，并且可以通过瘤胃的优化将肠道甲烷降低至每千克牛奶约排放2千克二氧化碳当量（Makkar，2017）。然而，使用谷物或食用油生产生物燃料将增加食品与燃料之间的竞争（与可持续发展目标2权衡）。在未来，从非传统来源提取油以用于清洁能源发电的可能性将增加，牲畜饲料行业应谨慎使用该工艺的副产品。生物燃料和畜牧业之间的协同作用不仅有助于实现关于提供清洁能源的可持续发展目标7，而且还可以分别通过改善粮食安全和保护环境来促进可持续发展目标2和可持续发展目标13（气候行动）。

7.8　畜力——最古老的生物能源形式之一

在小农耕作时代，动物牵引对粮食安全尤为重要。自古以来，人类就利用牛、水牛、马和大象等动物从事不同类型的工作。即使现在有了机械化的设备，动物也可以直接协助农作物生产，帮助耕种、种植和除草。然而，畜力不仅体现在粮食生产中，也体现在分销和农村贸易中（它们被用于农场、营销、驮畜，也可作为坐骑）。它们通过运送水和薪柴节省了家庭成员的时间和精力，特别是妇女和儿童的时间和精力，而且畜力还可以用于更繁重的任务，如运水、碾磨、伐木、土地挖掘和道路建设。有许多不同类型的动物被使用，特别是牛、水牛、马、骡、驴和骆驼。例如，在印度，有三分之二的耕地是使用动物耕种的，1 400万辆畜力车所运输的货物占该国总货运量的15%。根据2007年的官方统计数据，在2006年约有6 000万头牛和水牛从事农业生产，每年可节省价值约10亿美元的化石燃料（Natarajan等，2016）。

利用动物进行劳动密集型道路建设是很划算的，畜力也可以在林业、庄园和大型农场的特定作业中加以利用。在混合农业系统中，畜力的使用可促进"农作物-牲畜"一体化和农业可持续发展。这些动物在生产粪便的同时，还能将其他牲畜的粪肥运输到农田，以提高土壤的结构和肥力。畜力运输也可以产生特定的社会和经济效益：拥有畜力车或驮畜的农民与贸易商之间有着更广泛的联系，从而扩大了市场，提高了产量和利润。

有人可能会认为，这种能源与现代能源相去甚远，而且动物会产生温室

© 联合国粮农组织/Munir Uz Zaman

气体，但是所有类型生物能源的使用都会产生一定数量的温室气体。尽管在目前关于清洁能源生产的讨论中，畜力在很大程度上被忽视了，但是它在许多发展中国家仍然普遍地被使用。它仍然是有意义和有用的，因为它满足了在丘陵地带拥有少量土地的农民的需要，在那里农业机械化很难实现。城市规划者和政治家在解决现代化、工业化和城市化问题时，往往忘记了畜力对农村居民的重要性。

最近畜力边缘化的例子包括了对拖拉机和进口设备的补贴，以及对畜力运输的排斥。然而，政府应提供适当的政策环境，来支持畜牧服务的维持或发展。与其相关的立法和发展过程不应该直接或间接地孤立畜力使用者或支持服务，而是畜力需要被描述为与现代世界相关的可再生技术。同时应评估动物能源替代其他能源的发展潜力。

7.9 结论

可持续发展目标7鼓励更广泛地获得能源和更多地使用可再生能源。畜牧业越来越多地通过将粪肥转化为沼气来为提供清洁、可再生能源做出贡献。畜力也广泛应用于小农环境中，并且在未来更多地使用畜力有助于实现可再生能源目标。牲畜还能够进一步利用人类不可食用的植物中蕴藏的能量。然而，需要新的设施和技术来大幅扩大基于粪肥的沼气生产。在饲料生产中还必须增加清洁能源的使用以替代化石燃料。

8 经济增长与就业

8.1 引言

在过去的几十年里，畜牧产品的生产和消费大幅增加，畜牧业成为农业中增长最快的部门之一。推动这场"畜牧业革命"的是人口增长、收入增加和快速的城市化（Delgado等，1999）。预计畜牧业将继续快速发展。到2030年世界人口将增加10亿左右，贫困人口将进一步减少，对畜牧产品的需求将进一步增加，消费者将能够获得更多的动物蛋白（经合组织，2017）。可持续发展目标8提出了一个综合方法，以实现更可持续和包容性的经济增长（联合国，2016a）。

畜牧业对全球经济做出了重大贡献，为全世界至少13亿人提供就业机会，并为发展中国家的6亿贫困小农户提供了生计（Thornton等，2006）。在发达国家，畜牧业在农业总产值中的比例接近40%，在发展中国家该比例为20%。畜牧业的蓬勃发展，以及其进入经济和社会等不同领域的能力，为很多国家的经济发展提供了重大机遇。

©联合国粮农组织/Alessia Pierdomenico

畜牧业主要通过两种方式产生纵向和横向乘数效应，进而促进经济增长：一是直接促进农村生计和增加农业产出；二是通过该行业与其他行业之间的各种生产联系。然而，发展中国家的畜牧业是高度分离的，在加工和生产之间、在生产中、在商业生产者和自给型农户之间，都表现出完全不同的劳动生产率水平。因此，类似机会的简单增加只可能导致就业不足状况的扩大。综上所述，畜牧业经济增长模式应特别强调提高劳动生产率，并侧重于高附加值和劳动密集型活动。

8.2　畜牧业对经济的贡献

尽管随着国家发展水平的提高，农业在国家GDP中的比重趋于下降（Valdés和Foster，2010），但随着农业现代化和市场专业化，畜牧业对农业产出的贡献趋于增加。图8-1说明了这一现象，它显示了畜牧业在整个农业中的规模与国民人均收入之间的正相关关系。发达国家的畜牧业生产份额（占农业产出近40%）约为发展中国家（约20%）的两倍。

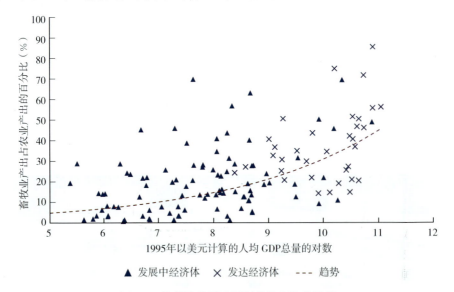

图8-1　按经济发展水平划分的畜牧业规模

资料来源：基于联合国粮农组织统计数据库，2017年。

注：该图包括132个国家2005—2014年的平均值。

如图8-2所示，发达国家的畜牧业产量在农业总产量中的份额要比发展中国家更高。例如，在北美、欧洲和中亚，畜牧业产量分别占农业总产量的25%和37%。而其他地区，如拉丁美洲和加勒比地区（LAC）、近东和北非地区（NENA）、南亚地区（SA）和撒哈拉以南非洲（SSA）的份额则低得多，为14%～22%。然而，应该指出的是，发展中国家的畜牧业增长率（每年平均为2.6%～4%）比发达国家更高，欧洲和中亚地区的年平均增长率为1%，北美地区为1.3%。

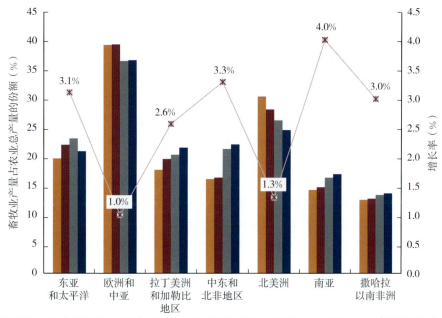

图8-2　畜牧业在农业总产量和各地区平均增长率方面的发展份额

资料来源：基于联合国粮农组织统计数据库，2017年。

注：该图包括131个国家1975年至2014年间每10年的平均值。在前两个时间（1975—1984年和1985—1994年），属于独立国家联合体的国家和格鲁吉亚没有被包括在内。

畜牧业的发展可以产生远比农业部门更复杂的纵向和横向乘数效应。Acosta和Barrantes（2018）在1970—2014年利用69个国家的面板数据信息，估计了农业部门和非农业部门对畜牧业产量变化的反应程度。他们的结果显示，非农业部门往往对畜牧业产量的变化做出更有弹性的反应。例如，在中低收入的国家中，畜牧业产量每增加1%往往会使非农业产出增加0.76%，而农业部门为0.64%。

有意思的是，这些弹性因国家的经济发展水平而不同。随着水平的提高，农业部门对畜牧业发展的反应下降，而非农业部门的反应则上升。在高收入国家中，畜牧业产量每增加1%往往会使非农业部门产出增加1.02%，而在低收入国家则为0.73%。另一方面，在高收入国家中，畜牧业产量每增加1%会使农业部门产出增加0.43%，而低收入国家为0.71%（表8-1）。

表8-1 农业和非农业产出对畜牧业增长的弹性

经济类型	农业产出（%）	非农业产出（%）
高收入	0.43	1.02
中高收入	0.60	0.90
中低收入	0.64	0.76
低收入	0.71	0.73

资料来源：Acosta 和 Barrantes，2018年。

　　这些变化可以用畜牧业在生产和消费渠道方面与其他行业之间存在的多样化的联系来解释。在高收入国家，畜牧业需要更多的高附加值工业产品，如化石燃料、医药产品、橡胶和塑料、机械、基础设施、电力和天然气、运输、金融和保险服务等。此外，畜牧业还为其他行业提供投入，如纺织品和农用化学品、农用食品行业的产品和药品。因此，在与其他经济领域的产业相互关联的更大、更复杂的供应链中，供应链的每个环节都产生了更大的增值部分，并通过各种乘数效应促进整体实现更高的经济增长。

　　这种现象在图8-3中很明显，该图比较了高收入国家和低收入国家肉类和乳

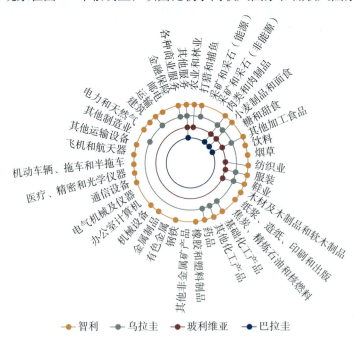

图8-3　肉类和乳制品行业与其他行业之间的前向关联

资料来源：基于拉丁美洲和加勒比地区经济委员会（CEPAL）的数据，2017年。

　　注：在技术系数的输入-输出矩阵的中间需求部分，标有蓝色的空格表示高于0.000 1的技术系数。

制品行业与其他行业之间的联系。高收入水平的国家（智利和乌拉圭）比玻利维亚和巴拉圭等收入较低的国家呈现出更多的生产联系。例如，智利和乌拉圭的肉类和奶制品行业为其他行业提供投入的数量分别为30个和13个；而在玻利维亚，畜牧业与8个行业有联系，在巴拉圭只有4个。显然，智利和乌拉圭的畜牧业有许多乘数效应，会在更复杂的价值链上起作用，从而为智利和乌拉圭的畜牧业注入活力，带来比后两个国家更大的整体性的经济增长。

8.3 人口增长和创造就业

2013年，世界上最贫困的地区是撒哈拉以南非洲，那里有35%的人口每天生活费不足2美元，其次是南亚（17.5%）、拉丁美洲和加勒比地区（5.3%）以及东亚和太平洋地区（4.5%），总共有8亿贫困人口。这些地区不仅面临着广泛的贫困，而且还面临着高失业率。如图8-4所示，全球的失业人口占总劳动力的比例为6%，但在一些地区这个数字要高得多，特别是在撒哈拉以南非洲、欧洲和中亚（ECA）、拉丁美洲以及中东和北非地区。青年失业问题尤其严重，每个地区的青年失业率都约是总体失业率的两倍。此外，在成年和青年人口中，男性和女性之间存在明显的差距，女性被劳动力市场排除在外的人数最多。

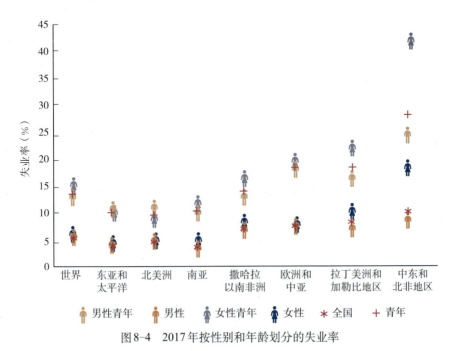

图8-4　2017年按性别和年龄划分的失业率

资料来源：基于国际劳工组织2018年的数据。

注：数值表示失业人口占相应类别劳动力总数的百分比。

鉴于人口增长前景，未来几十年内创造有偿工作的能力将继续成为发展中国家消除贫困要面临的主要挑战之一。世界人口将在未来15年内增加10亿以上，到2030年有望达到85亿。到2050年，撒哈拉以南非洲、南亚以及中东和北非地区的人口将增加19亿，预计将占世界人口增长总量的近86%。这些地区的青年和儿童人口比例也最大，分别为25%和16%，这凸显了加强这些地区青年就业的迫切需要（表8-2）。

表8-2　世界人口前景

国家和地区	2017年				2050年			
	人口 (10亿)	农村 (%)	儿童 (0~14 岁, %)	青年 (15~24 岁, %)	人口 (10亿)	农村 (%)	儿童 (0~14 岁, %)	青年 (15~24 岁, %)
东亚和太平洋地区	2.3	42	20	13	2.4	27	16	11
中国	1.4	42	18	12	1.3	24	14	10
欧洲和中亚	0.9	29	18	12	0.9	21	16	11
拉丁美洲和加勒比地区	0.6	20	25	17	0.8	14	17	12
近东和北非地区	0.4	35	30	17	0.7	26	22	14
南亚	1.8	66	29	19	2.3	49	20	14
印度	1.3	66	28	18	1.7	50	19	14
撒哈拉以南非洲	1.1	61	43	20	2.2	45	33	19
世界	7.5	45	26	16	9.7	34	21	14

资料来源：改编自世界银行，2017年。

随着收入和人口增长带来的需求增加，特别是城市地区的需求增加，发展中地区或新兴地区的畜牧业产量是刺激当地经济和农村生计的重要机会。考虑到发展中存在的许多纵向乘数效应，不断发展的畜牧业可以刺激整个农业部门的就业，因此需要在供应链中增加运输、屠宰场、卫生和饲料生产等方面的劳动力和资本。发展更广泛的供应链和与其他行业之间的生产联系，也有助于刺激经济中其他部门的劳动力市场。

然而，发展中国家畜牧业的特点是在加工和生产之间高度分离，在生产中、在商业生产者和自给型农户之间也高度分离。因此，国内生产要素（包括劳动力）的生产力水平在各部门之间可能有所不同。事实上，商业生产者的生产力往往较高，他们通常拥有更好的资本、土地、技术和营销基础设施，而自给型农户的生产力则较低。以经济直觉预测，活畜产品需求的增长会引发所有环节的产出供应和投入需求的增加。然而，由于维持生计的畜牧工作的特点是工资低、条件差，类似机会的简单增加可能只会导致就业不足的扩大。

8.4　结论

可持续发展目标8旨在促进经济可持续增长以及创造充分的生产性就业。在发达国家畜牧业的产值占农业总产值的近40%，在发展中国家这一比例为20%。然而，通过许多纵向和横向的乘数效应，畜牧业对整体性经济增长的贡献远远超出了简单的生产。在发展中国家，畜牧业是高度分离的，加工和生产过程中的劳动生产率水平差别很大，在商业生产者和自给型农户之间也是如此。简单地增加类似的机会可能只会导致就业不足的扩大。因此，畜牧业经济增长模式应特别强调提高劳动生产率，并侧重于高附加值和劳动密集型活动。

9 畜牧业和工业化：化挑战为机遇

9.1 引言

工业化是发展的动态工具，可促进经济和社会的快速发展（Upadhyaya，2013），因为它将劳动力和其他资源从劳动密集型和生产率较低的活动转向资本和技术密集型活动。它为发展中国家进入全球价值链的下游并以此加速经济增长提供了巨大的机会（联合国工业发展组织，2016）。工业化在发展中国家和新兴经济体中的作用尤其重要，因为这些国家的服务业份额相对于发达国家较低。Caselli（2005）和Restuccia等（2008）认为，国家之间生活水平的差异主要源于两个因素：一是发展中国家在农业方面使用的劳动力比例要远大于其他行业；二是发展中国家的农业生产力低于发达国家。初级农业是经济中生产力最低的部分，遗憾的是，当各国的劳动力主要参与初级农业时，会对经济增长和发展

©联合国粮农组织/Alessia Pierdomenico

产生不利影响（Herrendorf等，2013；Caselli，2005；Restuccia等，2008）。

可持续发展目标9旨在使人们重新关注建设适应性基础设施、促进包容性和可持续的工业化以及鼓励创新的重要性，从而重新分配资源，实现社会包容性和环境可持续的经济增长。鉴于全球经济格局的发展变化以及解决发展不均衡问题的必要性，包容性和可持续的工业化是可持续发展目标9的核心目标。这一目标的实现取决于对研究和创新的投入以及适应性基础设施的开发。在大多数经济体中，工业是一个重要的就业机会创造者，2006—2015年，工业为全世界提供了超过4.7亿个就业岗位（可持续发展目标，2016）。然而，根据联合国工业发展组织（联合国工发组织，2016）的数据，发展中国家的制造业就业的占比从1970年的12%左右增长到2010年的14%左右，基本上保持停滞。

畜牧业与工业化之间的联系是双向的。一方面，畜牧业的快速发展为工业化提供了有吸引力的机会，并增加了其在国民经济中所占的份额。畜牧产品加工业是新兴经济体发展最快的行业之一，预计未来几十年内的年平均增长率为3%（联合国粮农组织，2017b）。另一方面，工业能力、基础设施、研究创新以及融资渠道的全面发展为畜牧业提供了一个极好的机会，可以为日益有限和退化的土地和水资源增加价值，并实现更具包容性的经济增长。本章阐述了包容性和可持续的工业化在畜牧业发展中可以发挥的作用，并强调了畜牧业为各国提供的机会，使其不仅可以更快而且可以可持续地实现工业化，这是可持续发展目标9的核心目标。

9.2 全球工业化趋势

可持续工业化对经济和社会的快速发展至关重要（Upadhyaya，2013），虽然工业化为发展中国家带来了巨大的机遇，但这些国家仍远未达到应有的工业生产力水平。事实上，在过去几十年中，全球平均制造业增加值（MVA）占GDP的比例一直在稳步下降，从1995年的约21%下降到2015年的约15%（世界银行，2017），这在一定程度上是由于服务业的大幅增长造成的。

然而，这并不一定是去工业化的迹象，也不一定是各国的发展水平倒退的迹象。在过去几十年中，不同收入水平（低、中、高）国家的制造业增加值总额都呈现出高增长率，大多数地区的人均制造业增加值都有所增加[①]。同一时期，全球人均工业增加值（IVA）也从1990年的约2 000美元增长到2016年的约2 900美元，低收入和高收入国家之间的水平差异很大。2015年，高收入

[①] 根据联合国工发组织（2016），人均制造业增加值被认为是衡量各国工业发展水平的良好指标。然而，制造业是工业的最大组成部分，而农产品和畜牧产品的加工在很大程度上被排除在外，因此，我们同时使用人均制造业增加值和人均工业增加值来分析各国工业发展水平的趋势。

国家的平均人均工业增加值约为10 000美元，而中低收入国家的平均水平不到3 000美元（图9-1）。

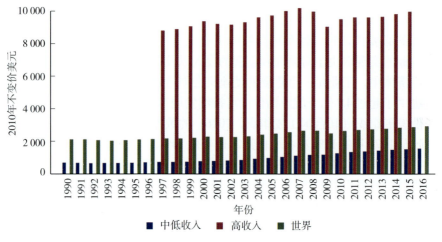

图9-1　人均工业增加值（按收入）

资料来源：基于世界银行2017年世界发展指标的数据。

各区域人均工业增加值的增长率也有很大差异（图9-2）。自20世纪90年代初以来，东亚和太平洋地区（EAP）的人均工业增加值增长了七倍多，而南亚（SA）仅翻了一倍，撒哈拉以南非洲（SSA）几乎停滞不前。基础设施差、

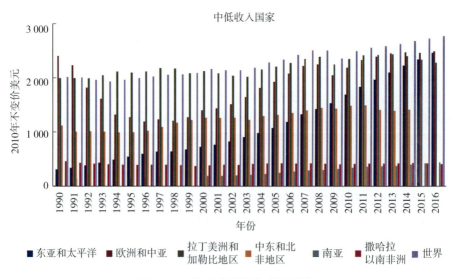

图9-2　人均工业增加值（按地区）

资料来源：基于世界银行2017年世界发展指标的数据。

节省劳动力的技术应用有限、物流和贸易便利化薄弱、区域一体化有限以及扶持机构薄弱是各区域间工业发展水平存在差异的一些主要原因。

9.3 发达经济体和发展中经济体工业化的驱动力

　　工业化在刺激发展中经济体和新兴经济体发展方面的作用尤其重要，尽管在过去20年中制造业增加值（MVA）的增长速度超过了GDP的增长速度，但是这些经济体的服务业份额仍然相对低于发达国家。2014年，制造业增加值增长份额比GDP增长份额高25%（工发组织统计数据库，2017）。发展中地区，特别是撒哈拉以南非洲（SSA）和北非，他们的总工业增加值（IVA）在高水平增长的同时，人均工业增加值却仍然停滞不前，主要原因与工业推动发展中地区经济增长的方式有关。这些地区的产出增长主要是通过增加投入、使用自然资源和能源来实现的；而高收入国家一直在通过提高生产率来扩大产能增长，这是通过资源节约型技术实现的，不会对投入造成进一步的压力（图9-3）。

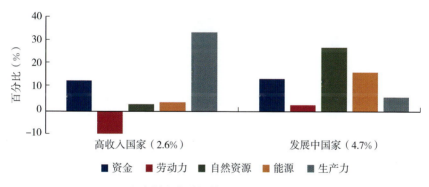

图9-3　影响制造业增加值的因素（1995—2007年）

资料来源：改编自联合国工业发展组织，2017年。

　　这些差异还体现在不同国家与全球市场的联系方式上。Foster-McGregor等（2015）指出，撒哈拉以南非洲（SSA）中有相当数量的国家与全球价值链（GVCs）密切相关，比任何其他发展中地区都要多，甚至比美国等一些发达国家还要多。然而，大部分所参与的活动涉及上游价值链活动，如非洲企业主要向海外下游企业提供低附加值产品和简单制成品。这对非洲国家的畜牧业来说是一个特别关键的问题。到目前为止，该行业只能提供相对简单、附加值有限的产品。

　　如图9-4所示，撒哈拉以南非洲参与全球价值链的65%以上是提供初级产品以及低技术含量的服务和制成品。由于石油生产国的存在，北非的情况略有不同，该区域对全球价值链的贡献仍有56%以上是以上游活动的形式存在的，而在萨赫勒地区的国家如毛里塔尼亚，这一比例上升到70%以上。下游运营商大多位于发达国家，他们有更多的升级和创新机会，更有能力从成品价值中获得更大份额。

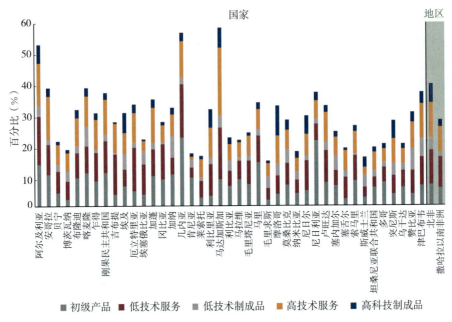

图9-4　非洲国家和地区参与下游全球价值链活动

资料来源：修改自Foster-McGregor等，2015年。

9.4　畜牧加工产品在农产品加工价值中的份额

　　根据社会核算矩阵（SAM），从部分发展中国家来看，畜牧加工产品在加工农产品总值和出口总额中所占份额很小（表9-1）。事实上，就所有抽样国家而言，作物加工产品对农产品加工和出口总额的贡献显著高于畜牧加工产品。在南非、埃及和突尼斯，作物加工产品分别占加工农产品总产值的21%、19%和12%，而畜牧加工产品分别占0.2%、0.8%和1.3%。其中一些差异似乎反映了这些国家农作物在农业生产中的主导份额，尽管出口集约化水平也表明，在畜牧加工产品的总供应中，只有一小部分是实际出口的。在南非（2009）、坦桑尼亚联合共和国（2009）和突尼斯（2012），作为出口销售的畜牧加工产品在当地畜牧生产中所占份额较小，分别为1.9%、0.1%和2%。

表9-1 发展中国家的关键社会核算矩阵指标

国家	产品	占农业总产值的份额(%)	占农业加工总产值的份额(%)	占进口总额的份额(%)	占出口总额的份额(%)	进口渗透率(%总需求)	出口集约化(%总供应量)	占家庭消费的份额(%)
南非（2009年）	农作物加工	11.7	21.5	8.3	5.4	9.6	5.8	22.5
	畜牧加工	n.a	0.2	1.5	0.3	9.1	1.9	5.2
坦桑尼亚联合共和国（2009年）	农作物加工	0.8	3.9	21.3	7.9	33.4	8.1	33.2
	畜牧加工	0.0	0.0	0.1	0.0	0.8	0.1	6.1
埃及（2010年）	农作物加工	2.7	19.1	14.6	12.0	15.4	12.2	20.0
	畜牧加工	0.0	0.8	1.2	2.2	11.5	16.1	2.8
突尼斯（2012年）	农作物加工	9.8	11.6	4.5	6.3	15.4	18.4	14.6
	畜牧加工		1.3	0.5	0.3	4.2	2.0	6.0
玻利维亚（2012年）	农作物加工	3.3	15.0	11.2	11.4	13.9	17.7	22.2
	畜牧加工		2.1	0.6	0.2	2.7	1.3	12.2

资料来源：基于IFPRI开发的SAMs计算，2017年。

自20世纪90年代以来，撒哈拉以南非洲以及中东和北非地区的畜牧产品出口构成方面有了实质性的改善。在这两个地区，畜牧加工产品出口的份额分别从1990年的25%，1999年的37%增加到2010年的45%，2014年的70%。然而，在撒哈拉以南非洲，畜牧加工产品出口价值占农业出口总额的比例从1990—1999年的1.6%下降到2010—2014年的不到1%（联合国粮农组织，2017b）。这与北美、南亚以及中东等其他地区的总体趋势形成了鲜明对比，在这些地区，畜牧加工产品出口额增长，其占农业出口总额的份额也更大。

非洲国家已经参与全球价值链这一事实给了它们一个优势，即它们不必从头开始建立整个市场联系网络，也不必创建能够在国际市场上竞争的整个行业。但由于它们主要参与上游生产，升级和创新的机会有限，所以它们要想进入下游价值链，不仅需要实施相关的公共政策，还需要私营部门采取一系列旨在激励投资、促进技术培训、获得新的联系以及发展新的业务和技术技能的举措。

9.5 畜牧业产业化：机遇与挑战

如前所述，相当多的发展中国家主要通过向发达国家的下游生产者提供初级和简单产品，为全球价值链做出贡献。这在一定程度上是因为这些国家没有获得或至少没有开发从事深加工所需的能力。例如，无法严格遵守食品安全要求是一项重大挑战，这影响了非洲主要畜牧生产国出口畜牧加工产品的能力。根据 Hidalgo 和 Hausmann（2009）的说法，由于并非所有产品在经济增长方面都具有相同的影响，所以专注于简单产品在很大程度上阻碍了这些国家实现更快的经济增长和改善关键发展指标。专注于某些产品而不是其他产品可以决定一个国家的增长速度（Hausmann 等，2007）。

产品加工技术的成熟度可以根据其生产所涉及的技术能力水平来确定[①]。同样，一个经济体的技术成熟度可以通过其生产的产品类型来衡量。根据 Hidalgo 等（2007）的说法，产品根据其生产所需的能力类型相互关联，较不发达国家生产和出口的产品具有较少的产业间联系（即较不复杂的产品）。因此，经济发展不仅要不断改进同一套产品的生产，而且要更多地获得更强的能力来促进生产多样化，以实现更复杂的产品和更高的生产率水平（Felipe 等，2012）。Hausmann 等（2011）认为，较发达的经济体往往更为复杂，并且拥有更为多样化的知识储备。

发展中国家畜牧业的复杂性水平相对较低。例如，在拥有大量牲畜的非洲，畜牧业几乎在每个国家都是一项重要的经济活动，当地生产的畜牧产品复杂程度较低，并且最复杂的产品通常需要进口。根据 Yaméogo 等（2014）的说法，非洲大多数畜牧产品的产品复杂性指数（PCI）非常低，有时甚至为负值[②]。如表 9-2 所示，1995—2012 年从非洲出口的六种最复杂的畜牧总出口的比例不到 15%，而六种最不复杂的产品则占 55% 以上。相反，九种最复杂的产品几乎占同期总进口的 70%，这在很大程度上解释了该地区的畜牧贸易赤字。尽管非洲畜牧业潜力巨大，但大多非洲国家是包括大量加工产品在内的畜牧产品的净进口国。从 1995 到 2012 年，非洲国家通过畜牧产品出口创造了约 510 亿美元的收入，而非洲大陆的进口成本超过 1 400 亿美元，几乎是出口数量的三倍（Yaméogo 等，2014）。

畜牧业似乎是各国实现可持续发展目标 9 工业化目标的捷径。根据 Mayberry 等（2017）的说法，非洲和南亚的畜牧业投资回报可以通过改善营养、遗传学和医疗保健，以及改善获得信贷、推广和技术能力的机会来实现最大化。引入社会和文化变革，包括对风险的态度的变革，也将是有益的。此外，畜牧业还为增加内在价值、进入尚未开发的更高价值的国内销售点（进口替代）和国际市场、增加外来收入和减少进口依赖提供了有吸引力的机会。本章

[①] 将能力视为道路、桥梁、运输系统、收集中心和基础设施等有形投入的集合，或将其视为技能、知识、机构、法规和服务等无形投入将有助于理解。

[②] Hidalgo 和 Hausmann（2009）开发了一种技术，利用经济数据来衡量产品和国家的复杂性。重要特征包括：（a）它反映了一个国家现有能力的复杂性；（b）它与人均收入水平密切相关；（c）它预测未来的增长；（d）它描述了一个国家未来出口的复杂性。这种方法表明，一个国家的发展水平与其经济的复杂程度有关。

认为，与农作物和渔业（水产养殖业）相比，畜牧业具有相对较高的经济增值潜力。如表9-3所示，在全球范围内，初级畜牧产品和畜牧加工产品的PCI分别为−0.31和−0.21，远高于农作物的−1.51和−0.72，以及渔业的−1.21和−1.36。

表9-2　畜牧产品的进出口份额和复杂性指数（1995—2012年）

产品	产品复杂性指数	进口份额（%）	出口份额（%）
肉类，可食用肉类内脏，盐腌的、干的；面粉，膳食	0.424	0.16	0.14
奶酪和凝乳	0.171	3.32	6.33
肉类，可食用的肉类内脏，预制的和腌制的	0.103	1.45	0.99
皮革、鞍具和马具的制成品	0.075	0.50	1.05
黄油和其他源自牛奶的油脂	0.022	3.17	0.32
牛奶、奶油和奶制品（不包括黄油、奶酪）	−0.128	25.48	5.29
可食用产品和制剂	−0.142	22.92	14.70
毛皮，鞣制的或加工好的	−0.148	0.02	0.23
其他肉类及可食用肉类内脏	−0.271	10.84	5.45
鸟蛋、蛋黄；卵清蛋白	−0.289	0.91	0.74
毛皮，未经加工的	−0.434	0.03	0.20
人造黄油和起酥油	−0.489	2.60	2.39
牛肉，新鲜的，冷链的或冷藏的	−0.570	7.23	5.58
动物油脂	−0.753	1.71	1.41
活的动物	−0.772	4.70	14.51
动物或植物油脂，加工的	−0.787	4.85	2.73
皮革	−0.841	6.80	20.79
羊毛和其他动物毛发（包括绒线）	−0.899	0.71	7.24
粗制动物材料	−1.054	1.96	3.21
兽皮和皮肤（毛皮除外），未经加工的	−1.173	0.65	6.71
平均畜牧产品复杂性指数	−0.398 2		

资料来源：改编自Yaméogo等，2014年。

表9-3　农业分部门产品复杂性指数（2015年）

产品类型	初级	加工
农作物	−1.51	−0.72
畜牧产品	−0.31	−0.21
渔业或水产养殖	−1.21	−1.36

资料来源：基于麻省理工学院经济复杂性观察站的数据，2017年。

注：非农业产品的PCI平均值为0.098。

Hidalgo 和 Hausmann（2009）认为，由于发展中国家的收入仍然低于它们基于现有能力所能达到的收入水平，所以它们的收入应该能够比那些只能通过积累新能力来扩大经济的国家增长得更快。事实上，Freitas 和 Paiva（2016）认为，经济增长最快的方法之一是在国家出口产品组合中增加更复杂的产品，而只使用生产当地产品相同的能力。初级畜牧产品的PCI明显低于畜牧加工产品。然而，两者之间的差距并不大，这表明进一步参与畜牧加工并不需要付出巨大努力来获得新的能力。因此，应帮助价值链参与者利用现有能力生产更复杂的产品，并在必要时获得新的加工能力。

9.6 结论

可持续发展目标9侧重于基础设施发展、工业化和创新。鉴于动物源性食品比农作物表现出更高的复杂性，畜牧业提供了一些增值的最佳机会。因此，它们在增加出口价值、促进经济增长和改善生计方面具有更大的潜力。然而，与此同时，畜牧业的特点是市场迅速集中，这主要是由于基础设施、技术和创新方面存在重大差距，从而使得该领域仅限于相对少数具有较高投资能力的参与者。鼓励经济和环境上可持续的农业产业化、将更多工人转向更具生产力和效益的活动以及将小规模生产者纳入价值链增长的政策可能会产生更高的社会和经济回报。它们还可以吸引更多侧重于基础设施发展和创新的投资。

10 缩小差距

10.1 引言

经济不平等的定义是人们在社会中的经济地位不平等，以收入、购买力或财富来衡量，也与性别、年龄或种族等人口统计学特征有关。某些个人和群体拥有的机会一直低于他们的同胞，仅仅因为他们的出身不是很好。可持续发展目标10要求减少收入的不平等，减少性别、年龄、残疾、种族、阶级、民族、宗教和机会的不平等，以及国家内部和国家之间的不平等（联合国，2016c）。可持续发展目标10与可持续发展目标1（消除贫困）密切相关，虽然过去几十年来在消除饥饿方面取得了进展，但世界仍然存在着巨大的不平等。为了实现可持续发展目标1和可持续发展目标10，除了采取促进经济增长的措施以外，还需要制定促进公平的政策并采取相关干预措施（世界银

©联合国粮农组织/Hkun Lat

行，2016）。

由于人口增长、购买力增强和饮食习惯的改变，全球对畜牧产品的需求正在蓬勃发展。畜牧业已经成为农业中增长最快的部门之一，并将在未来几十年内继续保持。因此，它为创收和创造就业提供了大量机会，特别是在乳制品行业。

在供给方面，牲畜是6亿贫困小农户的食物和收入来源，他们的生计部分或全部依赖于饲养牲畜。从广义上讲，参与农业的贫困女性和老人的比例正在增加。同时，在未来30年内，生活在撒哈拉以南非洲的15～24岁的年轻人中寻找工作的人数将增加75%，一个繁荣的畜牧业部门可以在吸收这些年轻人进入劳动力市场方面发挥重要作用。

有了正确的投资和政策，如果国家和地区当局支持对女性和年轻人具有包容性和敏感性的畜牧业发展形式，那么畜牧业可以为减少收入的不平等以及性别和年龄的歧视做出重大贡献。农村家庭有更多机会参与畜牧生产、加工和销售，这将有助于减少不平等现象，因为畜牧业和畜牧价值链是小农收入增长的有力催化剂，其投资和投入成本相对较低。

促进可持续发展目标10的畜牧业未来发展需要加强对畜牧业的政策支持与投资，呼吁在基础设施上增加支出以连接落后地区；实施对青年和性别敏感的农村发展政策；改善所有人获得服务的机会，包括金融服务在内；制订适当的社会保护计划，包括养老金计划；颁布移民政策，考虑到人们与动物一起移动的需求；促进自由贸易和世界贸易组织（WTO）对来自最不发达国家和低收入国家的畜牧产品贸易应用卫生和植物卫生措施（SPS）的协议。

然而，如果没有考虑到扩大和加强畜牧业生产对发展中国家农村家庭的影响，那么对小规模农户的总体影响将是负面的。对生产饲料土地的竞争和良好牧场的优先化很可能迫使小农和弱势群体进入生产力较低、联系较少的地区，从而加大他们的社会、经济和政治排斥。如果小规模生产者要在围绕农村发展和土地使用的政治辩论中拥有发言权，就必须在法律上给予生产者认可并为其发展提供帮助从而赋予他们权利。

10.2　收入增长

实现可持续发展目标10需要最底层40%人口的人均收入增长速度高于全国平均收入水平的增长速度。由于畜牧业的迅速发展，特别是发展中国家畜牧业发展很快，且畜牧业主要集中在农村地区，而世界上四分之三的贫困人口生活在农村地区，所以畜牧业为低收入国家和一些中等收入国家最底层40%人口的收入增长提供了大量机会。再加上一些减少各行业收入差异的措施，使得畜牧业与实现可持续发展目标 10 高度相关。

随着需求的持续增加，预计畜牧业的快速发展将持续几十年。在南亚和东亚，畜牧业将对农业经济的扩张做出约 40% 的贡献，而农业经济在未来十年内预计将增长 20% 以上。猪肉和家禽的集约化生产将占额外肉类产量的大部分。这将为贫困的家畜饲养者提供有限的机会，尽管在加工和销售方面应该还有一些工作机会。然而，在乳制品行业，预计到 2025 年牛奶产量将增加 20% 以及将生产更多的牛奶用于新鲜饮用，这一事实将使小规模的牛奶生产者和销售者受益。但是要实现这些成效，需要制定包容性的农村发展政策。

在非洲，牛肉消费将继续显著增长，预计到 2025 年年平均增长率为 2.6%。尽管从绝对值上要小得多，但绵羊肉和山羊肉的消费在过去十年中也有了令人印象深刻的增长，对绵羊肉和山羊肉的需求主要由当地的小规模生产商来满足。乳制品生产对非洲农村地区的生态发展和食品安全有巨大的潜力。特别是在非洲南部和东部，该行业的商业化已经显示出乳制品通过为人们提供固定收入来减少贫困的潜力。2007—216 年，牛奶产量增长达到了 37%，这主要归功于充满活力的小农户的贡献。预计 2017—2025 年，非洲对乳制品的需求增速每年约为 2.6%（经合组织和联合国粮农组织，2016）。

在供应方面，以贫困的生产者为重点，Robinson 等（2011）估计，2010年完全依靠或部分依靠畜牧业为生的贫困人口总数超过了 5 亿（按各国的农村贫困线计算）。还有许多贫困农民虽然没有家畜，但通过向畜牧业提供投入和服务，以及出售牛奶等畜牧产品来谋生。大约 70% 的贫困畜牧饲养者生活在南亚（印度、巴基斯坦和孟加拉）以及撒哈拉以南非洲（特别是尼日利亚、埃塞俄比亚、乌干达、布隆迪、卢旺达、马拉维、肯尼亚、南非和尼日尔），可以认为他们的收入在各自国家处于最底层的 40%。

生活在干旱和半干旱地区的牧民人数不详，生活在底层 40% 的牧民比例也不详。畜牧是旱地家庭的主要收入来源，而这些地区经常受到人为危机、气候变化和日益频繁且强烈的自然灾害的影响。所有这些因素都使干旱和半干旱地区的畜牧饲养者面临着更大的贫困风险。因此，如果要实现可持续发展目标 10，那么对干旱和半干旱地区的开发进行投资是一个优先事项。

尽管如此，大多数贫困的畜牧业从业者都是定居的，并在农牧混合生产系统中经营。南亚部分地区是浇灌土地，而印度部分地区和撒哈拉以南非洲大部分地区用雨水灌溉土地。超过 10 亿的贫困人口以这种方式耕作，其中 6 亿人部分或完全依赖畜牧为生（基于 2010 年使用的国家和国际每天 1.25 美元的贫困线）。当时，Robinson 等（2011）估计，如果使用每天 2 美元的贫困线，这个数字将翻倍。

众所周知，在这些农牧混合系统中，畜牧生产的效率差距很大，但可以通过现有技术和良好的畜牧业实践来填补。在饲养方法、牛群或羊群管理以及疫病控制策略方面可以有所改进。因此，在南亚和撒哈拉以南非洲这个涉及数亿人的行业中，提高生产力和收入的潜力巨大。填补效率差距将极大地促进实现可持续发展目标10。

值得注意的是，对于许多贫困的畜牧业家庭来说，家畜并不是他们的主要收入来源。Pica-Ciamarra等（2015）发现，在12个发展中国家，家畜对所有者收入的直接贡献率为12%，介于2%和24%之间。然而，除了出售牲畜或畜牧产品所赚取的金钱外，牲畜还提供了许多其他的商品和服务，这有助于家庭的生计和福利，并有助于减少底层40%人口与其他人口之间的不平等。这些商品和服务包括供家庭消费的动物源性食品、粪便、畜力和运输等。在社会保障和金融服务不足或没有的情况下，牲畜作为一种储蓄和保险形式也可以促进公平。

因此，需要采取多样化的方法来充分利用快速发展的畜牧业部门为畜牧业从业者提供缩小差距的潜力（插文8）。这种方法应该包括：

- 一系列具有针对性的动物生产和健康干预措施。这些措施应在全年的时间内都有助于获得饲料和草场，有助于减少疾病造成的损失，并可以确保大规模或半集约化生产系统的畜牧产品在质量、安全、数量和供应方面满足消费者的要求。

- 一系列超越动物生产和健康的政策和投资也是必要的，它支持完全包容性、对性别敏感的农村发展进程。例如，对新建或改建农村道路的投资有利于进入市场，并对贫困和减少经济不平等产生直接影响。改善获得农村金融服务或现金转移和社会保护计划的机会，可以为贫困的畜牧业从业者融入市场创造机会。薄弱或不平等的产权也是阻碍小农户扩大生产的一个重要制约因素。体制改革可以非常有效地刺激小农的创业精神并缩小不平等差距。如前所述，需要特别关注干旱和半干旱地区的经济发展，因为牧民受到气候变化的影响格外强烈。

事实上，必须强调的是，如果没有这些措施，畜牧业目前的快速发展显然会在2030年前加剧不平等现象而不是减少不平等。集约化畜牧业生产需要越来越多的大豆和谷物作为饲料。到2050年，每年需要30亿～35亿吨谷物（小麦、粗粮和大米）来供给地球，其中三分之一将用于喂养牲畜（目前，每年有9亿吨谷物被用作饲料）。虽然预计谷物价格仍将保持在接近目前的水平，但从长远来看，对谷物需求的增长可能会引发粮食价格的上涨，从而出现像2007—2008年那样的危机。各国最底层40%的人口将受到更大的影响。

　　世界对浓缩饲料需求的增加涉及大豆和谷物生产区的扩大。因此，自2000年以来，外国实体大规模收购土地的情况有所增加，主要是在非洲。通常收购土地肥沃、有良好供水和先进基础设施的地区。这些地区是由传统小农家庭耕种的（Pesche等，2016），大规模的土地收购通常会导致人们流离失所，加剧不平等现象。因此，集约化畜牧业未来的发展必须整合在经济、环境和社会方面的可持续性的所有核心要素，这些核心要素中包括社会平等。

10.3　动物源性食品、价格上涨和不平等

　　传统上认为，随着国家的发展，一个国家的收入分配水平会从相对平等转变为不平等，然后又回到更平等的状态。随着一些人从生产低边际产品的经济活动转向生产力更高的经济活动，不平等将上升。在某一时刻，所有经济活动的边际产品趋于一致，收入差距缩小（国际货币基金组织，1998）。

　　有大量的文献指出，通货膨胀与收入平等之间存在着密切的关系（Albanesi，2007）。食品价格的上涨已被确定为通货膨胀背后的主要驱动力之一。这种影响在发展中国家往往更大，因为这些国家的家庭在食品方面的支出占其收入的比例较大。

　　在撒哈拉以南非洲、中东和北非等发展中地区，动物源性食品的成本占"食品篮子"的近三分之一（图10-1）。贫困家庭花在动物源性食品上的收入比例往往更高。最富有的家庭在动物源性食品上的花费约占其收入的10%，而最贫困的家庭则约占20%。因此，旨在控制食品价格上涨的政策措施应特别注意动物源性食品价格的变化。

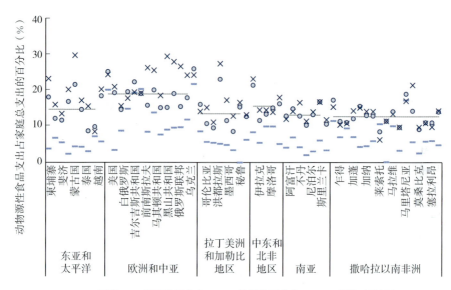

图 10-1　动物源性食品支出占家庭总支出的百分比

资料来源：基于世界银行的数据，2018 年。

10.4　促进所有人的社会、经济和政治包容

　　增强所有人的权利以及社会、经济和政治包容是可持续发展目标 10 的关键所在。按年龄和性别划分，能否减少收入在中位数 50% 以下的人以及残疾人的比例，是衡量这一目标成功与否的指标。衡量进展需要收集和分析按年龄和性别分类的数据，而目前畜牧业部门还没有广泛的数据。

　　人们倾向于从年轻人的角度考虑年龄不平等问题，但在许多老龄化社会中，社区中老年成员的福利是一个越来越令人关注的问题。例如，在近东和北非地区的许多国家，从事农业的小农户年龄正在增加，这显然包括大量拥有家畜的家庭。这种现象的部分原因是缺乏包容性的、政府资助的养老金计划，特别是在农村地区。这使得到达退休年龄的人再回到土地上继续生产粮食以谋生。对畜牧产品，特别是牛奶、鸡肉和鸡蛋的需求快速增长，使老年小农户有机会通过出售剩余产品来改善生计。

　　在可能的情况下，完善政府资助下的养老金机制，是减少年龄不平等的一个更有效的方法。因为它不仅能使老年人受益，还能促进土地所有权和土地使用权一代代地传给这些老年农场主的子女以及愿意投资农业的农村无地

青年。

在撒哈拉以南非洲，15～24岁的人口预计将从2017年的不到2亿增长到2050年的超过3.5亿。撒哈拉以南非洲的结构转型趋势表明，工业或服务业的就业机会仍然有限。在未来20年内，预计农业将提供四分之三的工作机会，这主要是通过自营职业来提供的。假如非洲畜牧业部门能够提供在质量和价格方面与进口产品相比具有竞争力的产品，那么非洲对动物源性食品日益增长的需求就可以为年轻人创造一个新的就业机会。

在农村环境中，畜牧业有其历史、文化和传统的根源，儿童参与畜牧业是非常普遍的。根据联合国《儿童权利公约》和国际劳工组织的定义，儿童在畜牧业部门从事的放牧等工作，影响了他们的教育，必须被归类为童工。但目前几乎没有关于畜牧业童工的统计信息，表明迫切需要进一步收集按年龄和性别分列的数据（联合国粮农组织，2013a）。

在围绕发展中国家畜牧业的讨论中，性别平等是一个反复出现的话题。支持畜牧业发展的计划被认为是解决性别平等问题的最佳切入点，因为畜牧所有权通常对男性和女性都是开放的。虽然在低收入国家，获得土地的机会往往只限于男性，但男性和女性都参与了畜牧管理（Bravo-Baumann，2000）。然而，在现实中，畜牧业促进在社会和经济中对女性更包容的能力是可变的。

在考虑性别平等时，家禽通常被认为是一个很好的起点，因为鸡是贫困家庭可靠的收入和食物来源，通常由女性所有。小鸡或鸡蛋可以在短时间内出售，这有助于支付日常开支，而且女性通常会保留收入。然而，绵羊和山羊对减少性别不平等的贡献可能没有那么大。例如，最近一项对埃塞俄比亚小型反刍动物分部门创造就业的研究发现，虽然配偶之间的共同所有权是最常见的所有权形式，但男性对动物的使用有最终决定权，特别是在销售上。此外，男性几乎完全垄断了市场上的贸易，女性在市场上一般不受欢迎，尤其是女性作为卖家时（Mueller等，2017）。因此，支持小规模畜牧业生产者的投资计划需要深入了解女性在目标家庭中的作用，并评估干预措施对男性和女性的收入和社会地位的影响。同样，有助于改变女性在家庭中经济角色的分类数据和方法也是必要的。

可持续发展目标10必须在农业女性化的背景下实现，因为男性为了寻找更好的就业机会离开了农业，而女性则留在农场工作。尽管如此，在撒哈拉以南非洲的大多数国家（Slavchevska等，2016），在过去几十年里，从事农业工作的女性比例仍没有明显变化。然而，女性占农业劳动力的50%以上这一事实表明，农业部门已经女性化。在非洲，四分之一的家庭由女性担任户主，五分之一的人生活在这样的家庭中。但是，要查明女性在农业中，特别是在畜牧业中的角色变化，就需要收集相关数据。

由于工作的性质，身体残疾的人很难饲养家畜。畜牧业的发展并没有为残障人士提供更多的机会。

10.5　安全且负责任的人员流动

实现可持续发展目标10需要改变许多国家对移民的看法和处理方式。各国必须通过完善的移民政策，使人口流动更加有序、安全、规范且负责任。

2015年，约有2.47亿人生活在非出生地的国家。全球约有一半的移民从发展中国家迁往发达国家，迁往发展中国家的移民虽然在全球总数中所占比例较小，但仍然非常重要。约有7 960万人，即约三分之一的世界移民，从一个发展中国家迁移到另一个发展中国家。例如，在2015年，近3 300万非洲人生活在他们的祖国之外，但每两个人中就有一个人在非洲境内移民。撒哈拉以南的非洲人引领着非洲内部的移民（近75%）潮流，他们经常迁移到邻国（科特迪瓦、南非、尼日利亚、肯尼亚和埃塞俄比亚是前五个接收国）（麦肯锡全球研究所，2016）。同样，有7.4亿人是国内移民，为寻找更好的工作而临时或经常性地迁移。这种经济移民通常不涉及活体家畜的跨境移动（牧民的定期季节性移动除外），与畜牧和可持续发展目标10的讨论没有直接关系。

据估计，目前还有6 500万人因战争或不安全因素而被迫流离失所。最近占据了世界上三分之二的跨境难民的六个国家都拥有着或曾经拥有活跃的畜牧业，在农村经济中发挥着重要作用，它们是：阿拉伯叙利亚共和国、阿富

©联合国粮农组织/Giulio Napolitano

汗、南苏丹共和国、索马里联邦共和国、苏丹共和国和刚果民主共和国。这些国家要么处于严重的危机，要么处于长期的危机。应该指出的是，难民、寻求庇护者与自愿移民有本质的不同。许多人可能突然被迫放弃他们的家园。家畜主人可能已经失去了全部或部分资产，在某些情况下，他们可能带着家畜逃往邻国。

管理良好的移民政策，特别是接收被迫流离失所的难民的国家，需要采取措施解决动物和人口的流动问题。控制和管理收容国的牧场是避免流离失所者和收容社区之间冲突的首要任务。需要采取控制动物疫病的措施以保护移民的畜牧资产和收容社区的畜牧群，这是开始新生活的基础。由于许多移民拥有畜牧业的技能，所以促使他们加入当地畜牧业将有助于他们更好地融入东道国社区。此外，对难民原籍国的畜牧业进行投资将为生活在脆弱环境中的人们提供稳定和恢复的动力，为潜在移民和回国者提供新的机会。

如果不讨论汇款的影响，家畜和移民之间的关系就不完整。2015年，移民向发展中国家的汇款达到4 316亿美元（联合国，2016c）。其中40%被汇往农村地区投资于农业活动，特别是投资于畜牧业。因为牲畜不仅能创造收入，而且在冲突和不安全的时期也代表生产性和可移动的资产。促进向移民原籍国的家庭转移资金并降低手续费，将有助于缩小差距，增强稳定性并提高依赖畜牧的社区的复原力。

10.6 贸易协定

为发展中国家的出口提供便利将减少国家间的不平等。对来自最不发达国家（LDCs）和发展中国家的进口商品实行零关税的关税细目比例，被用作衡量可持续发展目标10中的10.a指标是否成功，即到2030年，逐步实现并保持最底层40%人口的收入增长速度高于全国平均水平。

发展中国家，特别是最不发达国家，确实受益于世贸组织协议规定的特殊和差别待遇（SDT）。特殊和差别待遇给予发展中国家特殊的权利，使发达国家有可能比其他世贸组织成员更优惠地对待它们。例如，普惠制（GSP）就是这种情况。在普惠制制度下，发达国家对原产于发展中国家的产品给予非互惠性的优惠待遇（如进口零关税或低关税）。在这方面，联合国秘书长在其报告"实现可持续发展目标的进展"（联合国，2016c）中解释说，主要的发达国家市场已经为最不发达国家的大部分关税项目提供了免税的市场准入。即使不提供某些农产品的市场准入，但平均适用的关税率也往往接近于零。几乎所有来自最不发达国家的农产品（98%），包括畜牧产品在内，都被发达国家免除了关税（来自发展中国家的农产品为74%）。

区域自由贸易协定也为小规模畜牧业生产者提供了机会，并有助于平衡各国之间的竞争环境。从西非的牧区和农牧区向大型城市沿海中心跨境出口活体动物的可能性，就是一个有利于小规模生产者繁荣贸易的好例子。只有当海关和其他有关部门之间合作成功，并且动物的流动不受沿途非法征税和非正式征税的阻碍时，区域自由贸易协定才能有效地缩小差距现象。应该遏制征税的普遍做法，以便充分利用谈判达成的自由贸易协定带来的公平。

在现有的非关税贸易壁垒中，卫生和植物检疫措施经常被提及，因为它可能对畜牧业部门产生扭曲和限制性影响，从而造成国家间的不平等。问题主要出现在肉类和肉类产品方面，乳制品方面的问题则较少出现。然而，卫生标准及其应用反映了政府控制和消除对人类和动物健康的潜在风险的合理愿望，并响应了消费者对完全安全食品的需求。世贸组织SPS协议禁止实施任意或无理歧视各国的法规。随着畜牧产品贸易的增长，提高SPS标准将为一些发展中国家提供新的贸易机会。然而，更高的SPS标准（在改善食品安全、公共卫生和动物健康方面）将对贫困人口的生计产生最大的影响，特别是对儿童，因为他们接触的疾病将会减少。

10.7　结论

可持续发展目标10要求减少收入方面的不平等。畜牧业的体制改革可以非常有效地激发小农户的创业精神，缩小不平等差距。畜牧业是小农户收入增长的有力催化剂，其投资、投入和劳动力成本相对较低。然而，薄弱或歧视性的产权仍然是制约小农户可持续发展能力的重要因素。因此，使畜牧业能够有效地做出贡献意味着要超越该行业现有的政策和投资。还需要在基础设施方面增加支出，以连接落后地区；改善服务，包括为所有人提供金融服务；制订有效的社会保护计划，包括围栏计划；采取移民政策，要考虑到与家畜一起移动的居民的需求；实施自由贸易协定，促进来自最不发达国家和发展中国家的畜牧和畜牧产品贸易。

11　畜牧业与可持续化城市

11.1　引言

　　快速的全球城市化是人类居住区兴起中最迅速、最深刻的变化之一。2007年，世界城市人口在历史上首次超过农村人口（联合国，2014），这一趋势在过去十年中持续存在，预计未来将产生更多的城市和城市居住区，从而改变整个国家的经济和社会结构。到2050年，超过三分之二的世界人口将居住在城镇和城市，对自然资源、生活环境和公共卫生造成压力（联合国，2014）。城市化在很大程度上是由于农村地区缺乏就业和基本服务以及城市可以提供就业机会而导致的从农村向城市的迁移人口增加的结果，它刺激了世界各地各种规模的城市的快速发展。其他导致城市化的因素包括冲突等极端事件和自然灾害，如荒漠化和长期干旱等气候变化导致的事件。此外，尽管移民是快速城市

化的关键驱动因素，但越来越多的证据表明，自我持续的城市增长和农村转型是当前城市化的主要贡献者，特别是在非洲（非洲开发银行，2012）。

如今前所未有的城市增长似乎是不可逆转的，对发展中国家和发达国家都有影响。在解决城市化问题方面，《2030年议程》超越单纯的人口层面去解决21世纪城市化的主要挑战和机遇，包括城市化如何影响和促进可持续发展，以及如何实现2030年的各项目标与指标。可持续发展目标11通过实现以下10项具体目标，"使城市和人类居住区具有包容性、安全性、复原力和可持续性"，这些具体目标包括：获得安全和负担得起的住房、基本服务并改善贫民区（目标11.1）；投资安全和可持续的公共交通（目标11.2）；促进具有参与性和包容性的城市规划和管理（目标11.3）；保护城市贫困人口和弱势群体（目标11.5）；以及加强城市、城郊和农村地区之间的联系（目标11.a）。此外，可持续发展目标11还包含环境和气候问题，包括空气质量和废物管理（目标11.6）；资源效率、减缓和适应气候变化以及对自然灾害的适应及复原力（目标11.b）。

城市农业是城市化的一个方面，其以不同的形式和背景发生在世界各地的许多城市（Lee-Smith，2012；Orsini等，2013）。有确切数据表明，虽然从事城市农业的人数有限，但联合国开发计划署于1996年估计从事城市农业的人数在8亿左右，而且自那以后其数量很可能还在大幅增加。Karanja和Njenga（2011）指出，在全世界范围内，大约15%～20%的粮食是在城市地区种植的，25%～30%的城市居民参与到农业-粮食行业（Orsini等，2013）。城市农业提供了许多优势，如减少贫困和改善家庭安全，支持社会互动与合作，以及改善公共卫生等。然而，如果城市农业要实现可持续发展，就必须应对许多挑战（Smit等，2001；De Bon等，2010）。

畜牧业往往是城市农业的一部分，它有着自己的挑战和机遇。直到最近，城市畜牧业生产仍经常被认为是有问题的，并受到城市法律和政策的严格限制（McClintock等，2014）。然而，由于在城市环境中饲养牲畜可以给城市居民带来好处，所以城市畜牧业现在越来越受重视（联合国粮农组织，2001，Dubbeling等，2010）。城市畜牧业生产已经演变为支持家庭粮食安全和城市人口的经济需求，特别是在低收入国家。在该部门能够为实现可持续发展目标11和具体目标做出充分贡献之前，必须解决若干与健康和环境风险有关的问题（联合国粮农组织，2001；Guendel，2002；Grace等，2015）。

本章讨论了以城市和城郊（分别在城市内部和城市周围）的畜牧饲养作为城市农业的一种形式，并介绍了其作为城市生活的一个组成部分的动态变化，同时也强调了城市畜牧业的利弊，特别是在发展中国家。本章旨在分析城市和城郊可持续畜牧业生产是如何影响城市政策和计划的，并有助于实现可持续发展目标11的具体目标和可持续发展议程。目前，"城市"生产指的是城市内部用于种植农作物和饲养牲畜的空地、花园、屋顶和后院等小区域，供自己消费或在附近市场出售。"城郊"生产指的是在城镇附近经营集约化、半商业化或完全商业化农场的场所，这些农场种植农作物、饲养动物以获取牛奶和鸡蛋（Iaquinta 和 Drescher，2000）。

11.2　城市化和可持续发展

特别是在发展中国家，日益增长的人口和迅速增长的城市化对消除饥饿、实现粮食安全、改善营养状况和实现可持续发展的目标构成了挑战。城市人口的快速增长使城市拥挤不堪，迫使许多城市居民进入贫民窟，加剧了贫困程度（Karanja 和 Njenga，2011）。城市贫困家庭将收入的 60% ~ 85% 用于食品（Mougeot，2005；Redwood，2008）。尤其是在非洲，城市化导致了贫民窟的激增、城市贫困和不平等的加剧。

不同地区的城市化程度差异很大。目前，非洲和亚洲仍以农村为主，分别有60%和52%的人口生活在农村。然而，这两个大陆的城市化速度比其他地区更快，预计到2050年，这两个大陆的城市化率将分别达到56%和64%（联合国，2014）。在所有的发展中国家，城市和城市周边地区不仅面临着更高的贫困水平，在住房、就业、教育、卫生、清洁用水和交通等方面也面临着严重问题。这些限制措施很可能会在未来几十年内减缓城乡人口迁移的速度。

各国在厄瓜多尔基多召开的第三届联合国住房和城市可持续发展大会上（2016年10月）商定的新城市议程指出，在城市化带来的各种挑战方面取得进展是实现可持续发展和消除饥饿的关键。在世界上许多地方，各国政府都在努力适应城市的发展。他们面临着许多挑战，这些挑战包括创建可持续的和适应性强的城市，找到为居民提供食物、住所和基础服务的方式。这就是为什么可持续发展目标11鼓励在城市内制定和实施更加一体化的发展战略和解决方案。

为了在城市地区连贯地实施和监测这一可持续发展目标和其他目标，需要与其他目标建立交叉联系。密切相关的可持续发展目标包括：可持续发展目标1（消除贫困）、目标2（粮食安全）、目标3（卫生）、目标4（教育）、目标5（性别平等）、目标6（水和卫生）、目标8（体面工作和经济增长），目标9（有适应力的基础设施）和目标13（气候变化行动）。落实可持续发展目标11和其他目标，要求每个国家根据当地实际面临的挑战、具有的能力和可用资源，对各种目标和具体目标进行优先排序和调整。

11.3 畜牧业和城市农业

联合国粮农组织将城市农业定义为"在城市内外种植植物和饲养动物"，以提供新鲜食物、创造就业机会、回收废物，并增强城市对气候变化的适应力。1996年联合国人类居住区会议确认，城市农业，包括牲畜生产，是可持续城市化的"可取做法"之一（HABITAT II，1996）。随后，世界粮食首脑会议（2002）和联合国全球粮食危机高级别工作组（2008）也通过了该战略，将其作为缓解城市粮食不安全状况和使城市更能抵御危机的战略（联合国粮农组织，2010b）。城市农业在发达国家和发展中国家都很普遍（Foodtank，2016；Smit等，2001），但长期以来一直被城市规划者和决策者忽视。然而，在过去的20年里，随着城市人口激增，人们对城市及其周边地区粮食生产的兴趣也在增加，人们也越来越认识到城市农业在粮食安全、改善营养状况以及创造就业和家庭收入方面的重要作用，特别是在发展中国家（Zezza和Tasciotti 2010；De Zeeuw等，2011）。在城市中，特别是在城市周边地区，农业在城市食品消费中占很大份额，特别是其中的新鲜和易腐食品（Mougeot，2005；联合国粮农组织，2011d）。虽然城市农业在许多城市仍然是非正式的，但它已经随着城市化进程而发展，特别是在非洲（Lee-Smith，2012）。在非洲、亚洲、东欧和拉丁美洲的情况表明，11%～70%的家庭靠城市农业谋生，平均比例超过30%（表11-1）（Zezza和Tasciotti，2010）。根据Orsini等（2013）的说法，估计非洲城市人口中从事农业工作的比例在阿克拉约为50%，在布拉柴维尔约为80%，在卢萨卡约为45%，在马普托约为37%，在瓦加杜古约为36%，在雅温德约为35%和在肯尼亚为大约29%。

表11-1 家庭在城市农业中的参与度

国家和年份	作物活动总参与率（%）	畜牧业活动总参与率（%）	农业活动总参与率（%）
非洲			
加纳1998年	38	14	41
马达加斯加2001年	30	13	33
马拉维2004年	45	14	46
尼日利亚2004年	29	12	32
亚洲			
孟加拉国2000年	26	14	30
印度尼西亚2000年	10	3	11
尼泊尔2003年	52	36	57
巴基斯坦2001年	4	13	14
越南1998年	65	35	69

（续）

国家和年份	作物活动总参与率（%）	畜牧业活动总参与率（%）	农业活动总参与率（%）
东欧			
阿尔巴尼亚2005年	18	10	19
保加利亚2001年	23	13	27
拉丁美洲			
厄瓜多尔1995年	17	28	35
尼加拉瓜2000年	65	29	68
危地马拉2001年	25	31	42
巴拿马2003年	31	12	34
平均数	33	18	34

资料来源：改编自A. Zezza和L. Tasciotti，2010年。

作为城市农业的一个组成部分，在世界许多城市及其周边地区进行牲畜饲养已有多年的实践经验（联合国粮农组织，2001；Thys，2006；McClintock等，2014；Grace等，2015）。尽管如此，该行业吸引的关注比农作物和蔬菜种植更少，而且该行业往往缺乏相关的精确数据（Schiere和den Dikken，2003）。尽管现有的有限的且通常是定性的证据表明，城市和城市周边的畜牧业生产目前是许多发展中国家家庭的一个重要现实，但是目前城市畜牧业的规模是难以评估的。这一行业的发展也非常迅速，根据Taguchi和Makkar（2015）的说法，城市周边的农户提供了全球约34%的肉类产量和近70%的鸡蛋产量。经济增长是由一系列社会经济和文化因素驱动的，包括城市人口饮食的改善和动物产品消费的增加。此外，食品加工业的副产品等高质量饲料的供应，以及对尽可能靠近消费点的易腐食品日益增长的需求，也有助于该行业的扩张。城市和城郊畜牧生产者在新鲜和易腐食品的生产方面比较具有优势，特别是在农村基础设施薄弱或农场销售体系不足的地方。

在城市环境中饲养的动物通常是用于产奶的牛、用于吃肉的小反刍动物、用于产蛋和吃肉的家禽，其他动物物种包括骆驼、水牛以及兔子和豚鼠等非传统物种（联合国粮农组织，2001）。城市的牲畜通常由家庭饲养，以满足他们自己的需要，并作为额外的收入来源。但是，在城郊地区也可以找到专业的、中型和大型的、市场导向的生产商，尤其是对于乳制品和家禽来说。与其相关的活动可能包括食品加工，如以家庭为单位或商业化地制作酸奶和奶酪。

城市内外的牧区是城市畜牧业生产的另一种形式。一些城市正在努力为牧民划定区域，并采取旨在使他们的生计更可持续的措施（Aberra，2003；Moritz，2008；Taguchi和Makkar，2015；Triboi，2017）。在城市地区养蜂也是可行的，养蜂活动日益增多，可能会导致欧洲和北美地区的家养蜜蜂和野生蜜蜂数量的下降，但也可能与当地饮食习惯的改变有关。

城市和城市周边地区的畜牧业生产涉及范围广泛的参与者，包括生产者、资源供应商、资产投入和服务提供者、运输商和加工商、零售商和消费者、推广者和管理人员、城市规划者和市政当局等，然而，最主要的参与者是生产者。和城市农业一样，不同的社会群体出于各种原因饲养牲畜，虽然一些生产者来自中产阶级或富裕阶级，但大多数生产者是城市农民，其属于弱势群体，如女性户主家庭、儿童、退休人员、丧偶和受教育水平有限的人。对这些人来说，参与城市畜牧业是一种社会保障（Guendel，2002）：他们种植粮食主要是为了自己的使用和家庭收入（Thys等，2005）。

11.4　城市畜牧业生产的好处和挑战

尽管有时存在争议，但畜牧业生产往往在城市中发挥重要作用，特别是在发展中国家。其主要效益（图11-1）包括创收、创造就业和改善城市粮食安全、营养和健康（Thys，2006；Lee-Smith，2012）。城市农业和粮食安全资源中心（RUAF）基金会还在消除饥饿和提高社会对弱势群体的包容，特别是对妇女的包容，以及提高城市居民在粮食危机或经济危机中的复原力方面发挥着重要作用。与当地市场的距离较近使得城市畜牧产品具有吸引力，特别是易腐食品。

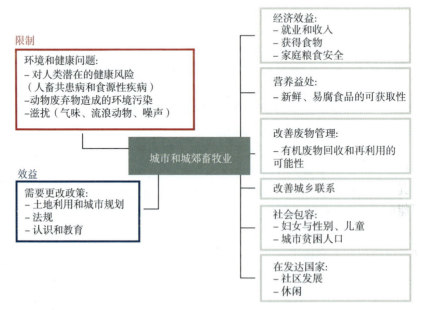

图11-1　城市畜牧业生产的效益（蓝色）和限制（红色）

资料来源：联合国粮农组织，2018年。

　　来自世界各地的城市数据清楚地表明，城市和城市周边的畜牧业生产对城市粮食系统做出了重大贡献。例如，在河内，50%的猪肉和家禽以及40%的鸡蛋来自城市和城市周边地区（Phuong Anh等，2004）。在上海，100%的牛奶、90%的鸡蛋和50%的猪肉和禽肉是在城市及周边地区生产的（Yi-Zhang和Zhangen，2000）。在库马西（加纳），95%的鸡和鸡蛋是本地生产的，95%以上的鲜奶和15%的肉类也是本地生产的（Moustier和Danso，2006）。在达喀尔，城市家禽生产占全国需求的65%（Mbaye和Moustier，1999）。在达累斯萨拉姆和亚的斯亚贝巴，城市和城郊生产者满足的城市牛奶需求份额分别为60%（Jacobi等，2000）和70%（Tegegne等，2000）。在墨西哥城，猪肉生产提供了10%~40%的家庭收入，城市牛奶生产可提供100%的家庭收入（Torres-Lima等，2000）。

　　城市农业，包括畜牧业在内，对城市贫困人口的健康和营养状况的好处是有充分记录的。例如，坎帕拉的一项研究表明，城市农业家庭的营养状况比非农业家庭要好，他们的孩子也更健康（Maxwell，1995）。根据Corbould（2013）的研究，在津巴布韦、肯尼亚、乌干达和海地也有类似的发现。除了经济效益，城市中的牲畜也在废物管理中发挥着重要作用，因为它们经常以有机废物为食（Taguchi和Makkar，2015）。养鸡可以保持后院的清洁，并利用饭菜残渣创造价值，而猪则可以利用家庭和市场的废物，以及商业和工业企业的副产品。与发达国家的14%相比，发展中国家仍然有50%的城市垃圾是有机的，因此在发展中国家，家庭有机垃圾的转化是很重要的（Thys，2006）。

　　与此同时，城市畜牧养殖也存在重大风险，因为在缺乏适当的卫生设施和基础设施的情况下，它们可能成为环境污染和相关健康危害的一个来源（图11-1）。在没有适当污水处理系统的情况下饲养牲畜可能会滋生蚊子导致疟疾和主要病毒性疾病（如黄病毒和登革热）的传播，或者传播病原体的增殖。食源性疾病是另一种威胁，由于缺乏产品安全控制，这种威胁往往变得更为严重，城市和城郊农民生产的食品要么被农民及其家人直接食用，要么通过非正式渠道出售。其他公共卫生问题包括人畜共患的禽流感和猪流感、狂犬病以及结核病或布鲁氏病，后者可通过与动物密切接触或食用未经加工的乳制品而传染给人类。其他健康风险包括卫生条件差或食用烹煮不充分的肉类可能传播的疾病，或可能由啮齿类动物携带的病毒引起的疾病，如汉坦病毒或钩端螺旋体病（联合国粮农组织，2001）。尽管如此，肯尼亚对尼日利亚城市环境中人畜共患病的研究认为，发展中国家在城市中饲养、加工、销售或消费牲畜所造成的风险低于人们一般认为的风险（ILRI，2012）。虽然人畜共患病风险的可能性不高，但环境风险仍然很重要，这就是为什么各个城市逐渐禁止在市区饲养牲畜。

　　环境污染是一个重要问题，因为排水沟可能被排放的粪便污染。在贫困、人口密集、缺乏基础公共服务的地区，如贫民窟，这种风险特别高。在这些地区，饲养牲畜的人通常将动物粪便排入下水道和垃圾场。在发展中国家，肥料通常被用于农户的农田或被卖给农作物生产者，但在某些情况下，它被作为垃圾露天倾倒。当这种情况发生时，氮、磷、钾等大量的营养物质，就会进入排水道，与抗生素和重金属（如铜和锌）共同作用产生健康风险（Taguchi 和 Makkar，2015）。其他环境问题包括臭味、粉尘、噪声和流浪动物的危险等。

11.5　城市畜牧业和可持续发展

有效实施促进城市市区和城市郊区畜牧业生产的政策和战略，可对实现可持续发展目标11的若干具体目标以及可持续的、有适应性的城市和社区的发展做出重要贡献。表11-2总结了与城市畜牧业生产最相关的可持续发展目标11的具体目标，以及它们如何有助于实现这一目标。衡量实现可持续发展目标11的因素和决定条件包括：促进城市和社区实现粮食安全和生产力（目标11.1），社会包容性（目标11.3），环境健康（目标11.6），与农村地区和谐相处（目标11.a）和提高资源利用效率（目标11.b）。

表11-2　城市畜牧业生产对实现可持续发展目标11的贡献

可持续发展目标11的目标	城市畜牧业生产对实现目标的贡献	改善城市畜牧业生产和实现可持续发展目标11需要的关键领域
11.1 到2030年，确保人人都能获得充足、安全和负担得起的住房和基本服务，并改造贫民窟	通过为城市农民和城市贫民创造收入和就业以及城市畜牧业对家庭粮食和营养安全的贡献来改善生活条件和标准	• 确定哪些活动应该停止，哪些活动应该加速和适当管理 • 系统地收集和共享各种城市数据（包括有关城市农业和畜牧业生产的数据），以了解城市的关键指标是如何响应的
11.3 到2030年，在所有国家加强包容和可持续的城市化，加强参与性、综合性、可持续的人类住区规划和管理能力	通过适当的贫困城市居民消除饥饿和社会融合战略，为发展具有社会包容性的、可持续的和有复原力的城市做出贡献	• 在利益相关者群体中培养适当的能力和技能
11.6 到2030年，减少城市的人均负面环境影响，包括特别关注空气质量以及城市和其他废物管理等	通过再利用有机废物作为动物饲料，为发展环境健康的城市做出贡献	• 向城市农民提供在良好实践方面的适当教育和培训 • 确保多方利益相关者参与城市发展的所有阶段；建立共识、包容、恢复力和可持续性
11.a 通过加强国家和区域发展规划，支持在城市、近郊和农村地区之间建立积极的经济、社会和环境联系	通过提供非市场新鲜营养食品来补充农村农业和提高城市食品供应效率	• 分享对相关风险的理解，以报告政府有关土地分区和建筑实践守则的立法
11.b 到2030年，采取和实施综合政策和计划以增加包容、资源使用效率高、减缓和适应气候变化、具有抵御灾害能力的城市和人类住区数量	使用适当的粪便管理措施将进一步提高农民的收入和资源利用效率	• 执行现有法规，这将有助于改善动物健康、福利和产品安全

11.5.1　粮食安全和生产力（目标11.1）

在城市饲养牲畜可以满足不同的生计策略，这在非洲的研究和调查中得到了证明（Guendel，2002；Thys等，2005；Thys，2006）。城市贫困居民的畜牧业生产为他们提供了用于从学费和保健到服装和住房等重要支出的流动资产，从而有助于实现关于改善基础服务和改善贫民窟的可持续发展目标11.1。

11.5.2　社会包容性（目标11.3）

在城市化推动全球经济向前发展的同时，城市内部日益加剧的不平等和排斥可能破坏发展进程。在这方面，应努力创建更具包容性的城市，并确保城市贫困人口从城市化中受益。鼓励城市畜牧业生产可以促进城市贫困人口的社会融合，包括占城市农民总数65%的妇女（Orsini等，2013）。根据RUAF基金会的资料，若干城市和非政府组织已启动了涉及贫困和经济不稳定群体的城市农业项目，目的是使他们进入城市网络，建设他们的社区和改善他们的生计。

11.5.3　环境健康（目标11.6）

对于大多数城市来说，垃圾处理已经成为一个严重的问题。城市牲畜养殖者可以探索利用将有机废物用作动物饲料的机会来提供帮助。曼谷（泰国）附近的楠塔布里市，约翰内斯堡（南非），哈布利-达瓦德（印度）和阿克拉（加纳），都报告了关于此类举措的例子，这些城市的市政机构和城市农民收集有机废物以喂养动物（Taguchi和Makkar，2015；Nahman等，2012；Deelstra和Girardet，2000）。然而，除了有限的地方倡议外，牲畜在城市农产品加工业废弃物大规模处置中的作用一直被决策者和城市规划者忽视，这应该通过对城市畜牧业生态方面的综合分析进行探索。畜牧业生产必须融入城市生态，因为它可以将城市废物转化为生产资源。

11.5.4　与农村地区和谐相处（目标11.a）

随着城市的扩大，城市、城郊和农村活动之间的界限趋于融合，提供了建立有益联系的机会。城市和城市周边地区的畜牧业生产可以在这里发挥重要作用，可以补充农村农业，提高城市粮食供应的效率。所有利益相关者的参与加强了这些联系，这可能为扩大贸易网络创造必要的有利环境，从而使小农户和城市贫困人口受益，同时也有助于区域发展。

如果不对与城市畜牧业活动密切相关的风险和问题加以管理，就不可能实现这些目标。这将需要在城市畜牧业的优势和困难方面找到一个中间平衡地带，需要制定更多基于证据的相关政策。这也需要向可持续的城市畜牧业生产过渡，以减少对公共卫生和环境的任何负面影响。城市不应以健康和环境为理由限制或禁止城市畜牧业生产，而应设计一系列配套措施来减少这类风险。这些措施可能包括加强卫生、农业和环境部门之间的协调，教育农民如何应对健康和环境危害，分享对风险和问题的理解，以及为政府立法和城市规划政策提供信息。此外，所有利益相关者，特别是城市农民、城市贫困人口及其典型代表，都应参与形势分析、确定优先事项以及行动规划和执行。这种协商进程将创造有利的政策环境，以促进包容性和可持续的规划和发展（RUAF基金会）。

11.6 结论

可持续发展目标11旨在促进城市可持续发展。如今的城市化是人类环境历史上最迅速、最深刻的变化之一。特别是在发展中国家，畜牧业在城市发展中发挥着不同的、有争议的、但往往至关重要的作用。城市畜牧业生产的主要效益包括创造收入、创造就业机会以及改善粮食安全和营养状况。然而，城市畜牧业也存在重大风险，因为在缺乏适当的卫生设施和基础设施的情况下，它们可能对环境和公共健康造成危害。为了使城市更具可持续性，需要采取具体措施减少这类风险，包括加强卫生、农业、市政和环境部门之间的协调；对农民进行健康和环境风险管理教育；以及宣传这些危害的相关信息，为立法和城市规划提供信息。

12 可持续消费和生产

12.1 引言

　　根据世界野生动物基金会（WWF）和全球足迹网络（GFN）的生态足迹研究，人类已经使用了超过一个地球价值的资源，并可能在21世纪中叶消耗三个地球价值的储备。尽管这些研究存在争议，但它们提出了这样一个问题：到2050年，地球上是否有足够的资源来养活98亿人。畜牧业生产的要求特别高：畜牧业需要消耗大量的土地、水和养分。Alexandratos 和 Bruisma（2012）估计，从2005年到21世纪中叶，全球畜牧产品的消费量将增加70%，且大部分增长将会发生在发展中国家，因为这些国家现在的动物源性食品的消费量较低。在许多国家，仍然有很多人消费的动物源性食品很少，甚至无法满足他们的基本营养需求。在一切照旧的情况下，2050年可能达到的消费水平将意味

着农业向自然栖息地的进一步扩张和自然资源的持续耗竭。

可持续发展目标12关注可持续消费和生产，旨在用更少的资源做更多更好的事情。其目标是增加所有经济活动的净收益，同时减少资源使用量，从而减少环境退化和污染。因为产品的整个生产周期都需要改进，所以这个目标需要各利益相关者的参与，这些利益相关者包括消费者、决策者、零售商和行业代表等。可持续发展目标12的具体目标将规划列为首位，并鼓励各国政府采取支持可持续发展的公共采购政策，帮助私营部门将可持续性融入其实际生产流程。

可持续发展目标12的一项关键目标是提高自然资源利用效率。作为一个资源尤为短缺的行业，畜牧业可以在这方面做出非常重大的贡献。在所有区域和生产系统中都发现了产量差距和提高效率的巨大潜力（Gerber 等，2013）。然而，需求方面也需要可持续性。可持续发展目标12强调了信息的重要性，尤其是对消费者而言。它们强调教育的必要性，并鼓励发达国家带头实施促进可持续消费的方案。这对畜牧业至关重要，因为发展中国家对动物源性食品的需求正在迅速增加。最后，减少浪费、损失以及化学污染也被列为可持续发展目标12的关键目标。在整个食品供应链中，需要所有参与者的共同努力，以减少消费者和食品工业的浪费以及在生产过程中损失的肉、奶和蛋的数量。这可以带来巨大的可持续性收益。

12.2   畜牧业和自然资源

牲畜是土地的最大使用者，世界陆地面积的26%（约35亿公顷）是永久草地和牧场，这些土地主要用于放牧牲畜。此外，全球33%的耕地（约5亿公顷）用于牧草和饲料生产。扩大牧场和农田以饲养牲畜是土地使用变化和森林砍伐的主要驱动因素。然而，在一些地方，过度放牧可能导致土地退化，而在另一些地方，过度放牧可能导致生物多样性丧失、生态系统退化和草地生产力下降。关键是，虽然畜牧业可以通过各种方式破坏环境，但畜牧业也提供了一系列有价值的生态系统服务，如果管理得当，放牧可以有助于防止土壤侵蚀和灌木火灾，并有助于改善生物多样性和水质。这些相互作用将在"畜牧业与陆地生物"章节中进一步探讨。

畜牧业也需要大量的水。虽然一些水供动物饮用和用于动物服务，但有大量的水用于灌溉饲料作物和牧草，以及在奶牛场、屠宰场等加工畜牧产品。虽然牲畜可以对水质做出积极的贡献，例如维持牧区全年的土壤覆盖，提供保护以防止土壤侵蚀，但它们也通过向溪流和地下水排放营养物质和有机物而耗尽水资源。由于问题的复杂性，所以关于畜牧业用水的全球评估很少，而且存在不同的评估方法。水的使用可以分为三类：直接从地表水或地下水提取的水，称为"蓝水"；降雨或土壤水分，又称"绿水"；以及吸收污染物所需的淡水量，称为"灰水"。Mekonnen 和 Hoekstra（2012）在他们的全球评估中考虑了上述三种水类型，估计全球畜牧业水足迹为 24 220 亿立方米/年，其中超过 87% 的水足迹与"绿水"有关。几乎所有的水足迹（98%）都来自牲畜饲料和饲草，畜牧业占全球农业生产水足迹（83 600 亿立方米/年）的 29%。然而，他们认识到该结果受到他们使用的简化饲料日量的影响。

作为碳循环的一部分，畜牧业既是碳源又是能源。虽然仍需要化石燃料用于生产饲料、挤奶及加工畜牧产品，但是牲畜粪便可以循环利用，例如通过厌氧发酵转化为沼气，因此在大大小小的牲畜养殖中粪便可以作为化石燃料或薪柴的替代品。畜牧业贡献了全球 14.5% 的温室气体排放量（Gerber等，2013）。在畜牧业中，近 40% 的排放量来自牲畜的肠道发酵，但更大的一部分（近 50%）来自饲料生产，包括：肥料的施用和沉积（16%）；田野作业（13%）；施肥（8%）；以及大豆、棕榈油和牧场扩张引起的土地利用变化（9%）。来自粪肥管理（使用前）的排放量不到总排放量的 10%，来自动物产品加工和运输的排放量约占总排放量的 3%。

由于总耕地的三分之一专门用于饲料生产，所以每年施用的近 2 亿吨氮、磷和钾肥（分别为 109 万吨、47 万吨和 3 800 万吨）中很大一部分用于畜牧业（联合国粮农组织，2017b）。通过粪肥，牲畜将摄入的一些营养物质回馈到土壤中，提高了土壤的肥力和农作物的生产力。一般来说，牲畜摄入的 55%～95% 的氮和约 70% 的磷会以尿液或粪便的形式排出（Menzi 等，2010）。Bouwman 等（2013）估计，在全球水平上，来自牲畜粪便的总营养物质超过了来自合成肥料的营养物质。

12.3 提高畜牧业的自然资源利用效率

用更少的资源生产更多的牲畜意味着畜牧业需要提高自然资源的利用效率。从历史上看，农业研究和发展的重点是提高生产率，或提高土地、劳动力和资本等传统投入转化为可销售产出的效率。在生产者层面上，这一过程是由利润最大化推动的，在过去的半个世纪里，这一过程已经导致了生产率的显著提高。Ludena 等（2007）估计，1981—2000 年，全球反刍动物的全要素生产率（TFP）以每年 1.1% 的速度增长，非反刍动物为 2.7%，而农作物为 0.5%。

在许多情况下，自然资源的利用效率可以通过传统的生产力改进来提高。例如，在过去的 40 年里，先进的遗传学、饲养系统、动物卫生控制和其他技术的引入使工业化国家能够将牲畜所需的土地总量减少 20%，同时使肉类总产量翻倍。生产率的提高还可以显著降低反刍动物系统的温室气体排放强度（Gerber等，2013）。因此，通过将技术和知识从世界上效率最高的生产系统转移到效率最低的生产系统，有可能显著提高自然资源的利用效率。这样做的话，该行业可以获得"双红利"，即不仅可以提高生产者的利润，还可以改善环境。

在最近的一项综述中，Gerber等（2015）制定了一份可取的干预措施清单，考虑到生产系统的多样性，以及土地和水、营养、温室气体排放和生物多样性，并考虑到饲料转化率的适度提高（生产1千克肉、奶或蛋所需的饲料量）可能会限制甚至抵消为满足预期的需求增长而扩大的土地面积。Mottet等（2017）表明，2010—2025年，如果饲料转化率提高5%～15%，那么用于生产人类食用的牲畜饲料（谷物、豆类、大豆和木薯）的面积将减少8%，尽管肉类需求预计将增加21%。

广泛采用现有的饲料、健康与牲畜饲养以及肥料管理等方面的最好的实践和技术，以及更多地使用目前没有充分利用的技术，如沼气发电机和节能设备，可以帮助全球畜牧业减少高达30%的温室气体排放量（Gerber等，2013；Mottet等，2016）。

为减轻畜牧业对水资源的影响，应特别注意饲料成分、饲料需水量和饲料来源。使用更多农作物残余物、废弃物和粗饲料的系统的水足迹最低（Mekonnen和Hoekstra，2012）。在农场水平上改进营养管理也可以在效率上产生很大的收益。改善饲养系统、粪肥管理和应用以及畜舍有助于提高氮的利用率（Oenema，2006；Gerber，2014）。

最佳做法需要适当的政策，即更好的宣传、研究和发展（包括推广服务），但也需要法规和激励措施。例如，欧洲联盟于1991年颁布的硝酸盐指令，目的是防止农业来源的硝酸盐污染地下水和地表水，并促进良好耕作方法的使用。对于从事畜牧业的农户来说，它涉及粪肥储存能力和使用日程，但自该指令生效以来，氮的利用率在欧盟有了显著提高。2002—2014年，西欧每美元畜牧产品的农业氮肥使用量从78千克下降到73千克，改进了6%（联合国粮农组织，2017b）。

维持动物遗传多样性对于在各种环境中优化畜牧业对自然资源的利用，提高养殖动物在适应快速演变的疾病和气候威胁方面的作用至关重要。联合国粮农组织2007年通过了《动物遗传资源全球行动计划》，该计划的实施，正在促进世界牲畜多样性的可持续利用、开发和保护，但是，仍然需要做出努力来加强对这些资源的管理。

环境服务付费（PES）也是提高自然资源利用效率的有效政策工具。然而，一项对50个牧场PES计划的审查（亚洲开发银行，2014）得出的结论是，在许多市场不完善和存在土地所有权问题的发展中国家，对环境服务的有条件付费可能不如对生产系统和生计的常规投资更有意义。此外，对发展中国家碳封存服务项目付费情况的分析表明，真正决定此类计划财务可行性的是畜牧业生产系统本身的盈利能力，而不是被补偿的环境服务的价值。

然而，生产力的提高并不能保证自然资源利用效率的提高。经济合作与发展组织的研究表明，尽管大多数国家在1990至2003年期间同时提高了它们的全要素生产率和养分利用率，但也有一些国家（澳大利亚、美国、加拿大、葡萄牙）提高了全要素生产率，同时却降低了它们的养分利用率（Coelli等，2009）。因此，自然资源利用效率的提高可能会降低农场的盈利能力，这种情况可以实施适当的政策加以补偿，并应进行仔细评估。

利用率的概念也有其局限性。如果要减少对资源的总体影响，收益的增长速度至少应与需求的增长速度一样快。例如，Gerber等（2013）估计，弥补利用率差距可以减少30%的牲畜温室气体排放量。然而，排放强度提高30%，需求增加70%，实际上会导致排放量的总体增加。此外，已经达到高利用率水平的系统和地区，改进的潜力有限。通过技术进步可以获得的额外收益虽然可以大大减少对自然资源的压力，但与低利用率的系统相比，它们的成本可能过高。因此，如果没有提供足够的支持，那么新技术的采用可能会受到限制。

另一个问题是，利用率的提高增强了盈利能力，并可能导致生产的扩大，进而对自然资源造成额外的压力。因此，必须找到保护农业生态系统的方法，包括草地和水道在内，并避免进一步扩张和森林砍伐。牲畜提供的环境服务可以通过特定的费用来完善，而水污染可以通过更好的粪便管理来避免。最后，利用率也必须从全球的角度来考虑：虽然在每千克环境成本最低、经济回报最大的地方生产最多的肉、奶和蛋是有意义的，但基于相对利用率优势的生产区域化将威胁到粮食主权和潜在的食品安全。

12.4 平衡饮食以实现可持续消费

如前所述，对畜牧产品的需求将在2005—2050年增加70%（Alexandratos和Bruisma，2012）。根据联合国粮农组织的估计，在目前粮食消费正在增长的国家，通常会有更多的畜牧产品、植物油和糖。这三种食物现在提供了发展中国家总热量（kcal）的29%，比30年前多了20%。预计到2030年，这一比例将提升至35%；而在工业化国家，这一比例将稳定在48%左右。

根据联合国粮农组织和粮食气候研究网络（FCRN）（2016），健康饮食具有以下共同特征：食物多样性、摄入和支出之间的能量平衡；最低限度加工的块茎和谷物以及豆类、水果和蔬菜；适量地食用肉类。此外，还包括适量的乳制品、不加盐的种子和坚果、少量的鱼类和水产品，以及非常有限的加工食品的摄入。饮食中适当数量的肉类和其他动物源性食品具有很高的营养回报（Bender，1992；详见第二章和第三章）。但是，过度食用肉类和其他动物源性食品可能是有害的，可能导致心血管疾病、糖尿病和一些癌症的高发病率。例如，在许多高收入国家，肉类和饱和脂肪的消费远远超过了营养需求，并对健康产生了负面影响（Walker等，2005；McMichael等，2007）。

越来越多的研究认为，在饮食富裕的地区，减少动物源性食品的份额可以带来实质性的环境和健康效益（Eshel等，2006；Erb等，2009；Stehfest等，2009；Tukker等，2011；Tilman和Clark，2014；VanDooren等，2014；Hallström等，2015）。这些研究通常依赖于生命周期研究方法（LCA），该方法考虑到生产、加工和零售的所有不同步骤。它们还一般侧重于环境可持续性的两个方面，即温室气体排放和土地利用，并将营养影响的分析局限于能源或蛋白质。这些研究通常得出这样的结论：全球采用富含畜牧产品的丰富"西式饮食"将导致耕地面积的扩大（例如将扩大20%，根据Erb等，2010）。他们认为，食用畜牧产品含量低的食品会更有益，对环境的影响更小。例如，van Dooren等（2014）的研究表明，在包括素食和地中海饮食在内的六种饮食中，富含畜牧产品的荷兰人的平均饮食健康得分最低，而且在温室气体排放和土地利用方面的影响最大。

这些评估大都认识到其方法的局限性。首先，他们会比较现有的饮食习惯，这使得他们很难将研究结果推广到世界其他地区。或者，他们的计算最多只基于能量或蛋白质，而忽略了钙、铁、锌和维生素B$_{12}$等微量营养素，这些营养素很难从植物源性食品中获得。此外，这类研究通常依赖于对动物饲料采食量和饲料转化率的粗略估计，通常忽略了动物消耗大量农作物残余物和副产品以及很大一部分肉和奶的生产并不依赖谷物的事实。这种简化可能会扭曲土地利用变化的结果。

然而，毫无疑问，发展可持续消费需要在畜牧产品的营养和其他好处与过度消费对健康和环境的有害影响之间取得平衡。考虑到全球饮食的多样性，实现营养目标的再平衡也有助于提高粮食系统的整体利用率（Tilman和Clark，2014）。

12.5　减少浪费和损失

联合国粮农组织估计，每年大约有三分之一供人类消费的粮食遭到损失或浪费（联合国粮农组织，2011e）。这意味着土地、水、能源和其他投入的浪费，以及数百万吨不必要的温室气体排放量。更重要的是，工业化国家人均浪费的食物比发展中国家多得多，在全球范围内，每生产一千克肉，就会损失或浪费约200克肉。每生产一升牛奶（或乳制品等价物）将浪费100～250毫升，地区不同，浪费程度也不同（AO，2011e）。

在低收入国家，粮食损失发生在整个粮食价值链，主要源于收获、储存、运输、加工、包装和营销方面的管理和技术限制（联合国粮农组织高级专家小组，2014）。损失最大的是中小型农业和渔业生产和加工。社会和文化条件，例如男性和女性在价值链不同阶段所发挥的不同作用，往往是造成粮食损失的根本原因。女性在获得创收活动并从中受益方面所面临的困难影响了她们的生产力，从而加剧了粮食损失。虫害和疾病对动物及其饲料的影响，也是粮食损失的一个重要来源。动物疾病也会导致牛奶、肉或蛋被丢弃。

在中等收入国家和高收入国家，消费者浪费约占肉类损失和浪费总量的一半。食物浪费主要是消费者行为的问题，但据Halloran等（2014）报道，"除了造成食物浪费的直接原因之外，食品供应链中的一些行为主体通过影响消费者行为，例如通过包装尺寸、促销或折扣，间接造成了食物浪费"。政策和法规也助长了粮食浪费和损失。例如，农业补贴可能会鼓励额外粮食作物的生产，这既降低了价格，也降低了价值链上的消费者对粮食损失和浪费的关注。

此外，食品安全和质量标准可能会将对人类安全的食品从供应链中剔除。虽然大多数法规都是为了确保消费者的安全，但事实证明，"最佳日期"通常没有真正的卫生依据。美感缺陷，例如蔬菜的形状或颜色缺陷，会产生大量的垃圾，这对任何人的健康都没有益处（Gustavsson等，2011）。在消费者层面，不充分的购买计划和未在过期日期前食用食品也会导致浪费。

减少粮食损失和浪费有助于提高畜牧业供应链的整体利用率，并减少温室气体排放。它还可以提高获取粮食的机会，改善粮食体系对气候变化的抵御能力，但针对粮食浪费的行动需要供应链中从生产者到消费者的所有行为者的共同努力。例如，政府与私营部门合作，可以为农产品的运输、加工和储存建立或改善基础设施和储存设施。它们还可以通过适当的监管和增强消费者的意识而带来改变。根据丹麦的例子，Halloran等（2014）得出结论，第一步是所有行为者采取粮食系统方法，并相应地规划所有举措、研究和干预措施。在发展中国家，农民组织发挥着至关重要的作用，同时还需要对基础设施、运输、食品工业和包装进行投资（联合国粮农组织）。

12.6　结论

可持续发展目标12旨在促进可持续的消费和生产。畜牧业供应链需要大量资源，如大量的土地、水、营养物质和能源等，并大大增加了温室气体排放量。不可持续的生产和消费不仅造成资源的低效率利用，而且还造成经济机会的丧失、环境破坏以及贫困和健康问题。有许多机会和现有技术可以通过提高利用率来提高畜牧业的可持续性。改善动物健康、饲养、繁殖方式、粪便管理和放牧管理有助于缩小所有生产系统和地区的产量差距。减少供应链各个阶段的浪费和损失可以促进发展。然而，在当地环境实施支持性政策和建立基础设施来鼓励采用和实施新技术将是一个重大挑战。

13 气候变化及其影响

13.1 引言

联合国认为，气候变化是发展面临的最大威胁。2016年是有记录以来最热的一年，也是第三个破纪录年份。2016年，大气中的平均二氧化碳浓度超过了百万分之400的标志性阈值，这是有史以来（超过65万年）第一次达到这样的水平。如今，二氧化碳浓度的增长速度比上一次冰河时代结束时快100多倍。气候变化对农业和粮食安全的影响令人担忧，这种广泛的、前所未有的影响给最贫困和最脆弱的人群带来了极大的负担。

可持续发展目标13旨在加强应对气候相关危害和自然灾害的恢复力和适应能力。其第二个目标是将气候变化措施纳入国家政策、战略和规划，这意味着不仅要提高各国适应气候变化及其不利影响的能力，还要促进绿色低碳发

展。可持续发展目标13的目标还包括提高对气候变化的认识、教育和能力开发。气候变化直接影响牲畜（例如通过热应激增加发病率以及死亡率），也间接影响牲畜（例如通过影响饲料、饲草的质量和供应能力以及动物疫病来影响牲畜）。小规模畜牧饲养者、渔民和牧民是最容易受到气候变化影响的群体。然而，可以选择采取广泛的适应性措施来应对气候变化，包括水源管理，培育动物和饲料品种以抵抗干旱、炎热和恶劣环境，提供冷却或遮阳设施以及促进农场内外的多样化经营。也可以考虑选择其他制度，如收入稳定计划或保险计划。

同时，畜牧业对气候变化也有很大的贡献。根据政府间气候变化专门委员会（IPCC，2014）的数据，2010年牲畜粪便和肠道发酵直接产生的温室气体（GHG）排放量为240亿吨二氧化碳当量（CO_2eq），约占农业、林业和其他土地利用排放总量的21%，约占人类活动产生的温室气体排放总量的5%。联合国粮农组织估计，使用二级方法（IPCC，2006）和生命周期评估方法，畜牧业间接产生的排放（如饲料生产、加工和运输以及农场内外使用的能源等）会导致畜牧业供应链的排放量达到人类活动产生的排放总量的14.5%（Gerber等，2013）。然而，在动物饲养、健康管理方面采用现有的最佳做法和技术，加上改进的粪便管理，可以使全球畜牧业更加灵活，并将其温室气体排放量减少30%。此外，牧场的生物量和土壤中的碳固存可以大大抵消畜牧业的温室气体排放。

13.2 气候变化以多种方式影响畜牧业生产

气候变化以多种方式直接或间接地影响畜牧业生产，例如通过大气中二氧化碳浓度的增加、降水的变化和温度的波动等方式。最重要的影响体现在动物生产力、饲草和饲料作物产量、动物健康和生物多样性方面，如图13-1所示。

气候变化对动物的影响在一定程度上是可以量化的。例如，2015年5月温度超过40℃的热浪在印度杀死了1 700多万只鸟（路透社，2015）。根据一项行业调查，在较热的南欧国家，奶牛有一半以上的时间遭受热应激，估计牛奶损失高达5.5千克/(头·天)（拉曼动物营养，FeedInfo，2015）。在意大利，Crescio等（2010）报告说，高温和空气湿度可能导致牛的死亡率增加60%。在过去20～30年的严重干旱事件中，撒哈拉以南非洲的各个国家有20%～60%的牛群损失。在南非，Niang等（2014）预测，在某些气候变化的情况下，乳制品产量可能会减少10%～25%。同一作者报告的另一项案例研究估计，在博茨瓦纳通过打井向动物供水的成本将上升23%。

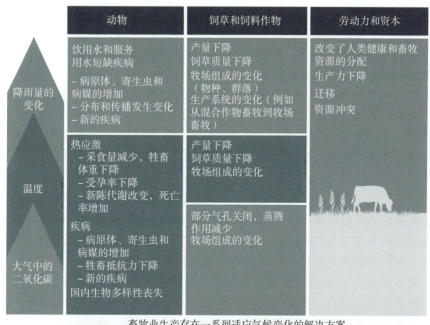

畜牧业生产存在一系列适应气候变化的解决方案

图13-1 气候变化对畜牧业的影响

资料来源：改编自Thornton等，2009年；世界自然保护联盟，2010年；Niang等，2014年。

气候变化对动物健康的影响也有记载，特别是关于病媒传播的疾病，因为温度上升会增加病媒和病原体在冬季的存活时间。预计西尼罗河病毒和血吸虫病等疾病将扩大到新的地区，蓝舌病或莱姆病也是如此。东非裂谷热的暴发也与厄尔尼诺-南方涛动事件导致的降雨和洪水增加有关（Lancelot等，2008；Rosenthal，2009；Porter等，2014）。

尽管气候因素（主要是温度）和二氧化碳浓度之间的复杂互动导致了不确定性，但对饲料作物和草料的影响，以及在较小程度上对草地的影响也已经被量化。温度升高和降水减少对产量有直接的负面影响，干旱事件中的记录可以显示出饲料产量的大幅下降，例如2003年夏天法国的青饲料出现了60%的赤字。气候变化还可以通过C3植物向C4植物转变、灌木覆盖率增加、木质化和植物次生代谢物（如单宁、生物碱和皂苷）增加以及植物组织在较高温度下发生变化等影响饲料质量（Wilson等，1991）。由于降水变化的增加，霉菌侵袭和饲料资源污染的增加也会影响饲料和食品安全。

需要对气候制约下的畜牧业生产进行更多评估，以支持提高该部门恢复力的政策（IPCC，2014）。特别地，要对畜牧业生产系统的总体影响进行建模和量化，仍然需要克服一些挑战（Thornton等，2015）。首先，区域气候情景变得越来越容易获得，但仍有很大的不确定性，这限制了我们在气候变化下模拟畜牧生产力的能力。在广泛的放牧系统中，对牧场初级生产力、草种组合和承载能力的影响仍然是未知的。此外，大多数模型没有考虑到管理问题，这导致了大量的栖息地缓冲区。其次，虽然动物疫病受到气候变化的影响，但应该对动物疫病未来的分布模式进行建模，以了解其对情景和预测的影响。最后，对地下水供应的影响也是需要进行更多评估的领域，特别是在放牧系统中。

家畜对气候冲击的脆弱性首先取决于其暴露程度：冲击的持续时间、频率和严重程度；以及家畜和相关资产的位置，如饲料、住房、供水点等。这在很大程度上也取决于家畜的敏感性：它们的种类或品种，使用的住房或饲养系统，它们的健康状况（如接种疫苗的频率），以及它们在粮食安全和生计方面对家庭的重要性（ICEM，2013）。此外，许多其他因素也会增加家畜对气候变化的脆弱性，特别是在半干旱地区和干旱地区。这些因素包括牧场退化、放牧区分割、土地使用权的变化、冲突和对土地的不安全使用，以及最终市场（饲料、畜牧产品的作物残留及副产品的可用性）。

13.3 支持畜牧业的适应性

畜牧业的适应能力取决于所使用的生产系统，包括物种和品种的选择、替代饲料资源的可用性或适应性、动物的可及性（健康或推广服务）、对疫病反应的类型或效率（监测、补偿计划等）以及家庭收入水平（ICEM，2013）。畜牧业有一系列不同规模的适应方案（图13-2）：动物、饲养或畜舍系统、生产系统和机构。在市场整合度低的小规模畜牧业生产和高度整合的大规模生产之间也有区别。

特别地，畜牧饲养以及耐受性强的饲料作物和草料是增强对气候变化的抵御能力的关键因素。许多家畜品种已经能很好地适应高温和恶劣的环境，但对这些品种的广泛宣传以及将这些品种纳入育种计划受到限制，因为它们在结构化育种计划中的特征和改良程度有限（Madalena，2008），此外这些品种还受到贸易限制（Gollin等，2008）。适应性状比生产性状更难研究和记录，遗传率较低，非加性遗传变异和表型变异水平较高，而且更容易受到基因型与环境的相互影响（Frankham，2009）。

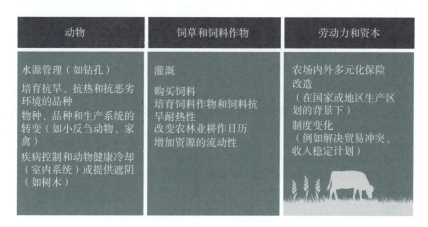

动物	饲草和饲料作物	劳动力和资本
水源管理（如钻孔） 培育抗旱、抗热和抗恶劣环境的品种 物种、品种和生产系统的转变（如小反刍动物、家禽） 疾病控制和动物健康冷却（室内系统）或提供遮阴（如树木）	灌溉 购买饲料 培育饲料作物和饲料抗旱耐热性 改变农林业耕作日历 增加资源的流动性	农场内外多元化保险改造 （在国家或地区生产区划的背景下） 制度变化 （例如解决贸易冲突、收入稳定计划）

图13-2　畜牧业部门的气候变化适应方案

资料来源：改编自Thornton等，2009年；世界自然保护联盟，2010年；Niang等，2014年。

气候变化的速度可能超过了品种的遗传适应能力，也超过了饲养者调整管理策略的能力。在某些地方，这可能会打破当地牲畜与其生产环境之间的适应性联系。如果发生这种情况，那么调整生产系统和动物遗传资源管理将是一个重大挑战，并可能增加将更适应的物种和品种转移到新地区的需要。为确保引进新品种的计划，考虑气候和其他农业生态、社会经济条件及其预测的未来趋势是至关重要的。引进到新区域的品种应该具有一系列有利的特性，因为只考虑一种特性而引进的品种还尚未成功（Blackburn和Gollin，2008）。

此外，还需要改善与气候变化相适应的投入和畜牧业服务的获取。在动物遗传多样性方面，这需要更好地描述品种、生产环境和相关知识；编制更全面的品种清单；改进监测和应对遗传多样性威胁的机制；针对高产出的适应性特征和适应当地品种的性能特征制订遗传改良计划；更有效的就地保护和异地保护措施；增加对发展中国家管理动物遗传资源的支持；以及更广泛地获取遗传资源和相关知识。

灌溉饲料作物和草地以及购买饲料是农场层面短期适应的直接应对机制，但也有长期的选择，如培育饲料作物和草料以提高用水效率、抗旱、抗盐和抗涝能力。更多的系统性适应措施，如草原修复或组成多样化，用饲料树和豆科灌木进行农林复合，提供替代性饲料资源等；遮阴和保水措施以及动物和饲料的流动性，也是长期的解决方案。在放牧生产系统中，这些长期战略解决了稀缺饲料资源的可变性，同时也提供了其他类型的环境服务，如减少温室气体排放和加强生物多样性保护。这些战略尤其重要，应该得到公共政策的支持。

多样化是适应气候变化的一个重要因素，在农牧业混合系统中，通过增加品种、物种或加工产品，以及在农场外寻找收入来源或寻找农业以外的工作来实现多样化（Thornton 和 Herrero，2014）。然而，多样化非常依赖于环境，要在农场层面上实现多样化，需要克服诸如获取信息和初始投资成本高等困难。家庭收入多样化并不限于发展中国家（Kurukulasuriya 和 Rosenthal，2013），在加拿大和爱尔兰等国也可以看到。家庭收入多样化需要有利的政策，如培训、信息传播和支持服务等。

影响评估是制定长期应对气候变化适当政策的先决条件。政府间气候变化专门委员会的第四次和第五次评估报告强调，需要建立影响评估框架，用于估计适应方案的成本和效益。这类框架应特别关注草料和饲料来源，这对更好地评估畜牧业的适应需求至关重要。卫星图像的发展也可以通过监测土壤湿度、叶面积指数，以及通过对干旱的红外成像或跟踪牧场和供水点来实现放养密度和流动性的季节性调整从而促进这一工作。它们代表了早期预警系统的重要潜在组成部分。最后，需要更好的信息来了解适应性反应，适应性反应不仅包括对气候压力的反应，还包括对营养和疾病等相关压力的反应。

畜牧业也可以成为适应气候变化的工具。传统上，家畜饲养者有能力适应生计危机，在某些情况下，饲养家畜本身就是一种适应战略，特别是在牧场社区，家畜一直是克服恶劣气候条件的主要资产（世界自然保护联盟，2010；Scoones，1996；Ashley 和 Carney，1999）。畜牧业可以作为一种多样化战略，并在农作物歉收的情况下管理风险（Jones 和 Thornton，2009）。

在撒哈拉以南非洲的干旱地区，de Haan 等（2016）表明，气候驱动的生物量变化带来的冲击可以通过动物移动、调整饲料篮子、健康干预和动物市场收购来缓冲。Mottet 等（2016）在赞比亚证实了这些观察结果，表明与没有家畜的家庭相比，有家畜的家庭在干旱年份的收入更高，收入变化更小。在赞比亚，Arslan 等（2017）利用综合数据，证明了包括畜牧业多样化在内，在面对日益频繁和强烈的极端天气事件时，多样化可以在减少粮食不安全和脆弱性方面发挥重要作用。

13.4　畜牧业为气候变化做出了重大贡献

联合国粮农组织估计，2010年畜牧业供应链的排放量约为800亿吨二氧化碳当量（GLEAM 2.0，2017）。其中牲畜肠道甲烷和粪便管理的直接排放量为420亿吨二氧化碳当量。此外，动物饲料和草料生产的排放量为330亿吨二氧化碳当量（占总数的41%）。农场和供应链中使用的能源以及动物产品加工和运输的排放占总量的4.7%（图13-3）。Gerber等（2013）利用联合国政府间气候变化委员会提供的最新人类活动产生的排放总量估算，估计畜牧业排放量占全球排放总量的14.5%。牛肉和牛奶是总排放量最高的两种产品，分别为300亿吨和160亿吨二氧化碳当量。其次是鸡肉和鸡蛋，为83亿吨，猪肉（82亿吨），水牛肉和奶（70亿吨），以及小反刍动物肉和奶（50亿吨）。剩余的排放量由其他家禽和非食用产品产生。

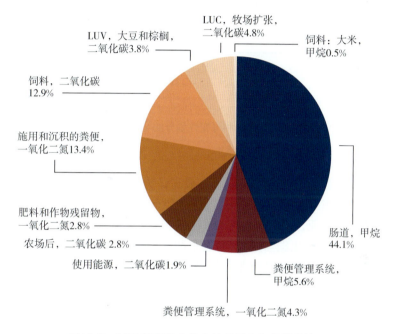

图13-3　2010年畜牧业供应链的温室气体排放情况

资料来源：GLEAM 2.0，2017年。

比较不同商品排放表现的一种方法是以生产的蛋白质来表示排放量。这样一来，水牛肉是排放强度最高的产品，每千克蛋白质平均排放404千克二氧化碳当量，其次是牛肉，每千克蛋白质平均排放295千克二氧化碳当量。小反刍动物的肉和奶以及水牛奶的排放强度分别为每千克蛋白质排放201、148和140千克二氧化碳当量。牛奶、鸡肉、鸡蛋和猪肉的排放强度较低，都低于每千克蛋白质排放100千克二氧化碳当量。生产者之间的排放强度差别很大，特别是在甜食产品方面（图13-4）。这反映了不同的农业生态条件、耕作方式和供应链管理。正是在这种高低排放强度之间的差距中，可以找到减少二氧化碳排放的机会。

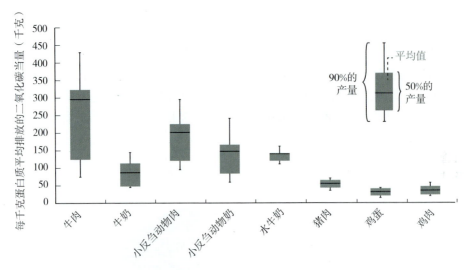

图 13-4 按商品和可变性划分的全球排放强度

资料来源：联合国粮农组织，2018年。

拉丁美洲和加勒比地区的排放水平最高，为190亿吨二氧化碳当量，主要来自牛肉生产。东亚和东南亚的排放量超过160亿吨二氧化碳当量，是第二高的地区；其次是南亚，为150亿吨二氧化碳当量。北美和西欧的排放水平大致相同（约60亿吨二氧化碳当量），而近东和北非地区的排放水平相似，但蛋白质含量不到一半。撒哈拉以南非洲的排放量约为40亿吨二氧化碳当量，而东欧、大洋洲和俄罗斯联邦的排放量低得多（为10亿～20亿吨）。

13.5 效率是减少排放和建立恢复力的关键

仅仅通过更广泛地使用现有的最佳做法和技术，就可以大大降低畜牧业的排放。实际上，如果任何特定系统、地区或气候区的生产者采用其行业中所使用的排放最少的技术和做法（以每单位动物产品计算），那么就有可能减少30%～35%的温室气体排放量。所有物种、系统和地区都可以实现大幅度的减排。

有大量证据表明，畜牧业可以为减缓温室气体排放做出贡献。这些证据从覆盖地球陆地面积25%的草地的碳固存到非二氧化碳排放，包括肠道甲烷、饲料生产中的一氧化二氮，草地和大田作物的肥料管理和施用产生的甲烷和一氧化二氮（Hristov等，2012）。一系列缓解技术可以带来巨大的环境效益（Gerber等，2013；Mottet等，2016），畜牧业生产系统中可行的技术干预可以将家畜的影响减少14%~41%。

减少排放的可能干预措施主要基于提高畜牧业生产效率的技术和实践，包括更好的饲养方法、畜牧业和健康管理。确保粪便中的营养物质及能量的回收和循环利用，以及供应链上的能源节约和再循环，是进一步的减排方案。这种干预措施通过减少排放和提高产量，将对粮食安全做出重大贡献。通过更有效地利用自然资源，还能使系统对冲击有更强的恢复力。

这些办法的实施需要技术和知识的转让，以及正确的激励措施和有利的监管体系。全球环境已经发生了变化，变得更有利于畜牧业为减缓气候变化及其影响做出贡献。首先，随着法国"千分之四"倡议和全球甲烷倡议等项目的开展，土壤碳和肠道甲烷最近进入了气候政策和资金对话的范畴。至少有92个国家已将畜牧业纳入其国家意向性贡献（INDCs）（联合国粮农组织，2016e）。虽然这基于复杂的生物物理和生态逻辑过程，但全世界对改善饲料质量和放牧益处有了更好的理解和认可。公众也更加关注环境，对生态系统服务的需求也在增长，包括对减缓气候变化的需求。最后，政策制定者越来越意识到畜牧业在经济增长、社会效益和环境服务方面带来的多重机遇。

13.6　结论

可持续发展目标13呼吁采取紧急行动，以应对气候变化及其影响。畜牧业与气候变化之间的关系有两方面。一方面，畜牧业对气候变化做出了重大贡献。2010年，畜牧业直接排放的温室气体达240亿吨二氧化碳当量，约占农业、林业和其他土地使用的排放总量的21%，占人类活动产生的温室气体排放总量的5%。另一方面，气候变化影响畜牧业生产，例如，影响饲料和草料的质量和可用性，以及动物疫病的发病率和流行率。有一些技术性的缓解和适应方案可以用来提高自然资源的利用效率。然而，还需要采取超越农业本身的措施，这些措施包括机构改革、灾害风险管理和社会安全网等。

14 畜牧业与水生生物

14.1 引言

    世界上超过30亿人依靠海洋和沿海生物多样性为生，这些人日常生活里摄入的动物蛋白中有接近20%来自鱼类。此外，鱼类还提供人体必需的脂肪（如长链ω-3脂肪酸），以及维生素A、B族维生素、维生素D、矿物质。少量鱼类的摄入对那些素食者非常有益。然而，全球海洋鱼类在生物多样性和食品安全方面正面临严重威胁。造成以上压力的主要原因是渔业的过度捕捞，过度捕捞直接影响了鱼类种群的规模和生存能力、目标物种遗传学及所处食物链与生态系统。全球渔业的很大一部分已转变为可作为动物饲料的鱼粉和鱼油，继而对水生和海洋生态系统的健康产生影响。大量水域被其周边畜牧业和工业产生的废水所污染，这对环境保护和人类健康都具有深远的影响。

©联合国粮农组织/Sia Kambou

　　可持续发展目标14寻求促进海洋和沿海生态系统的保护和可持续利用；防止海洋污染；增加小岛屿发展中国家（SIDS）和最不发达国家（LDCs）可持续利用海洋资源的经济效益。在过去的几十年里，取得了一些进展，鱼粉在牲畜饲料中的使用已经大幅减少。这主要是因为植物类产品和合成氨基酸（如赖氨酸和甲硫氨酸），以及酶（如植酸酶和非淀粉多糖降解酶）已成为可用的饲料添加剂。在最新的进展中，利用海藻和藻类副产品生产牲畜饲料，预计将进一步减少鱼粉的使用。海藻作为促进牲畜健康和生产以及减少肠道甲烷的生物活性化合物的来源，也可用于增强畜牧业生产系统的可持续性。牲畜饲料和油生产对海藻的需求不断增加，可能会刺激海藻水产养殖业的发展（图14-1）。

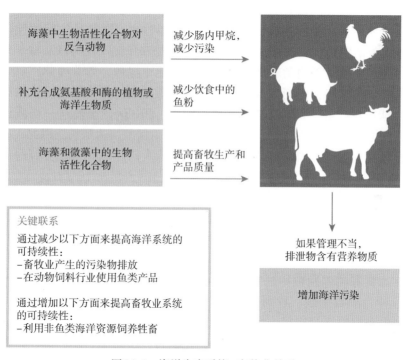

图14-1　海洋生态系统-畜牧业关系

资料来源：联合国粮农组织，2018年。

　　然而，过度开发可能会影响海洋生物多样性。畜禽粪便中的养分泄出和析出对沿海海洋鱼类有严重的有害影响。改善畜牧养殖场的废物管理是减少河流营养物负荷的一种经济有效的方法，而河流营养物负荷往往最终进入海洋系统，并导致沿海富营养化。同样的，减少来自畜牧业的肠道甲烷和肥料产生的甲烷将有助于缓解全球变暖导致的海洋酸化，而海洋酸化可能对海洋生物多样性和海洋食物链产生不利影响。下面的讨论围绕加强海洋系统的可持续性展开，方法是限制在牲畜饲料中使用鱼粉，减少畜牧业产生的污染物，并将一些海洋植物资源用于牲畜饲料。

14.2 畜牧业和海洋生物的枯竭

近几十年来，全球鱼类资源面临的压力一直在持续增加。2013年全球当年的捕捞量占海洋生物总数的58%，渔业产量已达到饱和，其中的31.4%为过度捕捞，海洋生物只有在被捕捞后充分补充鱼苗的情况下才能增产。此外，产量最高的十种鱼类几乎占世界海洋捕捞量的三分之一，这是不可持续捕捞的明显证据（联合国粮农组织，2016e）。世界上有很大一部分鱼类被加工成鱼粉（主要用于高蛋白饲料）和鱼油（主要用作水产养殖的饲料添加剂，但也用于人类消费），但这一比例正在下降。鱼粉和鱼油不仅可以从整个鱼类中生产，还可以从鱼类边角料或其他鱼类副产品中提取。尽管如此，对鱼粉和鱼油的总体需求仍在不断增长，这是海洋资源枯竭的重要原因。猪和鸡目前使用全球鱼粉产量的27%（联合国粮农组织，2014b），虽然这一份额正在下降，但该份额下降的主要原因是水产养殖及其份额的快速增长。因此，确定和使用畜牧业和水产养殖的替代饲料来源可以大大防止海洋生物资源的进一步枯竭。

目前已经取得了一些进展。例如，挪威的鲑鱼养殖所使用的饲料中的鱼粉含量较20年前减少了50%，因为其中使用的植物蛋白含量有所增加（Miladinovic，2015）。其他鱼类（如鲤鱼、罗非鱼、鳟鱼、鳗鱼和虾）的饲料中的鱼粉也有所减少（Tacon和Metian，2008；Tacon和Metian，2015），鱼粉在家禽和猪养殖业中的使用量也大幅下降（联合国粮农组织，2006a）。添加各种合成氨基酸，特别是赖氨酸和甲硫氨酸，以及添加植酸酶和非淀粉、多糖降解酶混合物等，可加强多种动物饮食中植物性饲料的使用。替代饲料资源，如海藻和其他藻类副产品、昆虫粉、生物燃料副产品、蛋白质分离物、蛋白质水解物和废弃食品等，也可以在水生物种和牲畜的饲料中取代鱼粉，并受到越来越多的关注（Makkar，2014；Makkar等，2014；Tran等，2015）。

通过水产养殖业与其他农业（如种植业和畜牧业）有机结合来生产鱼类。这些系统可以通过这样一种方式互连，即一个子系统的副产品或废物可以成为另一个子系统的有价值资源。这优化了农场对土地和水资源的利用，促进产量最大化和多样化，并最大限度地降低了财务和劳动力成本（Sasikala等，2013）。这样的系统比孤立的养殖业、种植业、畜牧业更具可持续性。以这种方式养殖水产有望减轻海洋鱼类的压力。替代饲料和系统可以大大促进海洋资源的可持续发展和利用，并使畜牧业生产更可持续。

14.3 畜牧业和海洋污染

如果处理不当，牲畜粪便中的养分流出和浸出会造成严重的环境后果，并可能危害沿海海洋鱼类（IAASTD，2009）。浸出率因气候和土壤条件而异，而气候和土壤条件在国家或地区之间可能存在很大差异（de Vries 和 de Boe，2010）。因此，减少沿海富营养化的最佳解决办法必须根据具体情况，并结合土地和土地使用数据来制定。在牲畜密度较高的地区，改善废物管理（可持续发展目标7）是降低河流氮负荷的一种经济有效的方法，否则河流中的氮最终会进入海洋系统，导致沿海富营养化（Arheimer 等，2004）。

目前最大的任务是根据发展中国家的实际情况，应用和调整现有的技术，以此来减少营养污染和保护海洋资源。一种方法是对农业工业废水使用植物净化综合系统（ISP）。ISP性能已在各种生产系统上进行了测试，在去除海洋系统中的化学需氧量（COD）物质方面，其平均效率值远高于85%（Petroselli 等，2016）。ISP中使用的植物之一，是一种来自欧洲的入侵物种，即芦苇（*Phragmites australis*）。但是引进外来物种，一个显著的缺点是会对当地生物多样性造成很大威胁（在美国，芦苇每年造成的经济损失超过 1 200 亿美元）（Pimentel 等，2005）。然而，芦苇可以通过采取一种简单、经济的方法来解决，即牲畜放牧。田间试验表明，山羊轮牧（山羊别无选择，只能放牧芦苇）可以使普通芦苇覆盖率减少80%，奶牛和马也喜欢这种植物（Silliman 等，2014）。

大型家养食草动物（如牛、马、绵羊和山羊）放牧不仅能有效抑制优势植物（Esselink 等，2000），还能通过生产有价值的商品（如肉类、牛奶、皮革和羊毛）来支持当地经济，从而对人类产生互惠的积极影响。在防止该物种过度传播的同时，采用两种缓解系统（在海洋系统中使用芦苇来抵御COD，并将芦苇用作动物饲料）可以帮助减少污染物，同时增加牲畜产量，这是一种双赢的组合。类似地，浮萍和红萍等水生植物也可用于降低受污染水中的COD，它们不仅是良好的牲畜和鱼类饲料，还可作为生物燃料的原料（联合国粮农组织，2012c，2014；Muradov 等，2014；Makkar 等，2016）。

然而，还需要做更多的工作来减少水生污染，尤其要采取措施防止牲畜生产增加流入水道中的养分。生产饲料需要大量的自然资源，也需要大量的肥料、杀虫剂、除草剂和其他化学品（联合国粮农组织，2016g）。如果过度使用和管理不当，那么它们会流入河道和水体，最终污染海洋。因此，提高饲料生产效率，相应减少化学品和肥料的使用，可以大大减轻对海洋生态系统的损害。

饲料生产的另一个问题是，它产生的甲烷与动物的肠道甲烷占畜牧业甲烷总量的近85%（Gerber等，2013）。甲烷是一种温室气体（GHG），可导致全球变暖和海洋酸度升高，会对海洋生物造成严重影响。关于减少畜牧业污染物的进一步讨论，读者可参阅关于气候变化及其影响的章节。联合国粮农组织的"蓝色增长倡议"（联合国粮农组织，2016f）采用整体方法，加强了包括畜牧业和渔业在内的不同生产部门之间的合作，旨在更有效地进行沿海和流域规划。支持该倡议也将有助于减少畜牧业对渔业的不利影响。

14.4　畜牧业和海洋资源

海藻养殖为渔业和畜牧业可持续发展做出了重要贡献。一些海藻是蛋白质和生物活性化合物（包括益生元）的良好来源，可以通过可持续的方式增加产量。海藻也是各种矿物质的来源，可添加到水生物种和牲畜的饲料中，提高其生产力，节约有限的陆地矿物资源（Makkar等，2016）。用于生产生物油的藻类也可以在海水中生长。生物油可以被加工成生物燃料（有助于促进可持续发展目标7），而任何藻类残留物都可以作为鱼类和牲畜饲料中的蛋白质来源，从而减少可以导致海洋过度开发的鱼粉的使用（Oilgae，2016）。到目前为止，鱼油已被用于养殖鱼类的饲料中，特别是鲑鱼，以增加鱼类肌肉中的ω-3脂肪酸（被认为对人类健康有益）。现在，尽管速度缓慢，但鱼油正被藻类、藻类微生物和富含ω-3的植物油所取代，因为它们具有相同的功效（Lenihan Geels等，2013；Ji等，2015）。此外，向反刍动物喂食海藻和大型海藻产品可有效减少瘤胃发酵产生的肠道甲烷排放（Li等，2016），减轻牛和其他放牧动物的环境污染（与可持续发展目标13协同作用）。最后，对海草和家畜饲料用油的需求增加可鼓励最不发达国家和小岛屿发展中国家发展海草水产养殖业。然而，过度开发海藻可能也会影响海洋生物多样性（与可持续发展目标15进行权衡）。

14.5　结论

可持续发展目标14旨在促进海洋和沿海生态系统的可持续利用。世界海洋物种正面临严重威胁，主要威胁是鱼类的过度开发，影响野生鱼类种群的大小和生存能力、目标物种的遗传以及它们的食物网和生态系统。在世界渔业产品中，加工成鱼粉（主要用于高蛋白饲料）和鱼油（主要用作水产养殖的饲料添加剂，供人和牲畜食用，或作为医药产品）的比例很大，但目前这个重要的生产比例正在下降。鱼粉和鱼油可以从整个鱼类边角料或其他鱼类副产品中获得。2012年，全世界约35%的鱼粉产品来自鱼的边角料。更有效的海岸或流域规划和不同部门（畜牧业、饲料生产和水产养殖）之间的密切合作将有助于提高陆地和海洋粮食系统的可持续性。然而，将其转化为大规模应用的技术还处于初级阶段。

15 畜牧业与陆地生物

15.1 引言

可持续发展目标15是以良好的生态系统可以保护地球和维持生计的理论为基础的。陆地淡水生态系统，特别是森林、湿地、山区和旱地，对生物多样性做出了重要贡献，并提供了无数的环境产品和服务。它们有助于体面的生计，同时可提供清洁的空气和水，保护生物多样性，缓解气候变化。然而，在全球范围内，自然资源正在恶化，生态系统正在退化，生物多样性正在丧失。自然生态系统破坏的主要原因是土地使用的变化：例如，1990—2015年，世界森林面积占总土地面积的比例从31.7%减少到30.7%。这一损失主要归因于将森林转用于其他土地用途，如农业和基础设施（联合国，2016d）。

可持续发展目标15主要聚焦于生物多样性和土地利用，旨在加强各类环境的生态系统服务，并在保护生态系统和遗传资源、恢复土地、停止滥伐森林

© Werner Lampert GmbH/Ramona Waldner

和防治荒漠化等方面都有明确的目标。由于许多两栖动物、鸟类和哺乳动物正走向灭绝，所以可持续发展目标15对阻止生物多样性丧失的关注正值关键时刻。千年生态系统评估（2005）确认了生物多样性丧失的五个主要直接驱动因素：栖息地变化、气候变化、污染、过度开发和物种入侵。根据《生物多样性公约》（CBD，2014），预计70%的陆地生物多样性损失与农业有关。虽然在亚马孙等地，森林栖息地的丧失已经显著减缓，但在许多其他热带地区，森林砍伐仍在增加，包括草原、湿地和河流系统在内的所有类型的栖息地继续处于支离破碎和退化的状态。农业、水产养殖和林业的不可持续做法正在推动持续的环境退化和生物多样性丧失（CBD，2014）。

畜牧业生产无处不在，高达25%的地球土地面积被牧场覆盖（牧场包括自然牧场、热带稀树、草原、灌木丛、一些沙漠、高山地形、沼泽和草地）。牲畜占据了该地区约70%的面积（Mottet等，2017），而33%的农田用于饲料生产。近年来，人们越来越关注畜牧业对生物多样性、土地利用和气候变化的影响。然而，畜牧业对环境是否有利不仅取决于使用的生产系统的类型，还取决于使用的方式。

尽管有许多协同作用，但自然生态系统和农业生产系统常常被认为是相互排斥的。然而，这种观点不仅忽视了畜牧业和其他农业系统提供的生态系统服务，也没有考虑到农业生物多样性对总体生物多样性的贡献。很少有人意识到许多"自然"生态系统与农业和畜牧业共同进化（Biggane和McCracken，1996；Benton等，2002；联合国粮农组织，2014c；DeVries等，2002）。在考虑畜牧业在陆地生态系统管理中的作用时，必须考虑到所有的环境因素并在各种环境因素间做好权衡。例如，乌拉圭最近的一项研究得出结论，集约化畜牧系统与粗放型畜牧系统相比，会对环境造成更大的破坏，但这是在比较了它们的碳平衡、土壤侵蚀、营养物质和能源使用之后得出的（Modernel等，2012）。Dikshit和Birthal（2013）量化了畜牧业对印度混合农业系统的有益贡献。在2014年的一项研究中，联合国粮农组织强调了支持、调节和栖息地生态系统服务的相互关联性。

本章提供了畜牧业对砍伐森林、沙漠化、土地退化和生物多样性的正面影响和负面影响的证据，这取决于土地的使用方式和实施何种畜牧系统。本章也描述了除影响生物多样性之外，畜牧业实际上是生物多样性的一个组成部分，并提供了宝贵的生态系统服务。最后一节举例说明了土地利用、生态系统服务和生物多样性之间的协同作用，并给出了结论。

15.2 畜牧业和生态系统服务

可持续发展目标15与畜牧业提供的调节和支持的生态系统服务直接相关，

因为这些服务与土地、植被、土壤和栖息地存在直接的相互作用。千年生态系统评估将生态系统服务定义为人类从生态系统中获得的好处。生态系统服务包括食品和营养、毛皮和纤维、水和各种原材料等的供应服务；缓解气候、疾病和废弃物影响并维持水质的调节性服务；提供娱乐、艺术和精神福利的文化服务；以及土壤形成、杂草控制和养分循环等的支持服务。其他分类将栖息地服务与支持服务分开，以强调地貌（包括农业地貌）在生物多样性和为野生动物提供栖息地方面的作用（联合国粮农组织，2014c）。

大多数监管和支持服务产生于动物与其环境的直接相互作用，因此与土地管理实践有关，特别是在放牧系统中。例如食草动物可以影响植物物种之间的竞争，因此它们的选择性放牧行为、养分再分配（粪便和肥料）、踩踏和种子散播有助于决定草地群落的结构（Wrage等，2011）。在畜牧业提供的生态系统服务中，联合国粮农组织（2014c）强调了其重要性，主要包括：废物回收和杂草控制；生物控制，动物疾病或人类疾病管理；保持土壤结构和肥力（养分循环和分配、有机质等）；防止土地退化和沙漠化；气候调节；水资源和水质管理；缓和极端事件（控制和维持灌木防火带，预防滑坡和雪崩）；授粉和种子传播；栖息地服务（促进动物和植物的生命周期，防止由于不受欢迎物种入侵导致的向低价值的生态系统状态过渡，以及保护共同进化环境中的野生动物和保护区）。

有研究报告（联合国粮农组织，2014c）称，保护区经常通过牲畜放牧来改善生态系统服务的供应。这表明畜牧业生产和自然保护的目标不一定是对立的。如前所述，作为农业生态系统的组成部分，畜牧业是生态系统服务的提供者；但作为人类活动的一部分，它们显然也是服务的消费者，如自然生物质产品、水资源、土壤结构和肥力。供应和消费之间的平衡差别很大，这取决于生产制度。在供应服务和其他类别之间经常存在另一种取舍：例如，当合成营养物质和防治虫害剂的投入增加时，集约化系统往往以牺牲监管和支持服务为代价生产更多的粮食。关于畜牧业提供的文化服务，联合国粮农组织的研究表明，文化多样性、地貌异质性和生物多样性之间存在积极的关系。

15.3　畜牧业和生物多样性

2014年，生物多样性公约秘书处（SCBD）评估了实现《2010—2020年生物多样性战略计划》的中期进展。SCBD的主要发现是，基于当前的社会经济趋势，生态系统的压力将继续增加，从而导致生物多样性的下降。因此，秘书处呼吁采取更多行动，以保持该计划的正常进行，同时指出了恢复农业地貌生态系统服务的重要性。畜牧业显然在这方面发挥着重要作用。

畜牧业与生物多样性之间的复杂关系如图15-1所示。本章侧重于栖息地变化，而畜牧业对气候的贡献已经在可持续发展目标13中进行了更详细的讨论，畜牧业和污染也在其他的可持续发展目标中进行了讨论。由于畜牧业对生物多样性的影响有内在的复杂性和缺乏公认的指标，所以其在畜牧业部门的环境评估中受到的关注少于温室气体排放等其他标准。尽管如此，畜牧业对野生物种及其栖息地仍有相当大的影响（包括正面和负面），因此必须加大力度监测其影响（联合国粮农组织，2016h）。

图15-1 评估畜牧业对生物多样性影响的原则

资料来源：畜牧业环境评估和绩效（LEAP）合作关系。联合国粮农组织，2016h。

联合国粮农组织上述研究的标题"评估畜牧业对生物多样性影响的原则"说明了畜牧业影响野生生物多样性的方式，并表明压力和益处往往具有双面性。一方面，原始栖息地可能被破坏，如巴西亚马逊河的原始森林转变为牧场或用于种植饲料作物（如大豆）。尽管应该指出，畜牧业并不是森林砍伐的唯一驱动因素（联合国粮农组织，2006b），而且自2004年以来，森林覆盖率一直在显著减少（联合国，2016d）。另一方面，在一些有着悠久放牧历史的地方，独特的生物多样性已使这些地方成为特别适合放牧动物的栖息地。这可能与草食动物是许多生态系统中影响生物多样性的一个因素有关（Frank，2005），在适当管理下，牲畜将取代野生草食动物的角色（Bond和Parr，2010）。关于爱尔兰阿兰群岛传统畜牧系统植物多样性的案例研究表明，中度放牧地区比放牧不足或过度的地区物种更丰富（联合国粮农组织，2016h）。

畜牧业对生物多样性的压力不仅存在于陆地栖息地，水生生物多样性也受到影响，因为农业用水大部分与畜牧业生产有关（Mekonnen和Hoekstra，2012），而且施肥或粪肥的营养负荷影响水质（Sutton等，2013）。最后，畜牧业对导致气候变化的人类活动产生的温室气体排放做出了重大贡献，这是仅次于土地利用变化导致生物多样性丧失的一个日益重要的驱动因素（Alkemade等，2013；Leadley等，2010）。

15.4　畜牧业和土地利用

本节概述了畜牧业作为土地资源的主要使用者，虽然会导致森林砍伐和沙漠化，但也有益于土地恢复。近几十年来，畜牧业一直是全球栖息地变化的主要驱动因素之一。最近对七个南美国家森林砍伐驱动因素的研究（De Sy等，2015）强调了森林砍伐与奶牛牧场扩张之间的关系。1990—2005年，这些国家70%以上的森林砍伐是由于对牧场需求的增加。在此期间，巴西80%以上的森林砍伐与将森林转为牧场有关。

通常来讲，大规模生产系统需要更多的土地来生产一个单位的产品，如牛奶或肉。然而，畜牧业的影响并不局限于它们直接使用的土地面积。它们通过用于生产饲料作物的土地产生的间接影响也是影响陆地生态系统可持续利用的一个主要因素，对森林管理、沙漠化控制和防治土地退化具有深远影响。目前，世界上有三分之一的农田被用于种植动物饲料，而森林等其他生态系统为了提高饲料作物产量而进行的任何额外的转变都将对生态系统服务产生重大影响。尽管一个全封闭、集约化的畜牧场可以通过采取全面的养分回收、水和废物循环利用等措施，将其对环境的影响降至最低，但它仍有可能推动用于生产饲料的土地生态系统服务的改变。

然而，应该注意的是，通常饲养反刍动物比工业饲养的单胃动物需要更少的土地。工业化养猪和养鸡系统主要使用谷物和加工过的农业食品副产品，而在全球反刍家畜系统中，只有不到5%的饲料来自农作物（Mottet等，

2017）。在反刍动物饲养系统中，89%的动物饲料供应来自纤维性饲料，包括草和农作物残留物，而96%的饲料是人类不可食用的（Mottet等，2017）。这对长期存在的"食物与饲料"之争（即人类是否滥用天然植物资源以饲养牲畜）具有重大意义。Mottet等（2017）也表明，用于饲料生产（包括草地、农作物残留物和其他牧草）的57%的土地不适合粮食生产。在全球的大部分地区，以牧场为基础的畜牧业生产系统是唯一的选择。这里要传达的信息是，用于生产粮食作物的土地和用于生产饲料作物的土地之间的竞争没有人们普遍认为的那么激烈。

如果土壤作为碳汇而不是排放源（例如通过砍伐森林），那么用于生产动物饲料的土地可以对碳平衡产生积极影响。农田中很少出现这种情况，尽管保护性农业允许更好的土壤覆盖以促进自然碳捕获。然而，永久性的、管理良好的草地具有最大的碳汇潜力。除了在碳循环中的重要作用外，土地的使用方式还可能对土壤质量、水、小气候和植被产生广泛的环境影响（联合国粮农组织，2016g；Henderson等，2015）。

除了相关的供应服务外，旱地、山区或高纬度地区等农作物生产潜力较差的土地，通常依靠放牧动物来实现许多关键生态系统功能，如种子传播、养分循环、阻止植物竞争和缓解气候变化影响（联合国粮农组织，2013d；2014）。在这些地区，放弃放牧可能对生物多样性产生严重影响（联合国粮农组织，2016h中描述的案例研究4、6和11）。

然而，在许多国家，由于土地退化，许多牧场提供造福人类的生态系统服务的能力受到了威胁。涉及牧场退化的过程仍然知之甚少（联合国粮农组织，2016h）。但是，与土壤气候因素相结合，过度放牧的牲畜（Asner等，2004）在缺乏适当管理的情况下会造成土地损害（联合国粮农组织，2014c）。

事实上，改善世界牧场的管理不仅可以制止土地退化，而且可以扭转土地退化。此外，它还可以在50年内封存120亿～200亿吨碳（假设历史损失的三分之二可以重新封存）（Lal，2003；Henderson等，2015）。固存土壤有机碳的土地利用和管理战略，包括使用适宜的树种造林、用于饲料生产的农田土壤管理（如施用肥料或植被覆盖物）以及牧场管理。

牧场管理办法因地点和地区而异，但可能包括以生态可持续的载畜量来控制放牧、播种豆类和其他改良的放牧品种、规定的焚烧、农林复合经营和侵蚀管理（Abel和Blaikie，1989；Schuman等，2002）。除了促进碳固存外，这些办法还有助于草地的恢复，改善养分循环，并能在不同程度上促进水分的流入，增强对极端天气条件的抵御能力。关于畜牧业使用的土地总量，Mottet等（2017）认为这一数字为25亿公顷，并得出结论，即使饲料利用效率得到适度提高，也可减少其进一步扩张。

15.5 构建协同效应

　　土地利用、森林砍伐、沙漠化、生物多样性和生态系统服务都是相互关联的，但这种关系并不总是直接的。例如，生物多样性的增加是否会导致更多的生态系统服务，在很大程度上取决于所涉及的特定服务类型和特定的生物多样性（CBD，2014）。虽然植物物种丰富度可能会提高天然草地的植被生物质生产力（Grace等，2007），但通过施肥改善草地确实会减少生物多样性，不过可以提高饲料产量、畜牧生产力，从而改善粮食供应（表15-1）。

表15-1　与畜牧业管理有关的做法对生物多样性、提供和调节生态系统服务以及土地恢复的正面和负面影响示例

管理实践	生物多样性	提供生态系统服务	调节和支持生态系统服务	土地恢复
使用多样化、适应当地的品种	++畜牧业多样性是生物多样性不可分割的一部分	++畜牧业多样性促进粮食安全，降低对疾病和气候变化的脆弱性 ++在低投入系统中，选择适应当地的品种通常比高性能的品种产量更高，并且更能抵抗疾病 -高投入系统下的产量低于在最佳条件下选择高性能的品种	++栖息地供应、养分循环和初级生产力	++适应恶劣环境的品种通过践踏、放牧和啃草以及尿液和粪便提供服务 +通过动物的皮毛和粪便跨区域运送种子
混合农作物-牲畜生产系统	++异质地貌提供了多样化的栖息地和资源 --从草地到农田的潜在栖息地转变	++提供动物和植物食品、畜力、纤维、毛皮和经济资产	++农作物-牲畜一体化；农作物残茬、副产品、家庭垃圾的回收利用；粪便中的养分；授粉；病虫害综合治理	++有助于维持植被覆盖
通过在空间和时间上调整放牧压力（例如轮牧、流动性等）来改进放牧管理	++在野生食草动物不再存在的生态区，牲畜放牧可能是维持生物多样性丰富的草原栖息地的唯一途径 ++与废弃或放牧不足的牧场相比，适度放牧的牧场具有最高的植物多样性	++放牧提高了草地植被生产力和生物量 ++在土壤和气候不允许农作物生长的大多数牧场和山区，放牧是为人类生产粮食的唯一途径	++碳固存，灌木侵蚀控制，森林火灾控制，防止侵蚀，土壤肥力，水质	++轻牧或轮牧有助于恢复退化的牧场（未充分利用或过度放牧）

（续）

管理实践	生物多样性	提供生态系统服务	调节和支持生态系统服务	土地恢复
改进粪肥管理（如存储、厌氧发酵）	+限制营养物质泄出和对水生物种的影响（富营养化和缺氧条件）	++通过厌氧发酵提供能源供家庭使用或发电	++改善土壤肥力和养分循环	+有助于土地施肥和恢复植被生物量
通过补充饲料，改善动物健康、动物遗传学、繁殖力和畜群管理来强化	+通过提高生产力节约土地，提高自然资源利用率可以节约自然栖息地，以实现生物多样性 --由于使用较少但更专业的品种而导致动物遗传多样性的丧失	++增加动物产品的交付量 ++提高生产力	--通常在高水平的生产力（粮食供应）和其他类别的生态系统服务之间进行权衡 ++减少温室气体排放和对气候变化的贡献	-如果放牧管理不善，较高的放养率会导致过度放牧
森林畜牧（放牧和树木的结合）	++更丰富的地貌和物种多样性 ++森林畜牧可以起到缓冲作用，防止森林砍伐	++提高生产力	+改善营养循环 +碳固存 ++增强应对气候和经济冲击的恢复力	++更少的侵蚀和由此产生的退化
从反刍动物向单胃动物转变	++节约土地 --因土地利用变化而导致反刍动物维持的生物多样性丧失 --在生物多样性丰富的草原栖息地中放弃放牧，在没有反刍动物维护的情况下，自然会把它们变成森林	++更高的单位土地生产力 --生产性土地的损失：反刍动物放牧的牧场不适合单胃动物的饲料作物生产	--失去与草原相关的调节和支持服务 --草地和传统农业地貌的丧失 ++如果管理得当，可能与替代草原（例如森林）的生态系统相关的服务相关联	-如果管理不善，灌木侵入 ++如果管理得当，森林和地貌恢复

注：+=正面效应，++=强正面效应，-=负面效应，--=强负面效应。

在可持续发展目标15的不同组成部分之间产生强大协同作用的能力是畜牧业的一个关键特点。特别是通过改善放牧管理，畜牧业有可能在多个层面产生效益：土地恢复、动物遗传资源保护、生物多样性保护和生态系统服务提供。在放牧不足和放牧过度之间取得平衡对草原生态系统的健康运行至关重要。帮助扭转土地退化的措施包括调整放牧（如轮作、围栏）的时间、强度和空间分布，营养管理，以及提高草地生产力，如轻度施肥和引入豆类（IPCC，2007；Soussana 等，2010）。

退化牧场的恢复使其能够吸收大量的碳（联合国粮农组织，2009b，2013b）。此外，适当的放牧管理和土地恢复还加强了其他生态系统服务，如维持土壤结构和肥力，以及保持水分。再者，放牧是植被生物质生产力的关键，因为它可促进再生，清除死亡植被，并有助于防止森林火灾。虽然放牧不足和放牧过度会导致沙漠化和灌木入侵，并降低生物多样性水平，但良好的放牧管理，如通过提高肥力、选择性控制优势物种和促进种子传播等可以对植被物种丰富度产生直接影响（联合国粮农组织，2016i）。

草原上的多样化和多产植被也为多种物种提供了高质量的栖息地和资源。改善放牧管理还旨在维持草原生态系统以外的生物多样性。具体而言，可以使用不同类型的缓冲区来帮助控制森林砍伐（例如，森林保护区可作为牧场和森林之间的缓冲区），并避免破坏生物多样性的营养物质和生态毒性物质溢出到邻近的自然陆生和水生动物栖息地。

大多数地方品种的反刍动物都生活在广泛的放牧系统中。结合使用适应当地的品种和改进放牧管理，可以成为动物遗传资源、生物多样性和生态系统服务的双赢解决方案。农业生物多样性和适应性良好的牲畜是这方面的重要组成部分，特别是在难以种植或不可能种植农作物的恶劣环境中。适应不同环境的不同牲畜品种构成了农业生物多样性的一个组成部分。然而，需要更好地了解特定物种和品种对特定环境挑战的适应情况（联合国粮农组织，2015a）。可持续发展目标15内的协同效应可能导致可持续发展目标之间的其他协同效应和效益，例如，改善放牧管理也可以提高生产率（可持续发展目标2）和缓解气候变化（可持续发展目标13）。

15.6 结论

可持续发展目标15侧重于减少自然栖息地退化和生物多样性丧失。在全球范围内，自然资源正在恶化，生态系统正在退化，生物多样性正在丧失。畜牧业部门在减少生物多样性、土地退化和森林砍伐方面发挥了作用，此外也提供了宝贵的服务，以保护、恢复和促进可持续利用陆地生态系统、防治荒漠化、扭转土地退化和制止生物多样性丧失。然而，将畜牧业负面贡献纳入地理、社会经济和畜牧业系统环境中至关重要。在干旱和半干旱地区（如非洲的萨赫勒），畜牧业是使稀缺自然资源增值的最有效的、可行的选择。当畜牧业产生有害影响时，通常是因为它们的管理方式只考虑短期利益，而没有考虑可持续性。例如，畜牧业生产有助于支持可持续牧场管理、保护野生动物、提高土壤肥力和养分循环。增强畜牧业为生态系统提供的服务，并与适度提高饲料使用效率相结合，是实现这一目标的关键。

16 畜牧业与和平和社会稳定

16.1 引言

　　和平安全的社区为可持续的畜牧生产提供了一个良好的环境，使社区居民能够更广泛地获得动物蛋白。因此，如果没有在促进安全、公正以及和平治理方面取得广泛进展，就不可能实现全球畜牧业的可持续发展。缺乏健全的治理体系往往会导致社会动荡螺旋式上升，随之而来的是更高的粮食价格、更低的粮食安全，最糟糕的情况下，还可能会引发全面的冲突和饥荒。畜牧业是一个高度承受各种压力的行业，这些压力包括气候变化、自然灾害和动物疫病等。

　　治理不善和法律缺失成为土地使用和管理方面冲突的主要因素，这危及了依赖现成的牧场资源和放牧区的牧民的生计。气候变化和相关的资源损失

©联合国粮农组织/Kai Wiedenhoefer

进一步加剧了他们的不安全感。内乱和人道主义危机对畜牧业造成了严重的损失，因为集体的不安全感迅速转化为更高的家畜死亡率、更低的生产效率并减少了畜牧产品进入当地和国家市场的机会。管理良好的畜牧业有助于保护生态系统和生物多样性，但在这种情况下也会受到严重影响。

联合国称，许多国家仍然面临着长期的暴力和武装冲突，很多人在体制薄弱，无法获得司法、信息和其他基本自由的情况下受苦受难。要实现可持续发展目标16的愿景，即建立在人权、法治、善政与制度基础上的和平包容社会，还有很多工作要做。本章介绍了畜牧业如何帮助社区和国家实现这一目标，强调了治理、和平、畜牧业发展、气候和生态系统以及农村和城市地区的社会稳定之间的相互联系和动力。

16.2　畜牧业与气候和社会稳定

在农村地区，社会和经济福利在很大程度上取决于畜牧业生产，全球有近13亿农村人口从事畜牧业。任何对畜牧资源的威胁，如干旱、自然灾害或动物疫病，都会严重影响当地的经济和社会平衡，这些威胁主要存在农村地区。众所周知，对稀缺资源的竞争加剧往往伴随着冲突。随着气候变化的推进，极端天气事件日益增多，如洪水、干旱和飓风的频率和强度都在增加。最容易受到自然灾害影响的部门之一是自由放牧的家畜，这些家畜是贫困人口生计的核心，因为这是他们的储蓄资产。当家畜在长期干旱中死亡时，对它们的主人来说可能也意味着结束。他们的资产没有了，也没有钱购买食物，这时占发展中国家农村家庭数量三分之二的牧民家庭面临着饥饿，甚至有死亡的危险。还记得，干旱在2011年引发了破坏索马里联邦共和国的饥荒，并为阿拉伯叙利亚共和国持续的内战创造了条件。

气候变化和自然灾害造成的紧急情况可能会造成大规模的社会混乱以及牲畜养殖户的大规模流离失所。截至2015年底，全世界有6 530万人因冲突、暴力或侵犯人权行为而流离失所，其根源往往可以追溯到农业、畜牧业、粮食危机和经济危机。全世界一半以上（54%）的难民来自三个国家：阿拉伯叙利亚共和国（490万人）、阿富汗（270万人）和索马里联邦政府（110万人）。大多数流离失所者是来自农村地区的畜牧业者。

相反，家畜可以为流离失所的人提供食物和生计保障。与土地资产不同，家畜是可移动的，可以随着人口的流动一起移动。事实上，家畜是流离失所者最宝贵的资产之一，这些人不遗余力地确保自己的家畜能随行。例如，驴子对运输很重要，小反刍动物的奶和肉是蛋白质和微量元素的宝贵来源。气候变化、温度升高、热季延长等因素，也促使动物疫病在许多地区蔓延。动物疫病与社会不稳定之间的关系似乎是间接的，但重大疫病的暴发对一些发展中国家的安全有重大影响（Lubroth等，2017）。动物疫病，特别是人畜共患病会致人发病，也会引发全面的粮食和经济危机，进而有可能发生暴力冲突（图16-1、插文9）。

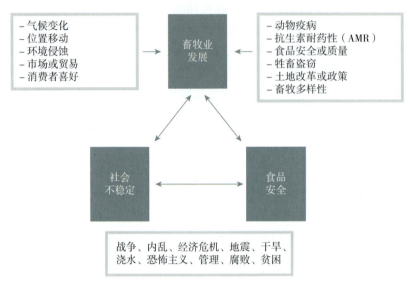

图16-1　畜牧业发展、食品安全和社会不稳定

资料来源：联合国粮农组织，2018年。

插文9　伴随和平建设内容的动物疫病疫苗接种活动

疫苗接种被视为一个切入点，可以促进冲突中的农牧业地区之间的对话。在保持家畜健康方面，大家都有共同的利益。人们认为因疾病而失去家畜的恐惧比冲突的恐惧更大。在讨论疫苗接种时，各小组也讨论了潜在的冲突问题和可能的解决方案。联合国粮农组织在南苏丹和中非共和国的畜牧健康计划中纳入了这项和平建设的内容。

资料来源：联合国粮农组织，2017c。

牛瘟是一种高致病性的动物疫病，在20世纪70年代和80年代，它在非洲的大片地区造成粮食不安全和社会不稳定。在过去的二十年里，小反刍兽疫（PPR）迅速蔓延，主要是在非洲、亚洲和中东地区，这些地区拥有全世界21亿小反刍动物中的80%。绵羊和山羊是农村贫困家庭的重要资产，它们可以提供蛋白质、奶、肥料、羊毛和纤维，而且往往代表着重要的社会资本和获得金融信贷的机会。小反刍兽疫每年造成超过20亿美元的损失。除了经济损失外，在受小反刍兽疫影响的地区，患病动物使3亿多弱势家庭面临的粮食不安全和营养问题更加严峻。确保动物健康是维护弱势人群粮食安全的关键因素。例如，人们发现，健康的山羊比不健康的山羊可以多产60%的肉和奶。

动物疫病，包括涉及人类的人畜共患病，可以迅速传播，如果不立即处理的话，可能会发展成重大的社会和经济方面的区域危机或全球危机，严重影响动物和人类健康以及食品安全。这种影响巨大的流行病的例子有很多，如亚洲和非洲的H5N1高致病性禽流感；西非的埃博拉病毒；中东和欧洲的结节性皮肤病；西非和东非的裂谷热以及非洲和中亚的小反刍兽疫。动物健康计划可以通过促进群体间的对话来促进和平。

如果不及时解决动物疫病的话，会导致社会不稳定加剧，或引发重大的区域危机或全球危机，对动物和人类健康、经济和食品安全造成严重影响。有证据表明，贫困和政治上被边缘化的地区，特别是农村地区，受到反复发生的动物健康紧急情况的影响特别大。发生内乱时，民众对政府和机构的信任，以及健全的基础设施会迅速崩溃（插文10）。

插文 10　畜牧业、牧民与和平

多年来，包括肯尼亚的图尔卡纳人和博科特人、苏丹的托波萨人和乌干达的卡拉马琼人在内的跨境牧民地区卷入了许多部落间的冲突。冲突爆发的原因是对稀缺资源的竞争日益激烈，以及不利的政策所导致的社会、经济和政治边缘化。再加上该地区连续几年的干旱，导致生计普遍减少。冲突的特点是抢劫家畜、强盗行为和日益严重的暴力，部分原因是小武器的扩散。已经采取了一些措施来解决这些冲突，包括建立机构来管理资源和解决冲突，以及举行许多解除武装活动。年轻人通过青年和平大篷车来解决冲突，女性通过女性和平十字军征战来解决冲突。

联合国粮农组织一直在加强最易受干旱影响地区的牧民的能力，通过建立牧民田间学校（PFS），不仅有助于减少和预防地区间的冲突，而且可以改善学习环境，让社区成员交流信息、促进实践，并学习应对干旱风险和相关挑战的基础方法（联合国粮农组织，2016j）。非洲地区正在引入带供水点的畜牧走廊，在农民田间学校的支持下，可以帮助减少农牧民之间因稀缺的土地和水资源而产生的冲突。

16.3　畜牧业与土地

土地权问题在边缘化地区也有潜在的影响，特别是在非洲的广大地区，牧民完全依赖牧场资源和放牧区来饲养家畜。解决土地冲突，涉及土地保有权以及水源的获取等复杂问题，这是避免冲突的关键。例如，在刚果民主共和国，土地纠纷占该国东部地区暴力事件的80%，其中大部分冲突涉及畜牧业者和牧民。由于家畜和牧民的数量不断增加，农民和牧民的冲突在整个萨赫勒地区呈上升趋势。

从农村到城市的土地使用变化会给畜牧业者带来重大问题。城市压力可以影响城市地区畜牧业发展，可以鼓励更有效地利用家畜（减少畜群规模），提高生产力，使畜牧业与市场保持密切联系。这可以促进社会融合以及与价值链上的利益相关者和消费者联系更密切，同时也可以促进其他城市部门的就业。这在很大程度上取决于适当的土地使用规划，以及促进城市环境中畜牧业整合和适应的政策。城市畜牧业提供了许多好处，如增强当地社区的社会恢复力，为社区提供新鲜产品等，特别是在危机时期，还能将城市居民与自然联系起来。

资源匮乏和长期不平等与自然灾害和土地权利一并被认为是农村地区冲突的决定因素（Pica-Ciamarra等，2007）。在长期的人道主义危机中，特别是在危机后的恢复阶段，农业或畜牧业部门在重建社会和经济网络方面发挥着关键作用，如畜牧业价值链、市场准入和食品系统，以及恢复动物蛋白供应等。在发生冲突后，当地居民往往不得不应对大量难民的涌入，解决土地权利问题是在可持续的长期基础上维持和平的关键。

16.4　畜牧业与和平

畜牧业通过为农村地区提供经济和社会文化的稳定、促进生态系统的平衡、促进经济发展和减少流离失所来为和平做出贡献从而得以发展。因此，它可以被认为是一个缓解冲突和流离失所的因素。国际粮食政策研究所（IFPRI）发布的2016年全球饥饿指数指出，粮食不安全程度最高的国家也是受冲突影响最大的国家。众所周知，冲突主要影响农村地区，尤其是影响农村地区的女性和儿童。

对农村地区的攻击以及对农作物、畜牧和市场的破坏，破坏了农村的生计，使人们离开家园（联合国粮农组织，2016j）。这一现象主要发生在国内冲突期间，而近几年来，国内冲突增加了两倍。因此，冲突是造成粮食不安全和营养不良的主要原因，包括对急性病和慢性病的影响：经历冲突或长期危机的国家的营养不良人数几乎是其他发展中国家的三倍。2017年2月，联合国正式宣布南苏丹部分地区进入饥荒状态，那里的战争和经济崩溃导致约10万人挨饿，另有100万人处于饥荒的边缘。同样面临饥荒风险的还有索马里联邦共和国、也门和尼日利亚东北部的部分地区，这些地区都发生着冲突。

据报道，2016年全球有1.08亿人面临危机级别或者更严重的粮食不安全问题。这与2015年相比增加了35%，当时的数字是近8 000万人。2016年，在正式宣布饥荒之前，联合国粮农组织报告说，南苏丹正在进行的冲突对牛、绵羊和山羊的影响都很大，因为80%的人口依靠畜牧为生，所以这些家畜支撑着当地的经济。据估计，由于敌对行动，畜牧业的潜在国内生产总值损失约20亿美元，广泛的盗窃和兽医推广服务的中断使损失更加严重。盗窃是缺乏安全和政府权威的表现，是对全世界畜牧资产的主要威胁，但在冲突情况下这是一个特殊问题。

畜牧业与粮食安全、饥饿、贫困、社会不稳定、危机和冲突之间的联系是显而易见的，家畜在维护和平、社会和经济稳定以及供应营养丰富的食物方面的作用也是显而易见的。家畜是在冲突或战争中生存的一个关键资产。在正确的政策下，繁荣的畜牧业可以促进经济发展和地区食品安全，适当的饮食可以保持人们的健康，保证劳动力的供应。但是，畜牧业也有助于建立社会资本，为社区成员提供包容、信任的关系和就业服务。重要的是，农场牲畜对自然资本做出了贡献，它是土壤养分、遗传资源、生物多样性和生态系统服务的来源，这些都是维持体面生计的基本服务。和平始于农场，因为坚实的农业和畜牧业为社会稳定和可靠的粮食供应提供了基本保障。

16.5　畜牧业与管理

促进畜牧业在一个安全、自然的社会环境中发展，减少对自然资源的竞争（通过提供更多的资源和机会），有助于农村地区的社会稳定与和平。要做到这些，需要基于治理良好、响应迅速、负责且有能力的地区和国家。相反，缺乏政府管理和强有力的制度、腐败和不为畜牧业提供服务都是冲突的潜在来源；一旦冲突爆发，它们也会继续对生计造成巨大损失。缓解冲突的一项重要战略是通过恢复和加强传统机构的作用来改善对获取和管理的公共资源的治理。社区元老的作用对缓解冲突至关重要，一些组织已经建立了元老理事会来促进和平。这些社区机构和政府官员之间的合作是维持和平的关键。

虽然缺乏良好的治理、基础设施和法规会导致社会的衰退，但即使在不稳定或受危机影响的国家，畜牧业也是经济的主要组成部分，约占农业国内生产总值的40%以上。换句话说，在这些国家和其他饱受冲突破坏的国家，畜牧生产通过为城市和农村地区的居民提供食物，以及确保农村和城市地区之间的人口平衡，提供了一些社会和经济安全措施。

例如，尽管阿拉伯叙利亚共和国经历了六年的危机，但农业部门仍然占国内生产总值的26%，并为包括国内流离失所者在内的670万叙利亚人提供了一个重要的安全网，使这些人仍然可以留在农村地区（联合国粮农组织，2017d）。在这种情况下，畜牧业在危机前的叙利亚经济中发挥了重要作用，畜牧业产量占农业总产量的40%，并吸收了20%的农村就业，同时每年产生约4.5亿美元的出口额。然而，自战争开始以来，阿拉伯叙利亚共和国的牛群和羊群数量大幅缩减。如今，牛的数量减少了30%，绵羊和山羊的数量减少了40%，家禽的数量更是惊人地减少了60%，而家禽历来是该国最实惠的动物蛋白来源。现畜牧产品出口已大幅减少，在2012年和2013年，只有410万美元的肉制品和1 380万美元的奶制品被出口（联合国粮农组织统计局，2016）。

在过去六年中，估计叙利亚畜牧业的损失约为55亿美元。在冲突地区，动物的损失特别严重，它们要么死于极其艰苦的环境和动物疫病，要么被杀或被盗（联合国粮农组织，2017d）。刚果民主共和国东部地区政府权力缺失不可避免地转化为冲突，那里的土地纠纷占过去20年所有冲突的80%（联合国粮农组织，2016j）。然而，随着适当治理的重建，土地问题的解决方案相对简单，如以反映牧民意见的方式规划土地使用，并建立联合土地使用协议来承认和保护群体土地权利，并防止资源冲突。主要的争议方被邀请使用参与式谈判领土开发（PNTD）方法来帮助确定自然资源获取的根本原因，主要的争议方包括：土地管理部门和习惯法当权者、农场主、私人行为者和武装团体（联合国粮农组织，2016j）。具有这些安排和协议的农村地区，可以作为促进农业和畜牧业可持续发展的模板。

改善畜牧业和动物卫生系统的管理是吸引公共和私人投资畜牧业发展的有效途径，可为防止不安全和不稳定提供额外的保护。现在，人们更清楚地认识到，在国家层面实施促进和保障畜牧业可持续生产的政策和计划，以及公共卫生和食品安全策略，不仅对处在危机中的国家有益，而且对整个国际社会都有好处。通过畜牧业部门改善土地和财产权利以及粮食安全，并缩小差距现象，是经济和社会发展的坚实基础。对农业和畜牧业生计的支持可以有效地促进农村危机地区的和平建设和冲突后的恢复和重建。当人们感到安全时，或者为难民、移民和流离失所者的返回创造了适当的条件时，这些人就会留在农村地区。恢复农业生产，特别是恢复畜牧业生产，加强家庭粮食安全，显然是冲突后发展的一个优先目标，以使人民能够在正常运作的机构下再次和平地生活（联合国粮农组织，2016j）。

16.6　结论

可持续发展目标16设想的是和平和包容的社会。一个稳定与和平的环境是可持续发展的基础。在发展中国家的许多地区，社会和经济福利与畜牧业紧密相关。在危机期间，特别是在危机发生以后，为了恢复动物蛋白的供应，发展畜牧业是必不可少的。在公共卫生方面，动物疫病的爆发可以迅速蔓延，并演变成区域范围内或全球范围内的重大卫生、社会和经济危机。人口之间关于土地和牧场的争端可能是冲突的根源，因为牧场是一种宝贵的商品，正面临着越来越大的压力。明确的产权、清晰的法律关系、健全的畜牧业政策、对当地机构的信任以及完善的基础设施等机制可以加强畜牧业作为社会和平与稳定的催化剂的作用。

17 支持落实可持续发展目标的合作关系

17.1 引言

可持续发展目标的通过标志着全球社会发展方式的一个转折点。可持续发展目标涵盖发展的经济、社会和环境方面，并强调它们之间联系的重要性。可持续发展目标17呼吁不同参与者之间建立多方利益相关者合作关系，以帮助提供资金、知识共享和制度支持，推动不同方面的进步。通过伙伴合作，所有利益相关者都可以实现转型变革。

对全球合作关系与合作的坚定保证是落实和实现可持续发展目标17的核心。需要关键的利益相关者以确保可以获得资金和投资、市场、技术、知识共享和能力发展，以及为更好的决策提供政策支持。利用合作关系来确定密切联系的不同发展领域是十分必要的。

©联合国粮农组织/Cristiano Minichiello

实现可持续发展目标所需的知识、经验和专业技能的广度意味着要有广泛的能力和非国家行为者的参与,例如民间社会组织、生产者组织、私营部门、学术界和研究机构。这对于实现经济、社会和环境三个方面的所有的可持续发展目标至关重要。因此,本章侧重于在集体、共同努力的背景下着重强调畜牧业所面临的挑战,包括前所未有的公共和私营部门参与者在政策制定和实施方面的作用。

畜牧业是饲料、土地和水等自然资源的主要使用者,为了可持续发展,必须使其对环境无害、对社会负责和在经济上可行。这将需要调动多方利益相关者的行动,以建立更强有力的以知识为基础的政策,并涉及知识(包括地方知识)、技术和专业技能以及财政资源的共享。

17.2　需要采取全面的方法

在2002年蒙特雷会议和2015年亚的斯亚贝巴发展筹资会议之后,人们普遍认为,传统的双边和多边捐助者的海外发展援助(Overseas Development Assistance,ODA)不足以解决世界面临的社会、环境和经济发展方面的问题,特别在发展中国家。目前,联合国和各成员国已达成广泛共识,即通过多种渠道为发展提供资金,并与非国家行为体建立合作关系,这对于实现可持续发展目标至关重要。敦促所有利益相关者在共同工作,汇集资金、经验和专长的同时,继续学习、创新、转型和分享知识。

换句话说,需要采取一种全面的方法,以确保畜牧业可持续发展,并有效地为消除饥饿、营养不良和农村贫困做出贡献。为了达到此目的,调动技术、人力和财政资源将需要南北合作、南南合作和三角合作(TC),以改善获得科学、技术和创新的机会。知识共享、能力建设和加强技术专长也是核心支柱,完善一个普遍的、基于规则的、非歧视和公平的多边贸易体系也是如此。

此外还应提供充分的体制支持。在尊重各国应对地方挑战的自主权的同时,不同主要参与者之间的合作关系可以应对全球和区域挑战,并有助于改善地方一级的政策协调和一致性。世界粮食安全委员会高级别专家小组(HLPE)在其2016年报告《粮食安全和营养的可持续农业发展:畜牧业的作用是什么?》中强调了畜牧业的核心作用。该报告指出,畜牧业作为农业可持续发展的一部分,对消除饥饿、实现粮食安全和改善营养状况至关重要。

17.3　充分利用实现可持续发展目标的工具

如前所述,随着全球目标在多层面相互关联,各层次的行为体也日益多样化。《2030年议程》强调，拟议全球合作关系的"实施手段"不仅涉及资金，还涉及系统问题和针对具体情况的措施。蒙特雷共识侧重于国内资源和私营部门的流转，以及作为发展引擎的金融和技术合作，而亚的斯亚贝巴行动议程（AAAA）考虑了更广泛的方面，如科学、技术、贸易、创新和能力建设。可持续发展目标呼吁所有国家和参与者都应采取可持续的，可以影响其他国家和全球公域，尤其是全球企业和公民社会网络的公共和私人措施。

如前所述，可持续发展目标17反映了许多AAAA行动领域，例如强调南南合作和三方合作，以及公私合作关系。越来越多的国际共识认为，南南合作和技术合作在实现粮食安全、促进农业发展和减少贫困方面是有效的。在发展中国家的政策、机构和方案中往往可以找到良好的做法和解决办法，而且可以复制。例如，一些生产者组织和中小型企业最近帮助小型生产者提高生产力、获得资金和市场并增加其收入。联合国粮农组织在《2030年议程》框架下，作为南南合作倡议的促进者发挥积极作用。利用南南合作或三方合作部署专门知识有助于推广解决方案、技术、能力和最佳做法，同时还可提供包括畜牧业培训在内的实际操作培训。

《2030年议程》还强调了私营部门在发展合作中的作用，特别是在消除饥饿和改善营养不良方面。可持续发展目标17确认私营部门是关键的利益相关者，公私合作关系是促进经济发展和改善民生的关键手段。动员私营部门的一些主要的全球组织包括釜山有效发展合作关系（2011）和AAAA组织。两者都强调需要私营部门更积极地参与和做出贡献。他们还强调了确定私营部门可以发挥的补充作用的重要性。然而，应该提到的是，私营部门的参与伴随着风险和机遇，因为它影响了迄今为止实现发展的方式。这也可能适用于公私合作关系，尽管它们具有将急需的资源导向公共部门的优势，同时还允许政府分担与农业投资相关的风险。

公私合作关系具有提高农业生产率和推动该部门可持续增长的潜力[①]。《2030年议程》敦促所有利益相关者在合作中继续学习、创新、转型和分享知识，联合国粮农组织支持各国实施包容性和跨领域的政策。联合国粮农组织在加强包括畜牧业在内的多个问题和领域的凝聚力方面处于有利地位，并鼓励各国根据实际的需求和经验进行自下而上的决策。

多方利益相关者进程（MSPs）旨在就可持续解决方案达成共识，并通过对话、磋商和联合分析促进变革。这些进程利用了各种公共和私人利益相关者以及研究和学术机构、国际机构、非政府组织和民间社会的力量。虽然认识到

---

① 联合国粮农组织的《农业公私合作关系国际经验回顾》（2016年）中可以找到农业公私合作关系成功的例子。该出版物包括来自15个发展中国家的70个案例研究，汲取了适当的经验，并就公私合作关系的建立和运作方面提供了建议，以确保产生最大的影响。

需要建立全球多方利益相关者合作关系来扩大公私合作倡议的影响，但还需要更多地了解联合行动的合法性、有效性和对发展的影响。

在对这个问题的讨论中，Hazlewood（2015）提供了一种多方利益相关者合作关系的基本类型（图17-1），在这种合作关系中，来自政府、民间社会和企业以及联合国组织的行为者不仅利用财政资源，而且利用他们的智力成果，共同创造具体的解决方案。例如，MSPs的可扩展性要求采取更加综合和全面的方法，而不是具有跨部门专业知识的单一部门，其中行为者的作用及其知识对实现可持续发展目标至关重要。因此，建立符合合作关系宗旨和利益相关者代表性的治理结构是基本前提。关于确定的行动的可追溯性和影响问责制的操作方面也是功能良好的治理结构中不可缺少的组成部分。

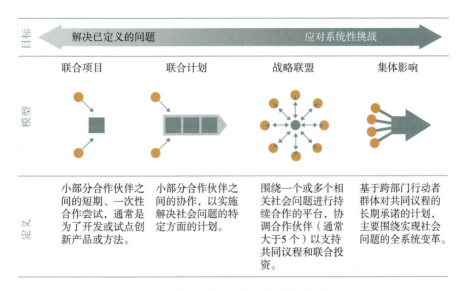

图 17-1　多方利益相关者伙伴关系的基本类型

资料来源：修改自 Hazlewood，2015 年。

快速变化的畜牧业是粮食系统发展的核心，对环境、土地利用和饲料作物生产有着深远影响。因此，应在广泛范围的农业系统及其独特挑战的背景下考虑畜牧业生产。在这方面，HLPE 的建议值得一提。他们确定需要一个概念框架和畜牧系统类型学，以建立应对可持续挑战的途径和对策，并提供一套以行动为导向的建议。

联合国粮农组织主办、参与和召集了许多此类合作关系，这些合作关系有助于可持续发展的特定主题领域和挑战。联合国粮农组织在合作关系方面的工作建立在一个基本原则之上，这个基本原则是：需要向各国政府提供协调有效的支持以应对挑战和机遇，推动不同行为体在可持续营养、粮食安全和包容性农业增长方面的决策、承诺和合作。正如可持续发展目标实施中所述，与私营部门的合作关系显然在可持续发展目标的实施中发挥作用。联合国粮农组织与私营部门合作关系战略（联合国粮农组织，2013e）通过调动私营部门的贡献来支持国家优先事项。该战略预见私营部门不仅可以作为财政贡献的来源，而且还可以促进发展。然而，联合国粮农组织担心的是，私营部门的参与是否符合负责任的投资做法、可持续的贸易以及创新和包容性的商业模式。

在积极促进与私营部门的合作关系方面，联合国粮农组织的基本原则之一是，私营利益相关者应对农业和粮食系统进行负责任的投资以促进粮食安全和营养（RAI原则）①。这些原则适用于所有类型和规模的农业投资，包括渔业、林业和畜牧业。此外，联合国粮农组织还遵循经合组织（OECD）-联合国粮农组织负责任农业供应链指南等国际标准②。其中包括建议标准、基于风险的尽职调查框架、主要风险和减轻风险措施的说明以及与原住民接触的指南。联合国粮农组织还出版了《投资者技术指南》③，该指南是与利益相关者协商制定的，旨在促进负责任的农业投资。

价值链上的每一家公司，无论其大小，都有潜力为共享和可持续的经济、社会和环境发展做出重大贡献。然而，联合国粮农组织强调，有必要从短期、公司主导的临时合作关系发展为具有变革性和系统性的联盟，以确保长期承诺。在此背景下，私营部门需要超越纯粹的企业社会责任，改变其核心业务战略。要让民间社会的利益相关者切实参与可持续发展目标的实施，就需要将原则付诸实践。联合国粮农组织与生产者组织（MBOs）、非政府组织（NGOs）和社会运动等民间社会组织的合作关系战略（联合国粮农组织，2013f）有助于在全球、区域和国家范围内建立透明的、参与性的进程。该战略强调民间社会参与公共政策和管理体系的设计和执行。支持和帮助加强生产者组织，包括加强它们向其成员提供的服务，是确保它们为重点专题领域（如国际监管体系、气候变化和营养）做出贡献的关键。

可持续发展目标的采纳为加强学术界和研究界的合作关系创造了新的机会。通过这种合作关系，参与者可以获得和传播最新的经证实的知识、工具和信息，以加强方案的执行。它们还可以帮助提高学生和教师对它们在促进可持续粮食和农业生产、全面实现《2030年议程》方面发挥的关键作用的认识。

---

① http://www.fao.org/cfs/cfs-home/activities/rai/en/。

② OECD-FAO负责任农业供应链指南。

③ 投资者技术指南。

新发展议程通过17项可持续发展目标取得成功，需要各级政策协调一致，以确保所有举措都能支持消除饥饿和粮食安全的包容性发展。在畜牧业，联合国粮农组织处于有利地位，可以通过基于国家需求和经验的自下而上的决策，促进各领域的协调一致。

17.4　行动中的畜牧业合作关系

畜牧业受益于多方利益相关者合作关系，这些合作关系在全球和区域范围内分别开展了公认的畜牧业可持续发展工作。

17.4.1　可持续畜牧业全球议程（GASL）

该议程涉及可持续畜牧业，涵盖与生计、经济和社会影响、公共卫生、动物健康和福利、环境影响、土地使用和保有权以及生物多样性相关的方面。这种全球合作关系取决于政府以及非政府组织、社会运动和社区组织、私营部门、捐助者、学术界、研究机构、政府间和多边组织以及基金会的积极参与。该议程通过重点领域小组和知识网络促进知识和协调机制。GASL制定了2016—2018年"促进对话、生成证据和采用良好做法以支持联合国《2030年议程》"的行动计划。

17.4.2　畜牧业环境评估与成效（LEAP）关系

LEAP是一项多方利益相关者倡议，致力于改善畜牧业供应链的环保成效，同时确保其经济和社会活力。为了帮助制定以证据为基础的政策和商业战略，LEAP制定了综合指南和统一的方法来评估畜牧业供应链的环保成效。LEAP涉及整个畜牧业的利益相关者，包括私营部门、政府、学术界和民间社会。

17.4.3　全球牧民知识中心

该中心的目标是填补游牧业方面的知识空白，并引起人们对游牧社区面临挑战的关注。它既是关于游牧业和牧民生计的卓越技术的智囊，也是牧民和利益相关者之间交流和建立联盟的中立论坛。它涉及研究机构、国际组织和区域组织等。

17.4.4　多方利益相关者饲料安全合作关系

该合作关系旨在改善饲料安全，从而提高食品安全、动物健康和福利以及粮食安全。它涉及政府间组织、政府、学术界、农民、生产者、私营部门等。

17.4.5 联合国粮农组织、世界卫生组织（WHO）和世界动物卫生组织（OIE）三方合作关系

这三个分担责任和协调全球卫生活动的机构之间的合作关系的目标是解决动物-人类-生态系统界面的健康风险。其他合作伙伴包括国际行为者、区域和国家政府、非政府组织、私营部门和学术界。

17.4.6 全球畜牧兽医联盟（GALVMED）

全球畜牧兽医联盟是一个非营利的全球联盟，旨在通过使发展中国家能够获得负担得起的牲畜疫苗、诊断工具和药物，保护牲畜和人类的生命和生计。它涉及农业非政府组织、卫生和发展机构、制药公司、投资者和捐助者、跨国部门、政府、监管部门、民间社会组织、研究机构和大学。

17.4.7 全球畜牧业联盟

全球畜牧业联盟是一个具有全球授权的国际组织联盟。其总体目标是确保获得明确的、基于科学的信息，使公众（从消费者到决策者在内）能够更好地了解畜牧业及其全球公共利益。它包括一些国际组织。

17.4.8 同一健康

"同一健康"是一个全球网络，旨在通过预防风险和减轻源自人类、动物及其环境之间的跨界风险来改善健康和福祉。它体现了对影响人类和动物健康、粮食安全、贫困和疾病泛滥环境的挑战的全面看法。许多健康问题源于在动物中流行的、通过食物传播的或由病媒携带的疾病。

17.4.9 亚洲乳业

"亚洲乳业"是亚洲乳业领域的一个多方利益相关者倡议，旨在共同努力实现"一个对社会和环境负责的亚洲乳业，改善农村生计，改善营养，促进经济繁荣"的共同愿景。它涉及政府、国家和地区乳品机构、民间社会、私营部门、研究界、学术界和生产商。

17.4.10 非洲畜牧业发展、消除饥饿和可持续经济增长合作关系（ALIVE）

ALIVE力求确保非洲畜牧业在国家、区域和国际决策者的发展议程中

发挥重要作用。它强调畜牧业在消除饥饿和促进经济可持续增长方面的重要影响，以及对实现可持续发展目标的总体贡献。ALIVE支持非洲发展新合作关系（NEPAD）在畜牧业采取的行动，特别是通过非洲农业综合发展计划（CAADP）。其核心功能是改进决策；提高认识和获取知识的机会；促进更好的决策；并支持对畜牧业发展投资的以证据为基础的宣传。ALIVE在乳制品生产和干旱管理等相关领域编写政策说明和工具包，并对方案进行评估。联合国粮农组织提供技术援助。

17.4.11　拉丁美洲和加勒比畜牧业发展委员会（CODEGALAC）

CODEGALAC是联合国粮农组织为拉丁美洲和加勒比区域会议举办的可持续畜牧业生产技术咨询论坛。联合国粮农组织理事会应其成员国的要求于1986年设立了该委员会。该委员会汇集各国政府代表，交流畜牧业可持续发展政策和规划方面的经验。其目标是支持为畜牧部门制定政策体系，以及设计和制定技术合作方案和战略。讨论的主要议题涉及动物健康、畜牧业可持续生产、气候变化、家庭畜牧业等和该部门发展趋势有关的监管和技术问题。

发展机构、民间社会组织、私营部门、学术界和研究机构以及联合国机构之间的许多"双边"合作关系都开展了旨在统一方法和实践以及提高知识和能力的活动。这些合作关系通过将综合和成果驱动的方法与各种行为体结合起来，突出了有目标的约定对资源充足的专业领域的关键重要性。联合国粮农组织与德州农工大学的合作关系就是一个例子。

德克萨斯农工大学（Texas A&M University）和联合国粮农组织致力于提高全球饲料分析实验室的质量，以提高畜牧业领域的知识和赋能技术的使用。能够确保分析结果可重复和可靠的系统对受监管产品的安全和质量至关重要。在全球市场上，样品检测的完整性对于公平贸易和保护消费者健康至关重要。为了加强发展中国家的质量实验室体系，联合国粮农组织、德克萨斯农工大学和德克萨斯州立化学家办公室开发了实验室质量体系，这是一个为专业人士和学生获得毕业学分提供的在线培训（电子课程）。该课程自2013年开设以来，为实验室专业人员提供了获取可靠、可解释、可重复和可信的实验室数据和结果所需的广泛知识。课程主题包括保管链、方法开发、信息管理、实验室认证和国际实验室标准。提高质量控制对畜牧业的可持续发展至关重要。为庆祝该课程成立两周年，该合作关系在2015年开设了一门课程，来自17个国家的25名实验室参与者从中受益。这项有针对性的能力建设倡议被认为具有很大的相关性和实用性，因为参与者能够立即将学到的概念和技能运用到其实验室的日常运作中。本课程的双重重点是实验室质量体系知识和应用这些知识所需的实践技能，这对那些处于建立实验室质量体系或实施ISO体系的初始阶段的实验室人员尤其有用。这一机制有助于建立以低成本地、高效地产生关于饲料成分和饲料化学成分与营养价值的高质量数据的能力。联合国粮农组织非洲和亚洲区域办事处（分别在加纳和曼谷）积极赞助来自各区域的候选人（插文11）。

插文11　双边合作关系的一个例子

德克萨斯农工大学（Texas A&M University）和联合国粮农组织致力于提高全球饲料分析实验室的质量，以提高畜牧业领域的知识和赋能技术的使用。能够确保分析结果可重复和可靠的系统对受监管产品的安全和质量至关重要。在全球市场上，样品检测的完整性对于公平贸易和保护消费者健康至关重要。为了加强发展中国家的质量实验室体系，联合国粮农组织、德克萨斯农工大学和德克萨斯州立化学家办公室开发了实验室质量体系，这是一个为专业人士和学生获得毕业学分提供的在线培训（电子课程）。该课程自2013年开设以来，为实验室专业人员提供了获取可靠、可解释、可重复和可信的实验室数据和结果所需的广泛知识。课程主题包括保管链、方法开发、信息管理、实验室认证和国际实验室标准。提高质量控制对畜牧业的可持续发展至关重要。为庆祝该课程成立两周年，该合作关系在2015年开设了一门课程，来自17个国家的25名实验室参与者从中受益。这项有针对性的能力建设倡议被认为具有很大的相关性和实用性，因为参与者能够立即将学到的概念和技能运用到其实验室的日常运作中。本课程的双重重点是实验室质量体系知识和应用这些知识所需的实践技能，这对那些处于建立实验室质量体系或实施ISO体系的初始阶段的实验室人员尤其有用。这一机制有助于建立以低成本地、高效地产生关于饲料成分和饲料化学成分与营养价值的高质量数据的能力。联合国粮农组织非洲和亚洲区域办事处（分别在加纳和曼谷）积极赞助来自各区域的候选人。

17.5　挑战

数据采集、监测、责任和能力建设在可持续发展目标的实施中发挥着重要作用。记录进展和开展以证据为基础的分析对于决策者提高政策有效性和确保《2030年议程》取得成功至关重要。在确保私营实体的介入符合国家优先事项的同时，充分发挥私营部门的作用是一项明显的挑战。这同样适用于民间社会组织，它们是公共政策和监管体系设计和实施的关键参与者。实施可持续发展目标所需转型的一个值得注意的挑战是需要利用学术界和研究界的知识。

以下是一些在可持续发展目标实施背景下审查合作关系时可能需要考虑的关键问题（插文12）。

> **插文12　在审查合作关系时要考虑的关键方面**
>
> - 与私营部门、民间社会和生产者组织、学术界和研究机构的合作关系为加强和提高政府战略和政策的效率提供了额外的手段。
> - 与私营部门的合作关系需要解决投资责任、可持续的贸易以及创新和包容性的商业模式。在分配土地和授予土地使用权或特许权，或使用自然资源和其他资产时，在选择私营合作方时必须考虑当地的需要和透明度。在引进新知识和技术创新以及解决政策一致性问题时，私营部门的贡献应包括一个分享信息和风险、共同应对地方挑战的透明机制。
> - 与民间社会组织的伙伴关系有助于从地方到国家的各级建立透明和可参与的程序，特别是在公共政策和监管体系的设计和实施方面。支持生产者组织是落实可持续发展目标的关键。
> - 与学术界和研究机构的合作关系产生知识，最重要的是，支持决策的以证据为基础的分析。它们可以促进获取最新的现有知识、工具和信息，以加强方案的执行，并增强政策的一致性。它们还有助于提高学生和教师的认识，从而有助于制定落实可持续发展目标的变革性议程。

可持续发展目标17呼吁公私合作关系可以成为一种创新手段，寻求增加融资和其他"实施手段"。由于需要大规模投资，公私合作关系可以为公共部门和私营部门提供公共产品合作的机会。新知识和技术创新可以成为分担风险的机制。公私合作关系可以将来自企业、政府、小农户和民间社会的广泛行为者聚集在一起，他们有潜力提高生产率，推动粮食和农业包容性、可持续增长。

这种多方利益相关者合作关系支持政府和其他发展合作者设计良好的政策、方案和法律体系。如前所述，它们可以使支持畜牧业的集体一致行动成为可能。利用南南合作和三方合作等手段，对于分享最佳做法、扩大规模和复制经验具有战略意义。解决具有特殊性的地方需求对于有效的南南合作至关重要。支持落实可持续发展目标的所有可用工具、方法和倡议都面临着认识到可持续发展目标的相互联系并以整体方式采取行动的挑战。

17.6 结论

　　可持续发展目标17侧重于重振合作关系，将各国政府、私营部门和民间社会团结起来，以实现普遍的可持续发展。在全球和区域层面，畜牧业具有若干利益相关者合作关系：①有助于维持可持续增长，以满足全球对动物源性食品日益增长的需求；②有助于应对关键的环境、社会和经济挑战。尽管多方利益相关者合作关系的好处众所周知，但影响其有效性的一个主要因素是建立适合其使命和组成的管理机构，且该管理机构能够解决任何潜在的权力不对称和利益冲突问题。

18 畜牧业与可持续发展目标：互动和政策框架

18.1 引言

2016年1月，联合国正式启动《2030年议程》，其中包括17个可持续发展目标和169个具体指标。可持续发展目标以《2000—2015年千年发展目标》的成功为基础，旨在为消除贫困和饥饿做出更多努力。它们寻求以可持续的方式解决贫困的根源并满足发展的普遍需要。可持续发展目标涵盖可持续发展的三个方面：经济增长、社会包容和环境保护。各国政府应主动作为，并为实现这些目标建立国家政策框架。各国政府只有加大可持续发展政策支持力度，健全完善部门间的协调机制，制定并落实好相关计划和方案，才能实现这些目标。

许多艰巨的挑战依然存在。世界上有八分之一的人生活在极端贫困中；

有7.95亿人营养不良；每年浪费13亿吨食物；每年有600万儿童在5岁生日之前死亡；有超过2亿人失业，其中包括7 500万青年男女；约30亿人依靠污染空气的木材、煤炭、木炭或动物粪便来烹饪和取暖；地球的土壤、淡水、海洋、森林和生物多样性正在迅速退化；气候变化对我们所依赖的资源施加了越来越大的压力，严重影响了人们的生活和国民经济（联合国，2016a）。

这也是一个机遇巨大的时代。畜牧业可以通过以下方式在解决当前许多挑战方面发挥关键作用：向世界提供充足和可靠的安全、健康和营养的食品；在食物链的上游和下游创造就业机会，增加家庭的财务、实物和社会资产；创造财政收入和外汇。为了发挥其潜力，该行业将面临一系列新的行业之间的挑战。例如，对畜牧产品需求的增加将为生态系统、生物多样性和环境增加压力；畜牧业生产者将在资本、劳动力、土地、水和能源方面面临更激烈的竞争；强化生产可能造成传染病的出现和传播，而且随着抗生素使用的增加，耐药性病原体对全球公共卫生的威胁将进一步加剧。

有多种政策工具可用于加强干扰作用的积极影响或减轻其消极影响。尽管如此，其中一些目标的实现可能会与其他目标相冲突。事实上，所有利益相关者可能很快就会意识到，一个领域的权衡和收益可能会引起其他领域的损失。为了更好地将畜牧政策和实践与可持续发展战略相结合，本章综合了涉及的所有关键联系，研究了一些相互作用，并就畜牧业如何积极地帮助实现可持续发展目标提出了建议。

全球趋势表明，2017—2030年，世界人口将增加10亿（联合国，2017）。大多数人，即世界人口的60%将居住在城市（联合国，2014），而全球经济将以每年2.8%的速度增长（经合组织，2012）。人口增长、城市化和收入增加预计将增加全球对动物源性食品的需求（经合组织和联合国粮农组织，2017）。所有这一切都可以增强畜牧业对可持续发展目标的贡献。

虽然畜牧业生产直接或间接地与每一项可持续发展目标相关，但与某些目标和指标的联系要更强。这些关系往往是双向的，一方面，该行业的发展有助于实现一些目标；而另一方面，这些目标的实现为该行业更可持续的发展创造了合适的条件（图18-1）。本节回顾了《2030年议程》中所反映的畜牧业与发展之间的关键联系，并强调了一些关键的政策信息。

18.2 要点

目标1要求采取多种方法来消除贫困。鉴于畜牧业有望实现快速增长，以及许多贫困人口依赖畜牧业为生的假设，畜牧业对消除贫困的贡献有时被认为是理所当然的。畜牧业确实可以在增加农村家庭用于实现生计目标的资产以及

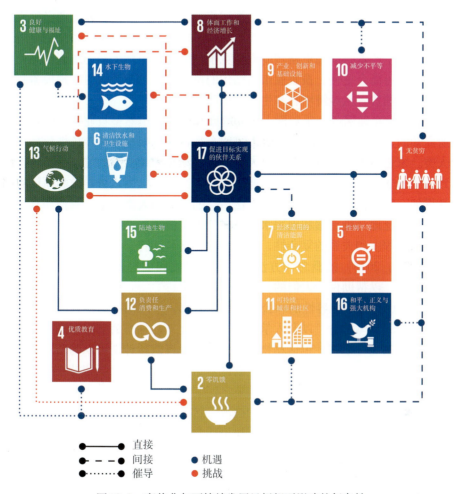

图18-1　畜牧业与可持续发展目标相互影响的复杂性

提高家庭应对冲击的能力方面发挥积极作用。然而，该行业将快速发展转化为减少贫困的能力将因国家、生产系统以及宏观经济和微观经济因素的组合而有所差异。在宏观方面，包括在经济中畜牧业占的比重、畜牧业增长率以及贫困人口对增长的参与程度。在微观方面，包括生产者利用其与牲畜相关的资产创造收入的能力，工人与扩大就业机会联系起来的能力，以及消费者从更具竞争力的价格中获益的可能性。

目标2旨在消除饥饿和一切形式的营养不良。畜牧业可以在不同层面和不同角度做出重大贡献。在家庭层面，它可以增加动物源性食品的直接消费，帮助创造收入；在农村社区层面，它可以帮助创造就业机会；在国民经济层面，它可以降低动物源性食品价格，创造财政收入，赚取外汇；在全球层面，它可以为全球提供充足和可靠的肉、奶、蛋和奶制品供应。然而，该行业必须克服一些新的、相互关联的挑战。对畜牧产品的需求增加将增大生态系统的现有压力；畜牧业生产者将面临更剧烈的资源竞争，因此，虽然生产力可能提高，但提高的速度可能会更慢；畜牧业市场结构的持续转型可能会阻碍小规模畜牧生产者和贫困消费者从经济增长和生产力提高中受益。

目标3旨在确保各个年龄段人群的健康和福祉。虽然畜牧业带来的好处是众所周知的，但如果管理不当，牲畜可能会将传染性疾病和非传染性疾病传播给人类。家畜体内的许多微生物对人体有害。动物源性食品的过度消费可能会导致人类患非传染性疾病。在畜牧业生产中不当使用抗生素会导致病原体的耐药性增加，常常在全球范围内造成无法治疗的动物和人类感染。粪便和其他动物废弃物广泛地污染土壤和地表水。考虑到人类健康、动物健康、营养和环境之间联系的程度和关系的复杂性，需要采取多学科和跨学科行动。"同一健康"(One Health，2018）的概念和方法被认为是设计和促进畜牧业政策、战略和行动的核心，以帮助保持人们的健康和生产效率。

目标4促进各级包容性的和公平的优质教育。食用动物源性食品可以改善儿童的认知和身体发育，以及入学率和表现。此外，牲畜为贫困家庭提供了收入，可以用来支付学费。包括动物源性食品的学校供餐计划可以为营养不良的儿童提供适当的营养。然而，在传统牧区，送孩子上学与童工和游牧的生活方式冲突。其他问题是畜牧业研究和发展之间的差距以及小规模畜牧业生产者在获得农业培训和咨询服务方面面临的挑战，这限制了他们更有效地管理其畜牧业的能力。参与式实践方法，例如牧民田间学校，可以成功培养畜牧业生产者的关键性分析、决策和沟通技巧。加强畜牧生产、营养、教育和健康之间的联系需要针对畜牧业生产者的具体需求量身定制包容性的跨部门方法。

目标5旨在增强妇女和女童充分发挥其潜力的能力。在发展中国家，农村地区的妇女和女童都深入参与了畜牧业生产。然而，女性畜牧业者通常面临比男性更大的挑战，这些挑战包括经济、社会和体制障碍等。为了使妇女能够在畜牧业中有意义地工作并从中受益，政策和计划应努力消除她们前进道路上的所有障碍和限制。通过这样做，畜牧业可以成为数百万农村妇女和女童摆脱贫困的途径。政策干预的关键领域包括为农村妇女开发促进性别平等的推广服务和参与式培训计划；并为她们提供更好地获得土地和生产性资产以及市场、信贷和保险的机会。

目标6涉及水资源的质量和可持续性。农业使用了世界上大约70%的可用淡水，全球大约30%的农业用水用于畜牧业。总水足迹变化很大，虽然这主要取决于动物养殖系统，但集约化动物生产似乎与水足迹增加齐头并进。因此，在选择农业系统时，不仅应仔细考虑经济和生产因素，还应仔细考虑所需的水资源及其可持续性。应采用全面的水管理方法，以实现全面整合的废水管理，应特别关注抗生素和其他残留物。管理策略应因地制宜，并考虑目标地区的社会、文化、环境和经济条件，而水治理是决策中的关键问题。

目标7鼓励更广泛地获取能源和更多地使用可再生能源。畜牧业正通过将粪便转化为沼气，为提供清洁、可再生能源做出越来越大的贡献。畜力也广泛用于小农环境，在未来增加使用畜力可以帮助实现可再生能源目标。牲畜还能进一步利用植物生物质中含有的人类无法食用的能量储备。然而，需要新的设施和技术来大力发展以粪肥为基础的沼气生产。此外，还必须在饲料生产中更多地使用清洁能源来替代化石燃料。

目标8促进可持续的经济增长和充分的生产性就业。在发达国家畜牧业产值占农业总产值的近40%，在发展中国家占20%。然而，畜牧业通过众多纵向和横向乘数效应对整体经济增长的贡献远远超出了简单的生产。在发展中国家，畜牧业高度分离，加工和生产之间以及商业农民和自给型农民之间的劳动生产率水平差异很大。因此，简单地增加相同类型的机会可能只会导致就业不足。畜牧业经济增长模式应特别强调提高劳动生产率，并关注高附加值和劳动密集型活动。

目标9侧重于基础设施发展、工业化和创新。鉴于动物源性食品比农作物的复杂程度更高，畜牧业提供了一些增加价值的最佳机会。因此，它们在增加出口价值、促进经济增长和改善生计方面具有更大的潜力。然而，畜牧业的特点是迅速的市场集中化，这主要是由于基础设施、技术和创新方面的重大差距，从而导致了该领域具有较高的投资能力的参与者数量相对较少。鼓励经济和环境可持续工业化、将更多的工人转移到更具生产力和利润率的活动以及将小规模生产者纳入价值链增长的政策，可能会产生更高的社会和经济回报。它们还可以吸引更多专注于基础设施开发和创新的投资。

目标10呼吁减少收入不平等现象。畜牧业的体制改革在刺激小农创业和缩小不平等差距方面非常有效。畜牧业是小农收入增长的有力催化剂，投资、投入和劳动力成本相对较低。然而，薄弱或歧视性的产权仍然是小农可持续扩张能力的重要制约因素。因此，使畜牧业能够做出有效贡献意味着需要超越该部门的特定政策和投资。此外，它需要完善基础设施以连接落后地区；改善获得服务的机会，包括为所有人提供金融服务；制订有效的社会保护计划，如养老金计划；采用考虑到人们携带动物迁徙的需求的移民政策；实施自由贸易协定，促进最不发达国家和发展中国家的牲畜和畜牧产品贸易。

目标11旨在促进城市可持续发展。今天的城镇化是人类定居史上最迅速、最深刻的变化之一。畜牧业生产在城市中，特别是在发展中国家的城市中，发挥着不同的、充满争议的作用，但往往其作用是必不可少的。城市畜牧业生产的主要好处包括创收、创造就业机会以及改善粮食安全和营养状况。然而，城市畜牧业也存在重大风险，因为在缺乏适当的卫生设施和基础设施的情况下，它们可能对环境和公共健康造成危害。为了使城市更具可持续性，需要采取具体措施减少此类风险，这些措施包括：加强卫生、农业、市政和环境部门之间的协调；对农民进行健康和环境风险管理教育；以及传播有关这些危害的信息，为立法和城市规划提供参考。

目标12旨在促进可持续消费和生产。畜牧业供应链需要大量资源，它们使用大量的土地、水、养分和能源，并对温室气体（GHG）排放做出重大贡献。不可持续的生产和消费不仅会导致资源利用率低下，还会导致丧失经济机会、破坏环境、发生健康问题以及贫困。通过提高效率来提高畜牧业可持续性的机会和现有技术有很多。改善动物健康、饲养和繁殖方法、粪便和放牧管理有助于缩小所有生产系统和地区存在的产量差距。减少供应链各个阶段的浪费和损失可以推动取得重大进展。然而，在当地环境中适应和实施新技术，以及制定支持政策和建设基础设施以鼓励采用这些新技术将是更大的挑战。

目标13呼吁采取紧急行动应对气候变化及其影响。畜牧业和气候变化之间的关系有两方面。一方面，畜牧业对气候变化产生了巨大影响。2010年，畜牧业直接排放的温室气体为240亿吨二氧化碳当量，约占农业、林业和其他土地用途排放总量的21%，占人类活动产生的温室气体排放总量的5%。另一方面，气候变化影响了畜牧业生产，例如通过影响饲料的质量和供应，以及动物疾病的发病率和流行程度来影响畜牧业。有一些技术上的缓解和适应性选择可以提高自然资源的利用率。此外，也需要采取制度改革、灾害风险管理、建设社会安全网等超越农场的措施。

©联合国粮农组织/Giuseppe Carotenuto

目标14旨在促进海洋和沿海生态系统可持续利用。世界海洋鱼类正面临严重威胁，主要威胁是渔业的过度开发影响了野生鱼类种群的大小和生存能力、目标物种的遗传以及它们的食物网和生态系统。在世界渔业生产中，加工成鱼粉（主要用于高蛋白饲料）和鱼油（主要用作水产养殖的饲料添加剂，以供人类和牲畜消费，或用于医药产品）的比例很高，但该比例正在下降。鱼粉和鱼油可以从整条鱼、鱼类加工后的下脚料或其他鱼类副产品中获得。2012年，全球约35%的鱼粉产量来自鱼类加工后的下脚料。更有效的沿海或流域规划以及不同部门（畜牧业、饲料生产和水产养殖）之间的密切合作，将有助于提高陆地和海洋粮食系统的可持续性。

目标15侧重于减少自然栖息地退化和对抗生物多样性丧失。在全球范围内，自然资源正在恶化，生态系统正在退化，生物多样性正在丧失。虽然畜牧业在减少生物多样性、造成土地退化和森林砍伐方面发挥了作用，但它也提供了宝贵的服务，以保护、恢复和促进陆地生态系统的可持续利用，如防治荒漠化，扭转土地退化，制止生物多样性丧失。当畜牧业产生有害影响时，通常是由于它们的管理方式只考虑了短期收益，而没有考虑可持续性。畜牧业生产在支持牧场可持续管理、保护野生动物、提高土壤肥力和养分循环等方面可以发挥重要作用。增强畜牧业为生态系统提供的服务，并与适度提高饲料利用效率相结合，是实现这一目标的关键。

目标16展望和平和包容的社会。一个稳定与和平的环境是可持续发展的基础。在发展中国家的许多社区，社会和经济福祉与畜牧业密切相关。在危机期间，特别是在危机发生以后，畜牧业对于恢复动物蛋白供应至关重要。在公共卫生方面，动物疾病暴发后可能迅速蔓延，并演变为区域或全球范围内的重大卫生、社会和经济危机。此外，人口之间关于土地和牧场的争端可能是冲突的根源，因为牧场是一种有价值的商品，正面临着越来越大的压力。明确的产权、清晰的法律关系、健全的畜牧业政策、对地方机构的信任以及完善的基础设施等机制，可以增强畜牧业作为社会和平与稳定的催化剂的作用。

目标17侧重于重振合作关系，将各国政府、私营部门和民间社会团结起来，以实现普遍的可持续发展。在全球和区域层面，畜牧业具有若干利益相关者伙伴关系：①有助于维持可持续增长，以满足全球对动物源性食品日益增长的需求；②有助于应对关键的环境、社会和经济挑战。尽管多方利益相关者合作关系的好处众所周知，但影响其有效性的一个主要因素是，建立的管理机构不仅应适合其使命和组成，而且能够解决任何潜在的权力不对称和利益冲突问题。

18.3 互动、协同和权衡

《2030年议程》被视为一个综合议程，并被定义为"不可分割的整体"。可持续发展在社会、环境和经济方面的关键点在议程内相互关联，相互交叉。事实上，虽然每个可持续发展目标都在社会、环境和经济中的某一方面上有明确的起点，但大多数目标都是有效的，这些目标共同组成了社会、环境和经济三个维度（经合组织，2015）。然而，传统上，畜牧业可持续性分析使用的是局部的、行业性的方法，这种方法只能衡量畜牧业发展对可持续性的单一维度的影响。

这种方法的一个缺陷是，它没有考虑到不同政策目标和指标之间的同时贡献、反馈效应、动态变化、协同效应和权衡取舍。而这一点尤其重要，因为可持续发展目标中存在复杂的非线性相互作用，实现一个目标可能对其他的一个或几个目标产生积极的、中性的或负面的影响。本节下面的分析并非详尽地针对每一个可持续发展目标，而是以其中一个目标（可持续发展目标2）为例来说明各目标之间的潜在协同效应和权衡取舍。

可持续发展目标2旨在到2030年消除饥饿和所有形式的营养不良，其中存在显著的、积极性的和相互支持的互动。它们包括：发展可持续的粮食生产系统；提高畜牧业的生产力以满足对动物源性食品日益增长的需求；确保平等地获得土地、金融服务和提高生产力的机会；保持牲畜品种的遗传多样性以适应气候变化并增强生物多样性；投资于基础设施、研究、推广和技术以提高生产能力；确保存在透明和有效的市场以改善生产者的生计，保持消费价格的竞争力。

和许多积极的协同作用一样，可持续发展目标2中可能会有许多存在冲突和需要权衡的目标和指标。例如：增强畜牧业对经济增长的贡献可能会减少生产粮食作物的土地供应。随着畜牧业的发展，对种植饲料而非农作物的土地的竞争加剧；使用更多土地种植饲料可能会推高粮食价格，危及贫困家庭的粮食和营养安全。大约33%的可用耕地已经被用于生产动物饲料（Steinfeld等，2006），而畜牧业也消耗了全世界约三分之一的谷物产量（Mottet等，2017）。然而，在全球约50亿公顷被列为农业用地的土地中，约有三分之二的土地实际上并不适合农作物生产，只能用于放牧牲畜（Haan等，1997）（插文13）。

插文13　食品与饲料

大约50万公顷的可用耕地用于生产动物饲料（Steinfeld等，2006）。根据Mottet等（2017）的研究，在反刍动物系统中每生产1千克无骨肉需要平均2.8千克的人类可以食用的谷物，而在单胃动物中则需要3.2千克。然而，牲畜也在草地上吃草，并将人类无法食用的大量的农作物加工残留物（如秸秆、油籽饼、酿酒谷物）转化为人类的宝贵食物（联合国粮农组织，2012a）。例如，在印度，奶牛和水牛几乎完全靠农作物残留物和副产品喂养，它们生产的牛奶足以满足约1.15亿人的热量需求和约2.3亿人的蛋白质需求（Herrero等，2010）。

　　如果管理不善，提高畜牧业生产力可能会减少养殖动物的遗传多样性。在畜牧业生产中经常被忽视的生物多样性，必须考虑到跨物种、品种以及品种内的生物多样性。旨在增加产量的不加区分的杂交被认为是世界范围内动物多样性丧失的主要原因（联合国粮农组织，2015a）。在品种方面，1994年奶牛品种的分布更加多样化：在美国，一半以上的牛奶（54%）是由"小型"奶牛品种（艾尔郡、根西岛和泽西岛）生产的，46%是由大型奶牛品种（荷斯坦、瑞士布朗）生产的。然而，2007年，美国大约90%的牛奶都是由荷斯坦牛这一个奶牛品种生产的（插文14）。

插文14　生产力和生物多样性

　　在品种中，荷斯坦牛的遗传多样性随着时间的推移而大幅下降（Kim和Kirkpatrick，2009）。人工授精在提高生产力方面极为有效，但最近的一项基因组研究表明，在美国商业上可用于人工授精的所有荷斯坦公牛（$N>250$）仅来自两个祖先（Yue等，2015）。遗传"改良"是一个强大的工具，但应注意妥善管理遗传资源，并适当考虑当地情况（气候、饲料、文化等）。决定应符合国家动物遗传资源政策。杂交育种计划，尤其是对进口品种的杂交育种计划，应该伴随着保护工作。近亲遗传改良应寻求在提高生产力和维持遗传多样性之间取得平衡。加强国家动物遗传资源管理能力是许多国家的迫切需要（联合国粮农组织，2007，2015a）。

　　生产率的提高也会影响脆弱的农村家庭的恢复力。在许多发展中国家，畜牧业及其相关生产系统提供的服务远远超出了肉、奶和蛋的供应。它们支持作物生产，有助于维护景观，提供交通，保存财富，并发挥重要的仪式和文化作用。与工业化地区相比，这种系统的生产力差距很大，因为必须生产多种产品会降低优化生产任何单一产品的能力。因此，尽管提高生产率可能是消除饥饿的必要条件，但在任何特定环境下提高生产率都可能削弱当地家庭对气候变化、极端天气、干旱、粮食和其他灾害的抵御能力，并降低这些家庭逐步改善土地和土壤质量的能力（插文15）。

　　纠正和防止世界农产品市场的贸易扭曲，可以采取包括取消所有形式的农业出口补贴在内的类似措施来实现，这是可持续发展目标2的具体目标之一。贸易开放有助于经济增长，进而有利于消除饥饿和促进粮食安全的这一论点，在传统经济理论中是有充分根据的。然而，贸易自由化的潜在收益不一定会在所有国家和社会经济群体中得到体现。具体而言，发达国家和发展中国家之间可能存在显著差异。

插文 15   游牧和畜牧系统的多维作用

游牧为世界上的旱地、高地、湿地、灌木地和其他脆弱的生态系统带来了多重好处。它不仅有助于生产肉类、牛奶、皮革和动物纤维，还有助于生产粪便和提供畜力以支持农业活动。此外，游牧还提供重要的生态系统服务，有助于改善牧场和总体环境。移动中的动物有助于维持生物多样性和土壤肥力、固碳、调节水源、散播种子和防火。牧民的文化习俗包含宝贵的本土知识，并以可持续的和包容的方式规范土地使用。保持景观的文化服务也为游客和整个社会提供了娱乐价值。游牧的流动性是连接不同地区和国家、连接孤立社区并向他们提供新闻、信息和知识的一种方式。

不断增长的全球化、区域一体化和贸易意味着一个地区或国家追求的目标可以与另一个地区或国家的目标相互影响（UN，2016d）。例如，据预测，到2020年，欧盟取消牛奶配额将导致牛奶产量增加4%，牛奶价格下降10%[①]。然而，不同区域感受到的效果是不同的。在一些地区产量和农业收入增加的同时，另一些产量的生产和农业收入会减少。由于牛奶的平均价格下降，所以农业总收入将会下降。但欧盟的乳制品行业将会受益，因为乳制品价格的下降幅度预计将会低于原料奶价格的下降幅度。如果假设原料奶价格全面下跌，那么牛奶配额终止的主要受益者将是消费者（Witzke等，2009）。

显然，畜牧业发展与可持续发展目标之间的联系是复杂的。在可持续发展政策领域，关于《2030年议程》的连贯性和相互联系的讨论一般侧重于权衡利弊和协同增效的存在；然而，在畜牧业政策辩论中，这是一个概念性的领域，科学基础仍然薄弱。为解决这一差距，下一节将探讨制定"畜牧业–可持续发展目标政策框架"，旨在支持决策者、利益相关者和投资者确定以一致的方式来增强畜牧业对实现《2030年议程》的贡献的方法。

18.4   制定畜牧业–可持续发展目标政策框架

在全球畜牧业政策领域，最近的讨论围绕着该领域对《2030年议程》的潜在贡献展开。但是，目前还没有全面的政策框架来评估和更有效地支持将与畜牧业和可持续性有关的问题纳入国家政策进程。为了更好地支持畜牧业政策和做法与世界各地的可持续发展战略相结合，本节建议制定畜牧业–可持续发展目标政策框架（图18-2）来作为加强畜牧业政策分析对实现《2030年议程》

[①] 本书原版为英文，英文版时间为2018年，故此处预测了2020年的数据。——编者注

的影响的工具。

图18-2　畜牧业－可持续发展目标政策框架

资料来源：基于联合国粮农组织2017年的数据和Nilsson等，2016年。

该政策框架的主要目标是：①指导对政策变化的机会的识别，提供有关部门为可持续发展目标做出有效贡献的能力的实验证据；②加强政府和利益相关者的能力，分析畜牧业对可持续发展目标的贡献，研究关联、协同效应和权衡取舍；③支持生成分析性证据，评估畜牧业对可持续发展目标的贡献，以及政策和规划可能产生的影响；④促进使用方法和工具，监测畜牧业对可持续发展目标的贡献，支持从各种来源获取信息；⑤促进就畜牧业和可持续发展中新出现的问题进行高级别政策讨论。

政策框架有六个主要组成部分，每个部分都密切相关。这个框架的目的是建立一个逻辑和理性的过程，将问题和证据与可行的政策举措联系起来。该框架基于联合国粮农组织2017年关于"加强畜牧业政策以改善粮食安全和营养"的政策指导说明和"理解可持续发展目标相互作用框架草案"（Nilsson等，2016）。

18.4.1　确定关键联系

畜牧业－可持续发展目标政策框架的第一步是确定关键联系。目的是评估畜牧业如何能够为可持续发展目标做出贡献以及其原因。对系统的结构和边界进行充分定义至关重要，因为如果没有清晰的结构，那么分析最终将试图涵盖所有内容，而无法准确分析各个方面。

为了便于分析，图18-3给出了一个基于输入－输出模型、时间框架、空间维度的概念框架，其中的联系分为四类。该系统通过输入要求、生产的产品和分配过程以及产生的产出与可持续发展目标相互作用。这些投入、过程和产出可以直接或间接地在局部或全球范围内影响可持续发展目标。这些联系可能是被诱发

171

的，也可能完全不存在。需要注意的是，这个图并不是生产系统的精确展示。

图18-3　畜牧业生产系统的结构和边界

资料来源：联合国粮农组织，2018年。

完整的结构和边界应该有助于关键联系的识别。然而，联系的优先次序很重要，否则这个过程将过于模糊而无法有效。定义一个链接优先于另一个链接的标准并不容易，因为这最终取决于相关参与者的切入点和观点。然而，分析过程将不得不面对这一问题。为了帮助政策制定者和利益相关者确定联系的优先级，我们使用序数尺度，根据联系的强度将联系的重要性级别按照从3到0进行排序。这些联系可以是正向的，也可以是负向的（表18-1）。

表18-1　畜牧业标准-可持续发展目标的联系

等级	联系	描述
3	直接的	该部门的发展可以直接促成或限制目标的实现，例如，提高小规模粮食生产者的农业生产力
2	间接的	该部门的发展设定了一个条件，以促进或限制目标的实现，例如，确保所有人全年都能获得安全、营养和充足的食物
1	诱导的	对目标的追求可以促进或限制该部门对其他目标的贡献，例如，增加对基础设施、研究和推广以及技术开发的投资，以提高生产力
0	毫无联系	一种中立关系，在这种关系中，该部门的发展不会与各自的目标产生显著的互动，例如为所有人提供合法身份，包括出生证明

为了解读畜牧业与可持续发展目标之间复杂的相互联系，本节探讨了《2030年议程》中与畜牧业相关的目标和具体指标之间的一些协同效应和权衡取舍。基于Nilsson等（2016）为阐明可持续发展目标的相互作用而开展的工作，本节提出的框架使用了一个七分制量表，表明与其他目标的相互作用类型，以及这种正向或负向的关系的程度（表18-2）。

表18-2　畜牧业－可持续发展目标相互影响评分

得分	相互影响	描述
3	密不可分型	最有力的积极互动形式，其中一个目标与另一个目标的实现密不可分
2	加强型	一个目标直接为另一个目标的实现创造条件
1	使成为可能型	追求一个目标能够实现另一个目标的互动
0	一致型	一种中立的关系，其中一个目标的实现不会显著影响另一个目标
−1	限制型	一种温和的消极互动形式，其中对一个目标的追求为实现另一个目标设置了条件或限制
−2	抵消型	追求一个目标与实现另一个目标相互抵消的互动
−3	取消型	最消极的互动，其中一个目标的进展使另一个目标无法实现，并可能导致第二个目标的恶化

资料来源：改编自Nilsson等，2016年。

应该指出的是，某一特定相互作用的影响程度很少是绝对的或通用的。相互作用影响的大小和特征取决于其发生的背景。

18.4.2　生成和汇编分析性证据

基于严格证据的政策和投资会带来更好的结果。分析性证据应旨在量化畜牧业对具体目标的当前贡献和潜在贡献，包括支持建立可能具有协同作用和权衡取舍的底线。这一证据应该有助于回答以下问题。

- 增加或减少畜牧业对特定目标的贡献的潜力有多大？
- 影响畜牧业贡献的直接因素和间接因素是什么？
- 引发这种政策变化的潜在正面效应和负面外部效应是什么？

Acosta等（2017）提供了一套初步指标，以评估畜牧业对一些可持续发展目标的贡献。然而，主要的挑战之一将是确定和获取相关的官方信息。

其中一些信息来自不同的来源，包括现有的官方报告、国家数据库（如农业普查或生活标准测量调查）或全球数据库[如联合国粮农组织小农数据概况，联合国粮农组织的全球畜牧业环境评估模型（GLEAM）或家畜多样性信息系统（DAD-IS）]。但是，重要的是要系统地汇编和连接不同的资料来源，以便进行监测和报告。例如，表18-3列出了与选定国家的农场畜牧业活动收入占总收入的百分比有关的信息。

表18-3 与畜牧业相关的农场活动收入占总收入的百分比

国家	牲畜 (%)	农作物 (%)	农业工资 (%)	非农业 (%)	转移 (%)	其他
肯尼亚	24.9	39.5	5.7	19.9	7.2	2.8
埃塞俄比亚	35.3	47.7	5.2	8.8	3.2	0.2
马拉维	6.0	46.0	18.0	17.0	9.0	3.7
尼日尔	11.0	30.0	3.0	45.3	10.4	0.1
尼日利亚	3.0	61.0	0.9	33.0	0.6	0.8
坦桑尼亚	11.0	58.0	4.0	23.0	3.0	1.0
乌干达	9.0	45.0	6.0	37.0	1.3	1.1
孟加拉国	6.0	26.0	13.0	35.0	7.2	12.8
尼泊尔	23.0	24.0	8.4	28.6	14.0	2.0
越南	18.0	30.0	2.8	25.2	9.6	15.0
玻利维亚	14.0	31.0	1.0	47.0	6.0	0.7
危地马拉	3.0	24.0	18.0	40.0	14.0	0.7
尼加拉瓜	10.0	29.0	31.0	22.0	7.0	1.0
阿尔巴尼亚	28.0	19.0	2.0	27.0	23.0	0.5

资料来源：联合国粮农组织小农数据概况，2017年。

18.4.3 规划政策格局

一旦确定了关键联系以及畜牧业对实现可持续发展目标的贡献，并研究了各种潜在的协同作用和权衡，下一步就是确定、收集和分析影响或可能影响畜牧业有效贡献的主要政策措施。规划政策格局的第一步是整理政策文件，这些文件可以在短期和长期内积极或消极地影响畜牧业对可持续发展目标的贡献。此政策框架分析应有助于回答以下问题：

- 影响该行业的主要宏观经济政策和部门政策有哪些？
- 主要的农业政策是什么？
- 现有的畜牧业政策、战略和行动计划是什么？

许多国家制定了具体的畜牧业发展战略（LDS）来指导该行业的发展。然而，该行业内外存在一系列广泛的政策措施，这些政策措施也可能影响其可持续性水平及其对可持续发展目标的贡献。这些政策措施包括宏观经济政策（贸易、财政、货币）、农业部门政策（土地、信贷、基础设施）和畜牧业特定政策（动物健康、育种和品种保护、动物福利）。各国还有一系列关于生产系统或价值链的特定的战略和行动计划，这些工具通常旨在提高生产力、增加产量或促进市场准入。除了国家政策和战略之外，各国还有一套特定的规范和法规，例如关于动物疾病控制的规范。

18.4.4　分析政策框架

本节的目的是确定和分析特定政策措施关于畜牧业对实现特定可持续发展目标贡献的影响，并提供政策建议以增强畜牧业的作用。此外，还审查了畜牧业政策和战略的不同目标与可持续发展目标的实现之间的协同作用和权衡。政策框架分析的一个主要方面是确定政策变革或政策改革的选择，从而改善现有政策框架并加强畜牧业对可持续发展目标的贡献。政策框架分析应有助于回答以下问题：

● 如果修改特定措施，该行业对特定目标的贡献是什么？
● 需要改变哪些政策措施，为什么？
● 这一变化将对其他政策目标和可持续发展目标产生什么影响？

寻求提高畜牧业对可持续发展目标贡献的畜牧业政策框架应广义地看待这一贡献，并承认不可能有单一的政策或战略来指导该部门的发展，但该政策框架需要具备一系列条件。为了达到预期的积极效果，具体的政策措施可能需要不时地进行调整。插文16提出了与畜牧业、粮食安全和营养政策（战略）的基本原理有关的问题，这些问题经常出现在政策框架中。

插文 16　分析畜牧业、粮食安全和营养政策框架

许多畜牧业政策和战略广泛地将加强粮食安全和营养确定为拟议措施的主要目标作为声明开头。然而，在这些战略文件中，粮食安全和营养通常被理解为粮食供应，或对食物获取、利用和稳定性的有限的认识（如果有的话）。此外，一般的观点往往是努力满足粮食需求，减少进口依赖和外汇支出，而不是满足基本的营养需求。因此，提高产量、生产力和部门竞争力被定为主要政策目标，理论上会导致生产者收入增加，使农村和城市的粮食安全和营养状况得到改善。这一愿景的核心是通过技术转让将自给型小农户转变为以市场为导向的生产者。然而，所提议的政策或战略往往对小农经营的背景、他们由此产生的能力和采用可能一方面增加产量但另一方面会增加生产成本和风险的技术的意愿视而不见。遵循这一范式，公共投资的主要领域往往是推广和培训、研究、农业和自然生物多样性的维护、植物病虫害或动物疾病控制、营销支持，在某些情况下，还包括投入品供应和农业特定基础设施（联合国粮农组织和欧盟，2017）。

18.4.5　考虑政治经济学

政策变化是一个复杂的过程，特别是在畜牧业等行业中，这些行业往往有各种各样的竞争目标和不同的生产者。使畜牧业朝着可持续发展目标靠拢的过程涉及寻找影响政策议程的最佳方式。虽然政策分析可以为畜牧业政策调整提供各种技术上可行的选择，但这可能在政治上是不可行的。因此，理解公共政策和决策背后的政治经济学很重要。本节应有助于回答以下问题：

- 畜牧业的利益相关者是谁？他们有什么利害关系？他们能在多大程度上影响决策？
- 在国家政治经济的背景下，改革的可行性如何；谁将受益，谁将遭受损失？
- 促进政策变化的战略选择是什么？

任何政策改革成功的先决条件是与政府的政治目标保持一致，并与国家总体政策保持一致。随着政策变化在社会内部重新分配资源，一些群体往往比其他群体受益更多，而另一些群体实际上可能受到损失。无论是有意还是无意，关于政策改革的建议对社会各个部门可能产生的影响都应该事先加以了解。他们将决定谁可能支持政策变化，谁可能反对，谁可能保持无动于衷。Reich（1995）提出了一个框架，其中包括如果改革要成功需要考虑的五个方面：①政策改革努力的结果，即谁将受益，谁将遭受损失；②利益相关者的目标（以及拟议的政策改变将如何影响他们）；③来自主要参与者的可能的支持或反对；④政策框架内的参与者关系；⑤变革策略的构建。

18.5　结论

我们正生活在一个面临着巨大挑战的时代：世界上有八分之一的人生活在极端贫困之中；有8.15亿人营养不良；每年浪费约13亿吨食物；每年约600万儿童在5岁生日之前死亡；有2.02亿人失业；约30亿人依靠木材、煤炭、木炭或动物粪便来烹饪和取暖；地球的土壤、淡水、海洋、森林正在迅速退化，生物多样性正在丧失；气候变化给我们所依赖的资源带来了更大的压力，扰乱了国家经济，使许多人的生活陷入困境。几十年来，畜牧业的争论一直集中在如何以可持续的方式增加产量上。《2030年议程》为辩论增加了一个新的和更广泛的维度。它将对话的重点从促进可持续生产本身转向增强畜牧业对实现可持续发展目标的贡献。

畜牧业可以直接或间接地为每一项可持续发展目标做出贡献：增加农村家庭用于实现生计目标的资产；增加动物源性食品的直接消费；帮助创收；支持创造就业机会；为世界提供充足和可靠的肉、奶、蛋和奶制品；改善儿童的认知、身体发育、入学率和表现；赋予农村妇女权利；提高自然资源利用效率；扩大获得清洁能源和可再生能源的机会；支持可持续的经济增长；创造财政收入和赚取外汇；提供增值和工业化机会；刺激小农创业并缩小不平等差距；促进可持续消费和生产；提高家庭应对气候冲击的能力；并将多个利益相关者聚集在一起以实现所有的可持续发展目标。

然而，还需要处理一些复杂的相互作用。这些相互作用包括：发展中国家低水平的生产要素禀赋，可能会使贫困的畜牧饲养者无法从该行业的快速发展中获益；通过过度使用资源而增加短期生产可能会导致长期生产率降低；虽然温室气体的排放强度在下降，但生产的增加将导致温室气体总排放量的增加；为生产饲料而进行的土地竞争可能会限制生产粮食的资源的可用性；跨界动物疾病的出现或传播可能威胁公共卫生和扰乱贸易；促进畜牧业有更高的市场集中度和更有竞争力可能会妨碍小规模生产者参与市场的能力。要解决这些问题，需要的是遏制畜牧业生产对生物多样性和环境的负面影响，并停止在动物健康方面不当使用抗生素。如果不能处理这些相互作用，那么可能会导致积极的协同作用被排除，而消极的作用占主导地位。

换言之，增强畜牧业对可持续发展目标的贡献将需要对该部门进行深刻变革。此外，这还涉及把目光投向畜牧业特定的政策和投资之外。这将需要制定战略，以消除阻碍从事畜牧业的贫困农民获得生产性资产和农村服务的障碍；将会使动物源性食品价格可以更好地反映负外部效应；还将会加强畜牧组织，重点是加强小规模生产者及其协会和合作社。这意味着提高生产力的努力必须集中在小规模生产者上；并且推广服务必须更加关注性别问题。同样重要的是常规疾病预防计划的制度化，包括普遍采用"同一健康"（One Health，2018）方法。贸易改革、基础设施投资、更好地获取金融资源、技术创新和体制发展也必不可少，同时必须使畜牧业市场更加透明和高效。

一项重大挑战将是把畜牧业在可持续发展目标中的作用转化为国家政策和战略。可持续发展目标和标准是激励人心的和全球性的。因此，每个国家都必须决定如何将畜牧业在可持续发展目标中的作用纳入国家规划进程、政策和战略，以及如何制定国家目标，这不仅要以全球的追求为指导，还要考虑到各国的情况。为了更好地支持畜牧业政策和做法与可持续发展战略相结合，《世界畜牧业》提出了畜牧业-可持续发展目标政策框架，作为加强畜牧业政策分析对实现《2030年议程》的影响的工具。该政策框架的主要目标是：①加强政府和利益相关者分析畜牧业对可持续发展目标的贡献，研究关联、协同效应和权衡关系的能力；②指导对政策变化的机会的识别；③支持产生分析性证据以评估政策和方案可能产生的影响；④促进使用方法和工具，监测畜牧业对可持续发展目标的贡献；⑤促进就畜牧业和可持续发展中新出现的问题进行高级别政策讨论。

REFERENCES |参考文献|

Abed, R. & Acosta, A. 2018. Assessing Livestock Total Factor Productivity: A Malmquist Index Approach. *African Journal of Agricultural and Resource Economics.*

Abel, N. O. J. & Blaikie, P. M. 1989. Land degradation, stocking rates and conservation policies in the communal rangelands of Botswana and Zimbabwe. *Land Degradation & Development*, 1(2): 101-123.

Aberra, E. 2003. *Pastoral Livelihoods in Urban and Peri-urban Spaces of Ethiopia: The Case of Yabello, Borana Zone.* International Conference on African Development Archives. Paper 82.

Acosta, A. & Barrantes, C. forthcoming. *The vertical and horizontal economic effects of livestock growth.* Animal Production and Health Division. FAO Working Papers. Rome.

Acosta, A., Nicolli, F. & Panagiotis, T. forthcoming. *The catalytic contribution of livestock to rural households' livelihood strategies: A dynamic cross sectional model.* FAO Working Papers. Rome.

Acosta, A. & De los Santos, L. forthcoming. What is driving TFP change? A persistent and transient efficiency analysis of livestock production systems. *Global Food Security.*

Adelman, S.W., Gilligan, D.O. & Lehrer, K. 2008. *How effective are food for education programs? A critical assessment of the evidence from developing countries.* International food policy research Institute (IFPRI), Washington D.C.

African Development Bank Group. 2012. *Urbanization in Africa.* Accessed 6 February 2018. www.afdb.org/en/blogs/afdb-championing-inclusive-growth-across-africa/post/urbanization-in-africa-10143/.

Alary, V., Corniaux, C. & Gautier, D. 2011. Livestock's Contribution to Poverty Alleviation: How to Measure It? *World Development*, 39(9): 1638–1648.

Albanesi, S. 2007. Inflation and inequality. *Journal of Monetary Economics,* Elsevier, vol. 54(4): 1088–1114.

Alders, R.G. & Pym, R.A.E. 2009. Village poultry: still important to millions, eight thousand years after domestication. *World's Poultry Science Journal*, 65(2): 181–190.

Allendorf, K. 2007. Do women's land rights promote empowerment and child health in Nepal? *World Development*, Vol. 35(11): pp. 1975–1988.

Alexandratos, N. & Bruinsma, J. 2012. *World agriculture towards 2030/2050: the 2012 revision.* ESA Working Paper No. 12-03. FAO. Rome.

Ali, J. 2007. Livestock sector development and implications for rural poverty alleviation in India. *Livestock Research for Rural Development*, 19(2): 1–15.

Alkemade, R., Reid, R. S., van den Berg, M., de Leeuw, J. & Jeuken, M. 2013. *Assessing the impacts of livestock production on biodiversity in rangeland ecosystems.* Proceedings of the National Academy of Sciences, 110(52): 20900–20905.

Allen, L.H. 2014. Micronutrient research, programs, and policy: From meta-analyses to metabolomics. *Advances in Nutrition*, 14 (5.3): 344S–351S.

Allen, L.H., Backstrand, J., Chavez, A. & Pelto, G.H. 1992. *People cannot live by tortillas alone: the results of the Mexico nutrition CRSP*. Storrs, CT, USA, University of Connecticut Department of Nutritional Sciences.

Alston, J.M. & Pardey, P.G. 2014. Agriculture in the global economy. *Journal of economic perspectives,* 28(1):121–146.

Alston, J.M., Chan-Kang, M.C., Marra, M.C., Pardey, P.G. & Wyatt T.J. 2000. *A meta-analysis of the rates of return to agricultural R&D: Ex pede herculem?* Research Report no. 113, International Food Policy Research Institute. Washington D.C.

Aneja, V.P., Nelson, D.R., Roelle, P.A. & Walker, J.T. 2003. Agricultural ammonia emissions and ammonium concentrations associated with aerosols and precipitation in the southeast United States. *Journal of Geophysical Research*, 108 (D4): ACH12-1-12-11.

Arheimer, B., Andersson, L., Larsson, M., Lindstrom, G., Olsson, J. & Pers, B.C. 2004. Modelling diffuse nutrient flow in eutrophication control scenarios. *Water Science and Technology*, 49: 37–45.

Arslan, A., Cavatassi, R., Alfani, F., Mccarthy, N., Lipper, L. & Kokwe, M. 2017. Diversification Under Climate Variability as Part of a CSA Strategy in Rural Zambia. *The Journal of Development Studies*, 1–24.

Asadullah, M. N. & Rahman, S. 2009. Farm productivity and efficiency in rural Bangladesh: the role of education revisited. *Applied Economics*, 41(1): 17–33.

Asfaw, S., Pallante, G. & Palma, A. (2018). Diversification Strategies and Adaptation Deficit: Evidence from Rural Communities in Niger. *World Development,* 101: 219–234.

Ashley, C. & Carney, D. 1999. *Sustainable livelihoods: lessons from early experience*. London, Department for International Development.

Asner, G.P., Elmore, A.J., Olander, L.P., Martin, R.E. & Harris, A.T. 2004. Grazing Systems, Ecosystem Responses, and Global Change. *Annual Review of Environment and Resources*, 29: 261–299.

Ayoade, J.A., Ibrahim, H.I. & Ibrahim, H.Y. 2009. Analysis of women involvement in livestock production in Lafia area of Nasarawa State, Nigeria. *Livestock Research for Rural Development*, 21:220. (also available at www.lrrd.org/lrrd21/12/ayoa21220.htm).

Azzarri, C., Cross, E., Haile, B. & Zezza, A. 2014. *Does livestock ownership affect animal source foods consumption and child nutritional status? Evidence from rural Uganda*. Policy Research Working Paper No. 7111. World Bank Group, Washington, D.C.

Banks, J., Blundell, R. & Brugiavini, A. 2001. Risk pooling, precautionary saving and consumption growth. *Review of Economic Studies*, 68(4): 757–779.

Barker, J.C. & Zublena, J.P. 1995. *Livestock Manure Nutrient Assessment in North Carolina*. Final Report. Raleigh, NC. North Carolina Agricultural Extension Service, North Carolina State University.

Barrett, C.B., Chabari, F., Bailey, D., Coppock, D.L. & Little, P.D. 2003. Livestock Pricing in the Northern Kenyan Rangelands. *Journal of African Economics*, 12 (2): 127–155.

Bati, B.M. 2013. *Climate change, cattle herd vulnerability and food insecurity: Adaptation through* *livestock diversification in the Borana pastoral system of Ethiopia* (Doctoral Dissertation). Germany: University of Hohenheim (also available at https://fsc.uni-hohenheim.de/ fileadmin/ einrichtungen/fsc/FSC_Scholars/dissertation/Bekele_Thesis_ 121213_4114.pdf).

Behnke, R. & Osman, H.M. 2012. *The Contribution of Livestock to the Sudanese Economy.* IGAD LPI Working Paper No. 01 – 12. Addis Ababa, Ethiopia: IGAD Livestock Policy Initiative.

Benchaar, C., Hassanat, F., Gervais, R., Chouinard, P.Y., Julien, C., Petit, H.V. & Massé, D.I. 2013. Effects of increasing amounts of corn dried distillers' grains with solubles in dairy cow diets on methane production, ruminal fermentation, digestion, N balance, and milk production. *Journal of Dairy Science,* 96(4):2413–2427.

Bender, A.E. 1992. Meat and meat products in human nutrition in developing countries. Food and Nutrition Paper 53. Rome. FAO.

Bennet, M. 2006. Bats and human emerging diseases. *Epidemiology and Infection,* 134(5): 905–907.

Benton, T.G., Bryant, D.M., Cole, L. & Crick, H.Q.P. 2002. Linking agricultural practice to insect and bird populations: a historical study over three decades. *Journal of Applied Ecology,* 39: 673–687.

Bezanson, K.A. & Isenman, P. 2012. *Governance of New Global Partnerships: Challenges, Weaknesses, and Lessons.* CGD Policy Paper 014. Washington D.C.: Center for Global Development.

Bignal, E. & McCracken, D. 1996. Low-intensity farming systems in the conservation of the countryside. *Journal of Applied Ecology,* 33: 413–424.

Bilal, S. & van Seters, J. 2015. Combining forces for more sustainable global value chains: A European perspective. *GREAT Insights Magazine,* 4.6.

Binswanger, H. & Rosenzweig, M. 1986. Behavioral and material determinants of production relations in agriculture. *Journal of Development Studies,* 22: 503–539.

Bishop-Sambrook, C., Kienzle, J., Mariki, W., Owenya, M. & Ribeiro, F. 2004. *Conservation agriculture as a labour saving practice for vulnerable households: a study of the suitability of reduced tillage and cover crops for households under labour stress in Babati and Karatu Districts, Northern Tanzania.* Rome, IFAD and FAO (also available at http://s3.amazonaws.com/ zanran_storage/www.fao.org/ContentPages/4388880.pdf).

Black, M. M. 2003. Micronutrient deficiencies and cognitive functioning. *The Journal of nutrition,* 133(11): 3927S–3931S.

Blackburn, H. & Gollin, D. 2008. Animal genetic resource trade flows: the utilization of newly imported breeds and the gene flow of imported animals in the United States of America. *Livestock Science,* 120, 240–247.

Bloomfield, E. 2015. *Gender and Livelihoods Impacts of Clean Cookstoves in South Asia.* Washington D.C., USA: Global Alliance for Clean Cookstoves.

Bond, W. J. & Parr, C. L. 2010. Beyond the forest edge: Ecology, diversity and conservation of the grassy biomes. *Biological Conservation,* 143: 2395–2404.

Bourguignon, F & Chakravarty, S. 2003. The Measurement of Multidimensional Poverty. *Journal of Economic Inequality*; Apr 2003; 1.

181

Bouwman, L., Goldewijk, K. K., Van Der Hoek, K. W., Beusen, A. H., Van Vuuren, D. P., Willems, J. *et al.* 2013. *Exploring global changes in nitrogen and phosphorus cycles in agriculture induced by livestock production over the 1900–2050 period. Proceedings of the National Academy of Sciences*, 110(52): 20882–20887.

Boxall, A.B.A., Kolpin, D.W., Halling-Sorenson, B. & Tolls, J. 2003. Are veterinary medicines causing environmental risks? *Environmental Science and Technology*, 37:286A–294A.

Bravo-Baumann, H. 2000. *Capitalisation of Experiences on Livestock Projects and Gender.* Working Document. Bern. Swiss Agency for Development and Cooperation.

Brown, K.H., Dewey, K.G. & Allen, L.H. 1998. *Complementary Feeding of Young Children in Developing Countries: A Review of Current Scientific Knowledge.* WHO/NUT 98:1 World Health Organization, Geneva.

Burkholder, J., Libra, B., Weyer, P., Heathcote, S., Kolpin, D., Thorne, P.S. & Wichman, M. 2007. Impacts of Waste from Concentrated Animal Feeding Operations on Water Quality. *Environmental Health Perspectives*, Vol. 115, No. 2: 308–312.

Byiers, B. & Rosengren, A. 2013. *Common or Conflicting Interests? Reflections on the Private Sector (for) Development Agenda.* ECDPM Discussion Paper, No. 131.

Calisher, C.H., Childs, J.E., Field, H.E., Holmes, K.V. & Schounts, T. 2006. Bats: important reservoir hosts of emerging viruses. *Clinical Microbiology Reviews*, 19(3): 531–545.

Campagnolo, E.R., Johnson, K.R., Karpati, A., Rubin, C.S., Kolpin, D.W., Meyer, M.T., *et al.* 2002. Antimicrobial residues in animal waste and water resources proximal to large-scale swine and poultry feeding operations. *Science of the Total Environment*, 299: 89–95.

Caselli, F. 2005. Accounting for Cross-Country Income Differences. In Philippe Aghion and Steven Durlauf, eds., *Handbook of Economic Growth*, Vol. 1A, pp. 679–742. Amsterdam and New York, North Holland Publishing Co.

CBD, Secretariat of the Convention on Biological Diversity. 2014. *How Sectors can contribute to sustainable use and conservation of biodiversity.* CBD Technical Series No. 79, PBL report number 01448, PBL Netherlands Environmental Assessment Agency, The Hague. (also available at https://sustainabledevelopment.un.org/content/documents/1981cbd-ts-79-en.pdf).

CDC. 1999. *MMWR – Morbidity and Mortality Weekly Report* July 30, 1999, 48(29): 621–629 (also available from https://www.cdc.gov/mmwr/preview/mmwrhtml/mm4829a1.htm).

Cervantes-Godoy, D. & Dewbre, J. 2010. Economic Importance of Agriculture for Poverty Reduction. *OECD Food, Agriculture and Fisheries Papers*, No 23. Paris, OECD Publishing.

CGIAR. 2017. *Gender [im]balance in productive and reproductive labor among livestock producers in Colombia: Implications for climate change responses.* Info Note. (also available at https://cgspace.cgiar.org/rest/bitstreams/91190/retrieve).

Chang'a, J.S., Mdegela, R.H., Ryoba, R., Løken, T. & Reksen, O. 2010. *Calf health and management in smallholder dairy farms in Tanzania.* Tropical Animal Health and Production. (also available at https://www.ncbi.nlm.nih.gov/pmc/articles/PMC2964499/).

Chaoliu Li., Shichang Kang, Pengfei Chen, Qianggong Zhang, Junming Guo, Jue Mi, Puchi Basang, Quzhen Luosang & Kirk R. Smith. 2012. Personal PM2.5 and indoor CO in nomadic tents using open and chimney biomass stoves on the Tibetan Plateau. *Atmospheric Environment*, Vol. 59, November 2012, pp. 207–213.

182

Chaudry, I., Nosheen, F. & Lodhi, M. 2012. Women's Empowerment in Pakistan with Special Reference to Islamic Viewpoint: An Empirical Study. *Pakistan Journal of Social Sciences* (PJSS) Vol. 32, No. 1 (2012): pp.171–183. (also available at www.bzu.edu.pk/PJSS/Vol32No12012/Final_PJSS-32-1-13.pdf).

Chen, R., Li, R., Deitz, L., Yan Liu, Y., Stevenson, R.J. & Liao, W. 2012. Freshwater algal cultivation with animal waste for nutrient removal and biomass production. *Biomass Bioenergy* 39:128–138.

Chen, S.T. 1989. Impact of a school milk programme on the nutritional status of school children. Asia *Pacific Journal of Public Health*, Vol. 3: 19–25.

Chenyambuga, S. W., Jackson, M., Ndemanisho, E. E. & Komwihangilo, D. M. 2014. Profitability and contribution of small-scale dairy goat production to income of smallholder farmers in Babati and Kongwa districts, United Republic of Tanzania. *Livestock Research for Rural Development*, 26–27.

Christiaensen, L., Demery, L. & Kuhl, J. 2011. The (evolving) role of agriculture in poverty reduction—An empirical perspective. *Journal of development economics*, 96(2): 239–254.

CIRAD & NEPAD. (Centre de coopération internationale en recherche agronomique pour le développement/New Partenership for Africa's Development). 2016. Pesche, D., Losch, B. Imbernon, J., eds. *A New Emerging Rural World. An Overview of Rural Change in Africa.* Atlas for the NEPAD Rural Futures Programme, Second Edition. Montpellier, CIRAD, NEPAD Agency, 76 pp.

Cito. F., Baldinelli, F., Calistri, P., Di Giannatale, E., Scavia, G., Orsini, M., Iannetti, S., Sacchini, L., Mangone, I., Candeloro, L., Conte, A., Ippoliti, C., Morelli, D., Migliorati, G., Barile, N.B., Marfoglia, C., Salucci, S., Cammà, C., Marcacci, M., Ancora, M., Dionisi, A.M., Owczartek, S. & Luzzi, I. 2016. On behalf of the outbreak investigation group. Outbreak of unusual Salmonella enterica serovar Typhimurium monophasic variant 1,4 [5],12:i:-, Italy, June 2013 to September 2014. *Euro Surveillance.* 2016;21(15):pii=30194. DOI: http://dx.doi.org/10.2807/1560-7917.ES.2016.21.15.30194.

Cervantes-Godoy, D. and J. Dewbre. 2010. *Economic ... of the Netherlands as part of the 2009–2010 Program of Work of the Committee for Agriculture* (COAG).

Cervantes-Godoy, D. and J. Dewbre. 2010.Economic Importance of Agriculture for Poverty Reduction. *OECD Food, Agriculture and Fisheries Working Papers*, No. 23, OECD Publishing. doi: 10.1787/5kmmv9s20944-en.

Coelli, T. 2009. *Measurement of agricultural total factor productivity growth incorporating environmental factors: a nutrients balance approach.* Working Paper WP03/2009, School of Economics, University of Queensland.

Corbould, C. 2013. *Feeding the Cities: Is Urban Agriculture the Future of Food Security?* Future Direction International, November. (also available at www.futuredirections.org.au/publication/feeding-the-cities-is-urban-agriculture-the-future-of-food-security/.

Costales, A, Gerber, P. & Steinfeld, H. *2006. Underneath the Livestock Revolution.* Livestock Report 2006: 15–27.

Cotruvo, J.A., Dufour A., Rees, G., Bartram, J., Carr, R., Cliver, D.O., Craun, G.F., Fayer R. & Gannon V.P.J. 2004. *Waterborne Zoonoses, Identification, Causes, and Control.* Published on behalf of the World Health Organization by IWA Publishing, Alliance House, 12 Caxton Street, London.

Crescio, M. I., Forastiere, F., Maurella, C., Ingravalle, F. & Ru, G. 2010. Heat-related mortality in dairy cattle: A case crossover study. *Preventive Veterinary Medicine*, 97(3): 191–197.

Cuellar, A. & Webber, M. 2008. Cow power: the energy and emissions benefits of converting manure to biogas. Environmental Research Letters, 3 (3). (also available at: http://iopscience. iop.org/article/10.1088/1748-9326/ 3/3/034002/meta).

Davis, K. 2008. Extension in sub-Saharan Africa: Overview and assessment of past and current models and future prospects. *Journal of International Agricultural and Extension Education*, 15(3): 15–28.

De Bon, H., Parrot, L. & Moustier, P. 2010. Sustainable urban agriculture in developing countries. A review. *Agronomy for Sustainable Development*, 30:21–32.

De Haan C., Cervigni R., Mottet A., Conchedda G., Gerber P., Msangi S., Lesnoff M., Ham F., Fillol E. & Nigussie K. 2016. In de Haan, C., ed. *Prospects for livestock-based livelihoods in Africa's drylands*. Washington D.C.: World Bank Group, p. 79–122.

De Haan, C., Dubern, P.E., Garancher, B. & Quintero, C. 2016. *Pastoralism development in the Sahel: a road to stability?* World Bank Group. Washington, D.C. (also available at http:// documents.worldbank.org/curated/en/586291468193771160/Pastoralism-development-in-the-Sahel-a-road-to-stability).

De Haan, C., Steinfeld, H., Blackburn, H. D. *et al*. 1997. *Livestock and the environment: Finding a balance*. Brussels. European Commission Directorate-General for Development, World Bank.

De Janvry, A. & Sadoulet, E. 2009. *Agricultural growth and poverty reduction: Additional* evidence. The World Bank Research Observer. (also available at https://openknowledge. worldbank.org/bitstream/handle/10986/4432/wbro_25_1_1.pdf;sequence=1).

De Sy, V.,Herol, M., Achard, F., Beuchle, R., Clevers, JGPW., Lindquist, E., Verchot, L. 2015. Land use patterns and related carbon losses following deforestation in South America. *Environmental Research Letters*, 10, 124004.

De Vries, M. & de Boer I.J.M. 2010. Comparing environmental impacts for livestock products: A review of life cycle assessments. *Livestock Science*,128: 1–11.

Wallis DeVries, M.F., Poschlod, P. & Willems, J.H. 2002. Challenges for the conservation of calcareous grasslands in northwestern Europe: integrating the requirements of flora and fauna. *Biological Conservation*, 104: 265–273.

De Zeeuw, H., Van Veenhuizen, R. & Dubbeling, M. 2011. Foresight project on global food and farming futures. The role of urban agriculture in building resilient cities in developing countries. *Journal of Agricultural Science*, 149: 9–16.

Deelstra, T. & Girardet, H. 2000. Urban Agriculture and Sustainable Cities. In N. Bakker *et al*. eds. *Growing Cities, Growing Food: Urban Agriculture on the Policy Agenda*, pp. 43–66. Feldafing, Germany. DSE/ZEL.

Deere, C.D. 2005. *The feminization of agriculture? Economic restructuring in rural Latin America*. United Nations Research Institute for Social Development (UNRISD), Occasional Paper 1. Geneva, Switzerland, UNRISD.

Deere C.D., Doss, C. 2006. The gender asset gap: what do we know and why does it matter?

Feminist Economics, 12 (also available at: http://citeseerx.ist.psu.edu/viewdoc/download?doi=1 0.1.1.465.4520&rep=rep1&type=pdf).

Deka, H.K. *et al*. 2012. *Making Modern Poultry Markets Work for the Poor. South Asia pro-poor livestock policy Programme.* FAO & NDDB. (also available at http://teca.fao.org/read/7678).

Delgado, C.L. *et al*. 1999. *Livestock to 2020: the Next Food Revolution.* Food, Agriculture and the Environment Discussion Paper No. 28. FAO. Rome.

Delgado, C.L. 2005. Rising demand for meat and milk in developing countries: implications for grasslands–based livestock production. In McGilloway, D.A., ed. *Grassland: a global resource. Proceedings of the twentieth International Grassland Congress*, Dublin, Ireland, 26-30 June 2005. Wageningen, The Netherlands. Wageningen Academic Publishers.

Demirbas, M.F. & Balat, M. 2006. Recent advances on the production and utilization trends of biofuels: A global perspective. *Energy Conversion and Management* 47: 2371–2381.

Dercon, S. 1998. Wealth, risk and activity choice: cattle in western United Republic of Tanzania, *Journal of Development Economics*, 55: 1–42.

Dewey, K. G. & Adu-Afarwuah, S. 2008. Systematic review of the efficacy and effectiveness of complementary feeding interventions in developing countries. *Maternal & child nutrition*, 4(s1): 24–85.

Dewey, K. G. & Begum, K. 2011. Long-term consequences of stunting in early life. *Maternal & child nutrition*, 7(s3): 5–18.

Dikshit, A.K. & Birthal, P.S. 2013. Positive environmental externalities of livestock in mixed farming systems of India. *Agricultural Economics Research Review*, 26(1): 21–30.

Dobermann, A. & Nelson, R. 2013. *Opportunities and solutions for sustainable food production.* Background paper for the High-Level Panel of Eminent Persons on the Post-2015 Development Agenda. Prepared by the co-chairs of the Sustainable Development Solutions Network Thematic Group on Sustainable Agriculture and Food Production. (also available at: http://unsdsn.org/wp-content/uploads/2014/02/130112-HLP-TG7-Solutions-for-sustainable-food-production.pdf).

Dolan, C. 2002. *Gender and diverse livelihoods in* Uganda. LADDER Working Paper No. 10. (available at http://www.uea.ac.uk/dev/odg/ladder/).

Dorward, A., Anderson, S., Nava, Y., Pattison, J., Paz, R., Rushton, J. & Sanchez Vera, E. 2005. *A Guide to Indicators and Methods for Assessing the Contribution of Livestock Keeping to the Livelihoods of the poor.* Department of Agricultural Sciences, Imperial College London. (also available at www.eldis.org/vfile/upload/1/document/0812/ADorwardReport.doc).

Dorward, A., Anderson, S., Bernal, Y.N., Vera, E. S., Rushton, J., Pattison, J. & Paz, R. 2009. Hanging in, stepping up and stepping out: livelihood aspirations and strategies of the poor. *Development in Practice*, 19(2): 240–247.

Dror, D.K. & Allen, L.H. 2011. The importance of milk and other animal-source foods for children in low-income countries. *Food and nutrition bulletin*, *32*(3): 227–243.

Dubbeling, M. de Zeeuw, H. & van Veenhuizen, R. 2010. *Cities, Poverty and Food: Multi-Stakeholder Policy and Planning in Urban Agriculture.* RUAF Foundation, Practical Action Publishing.

Dufour, A., Bartram, J., Bos, R. & Gannon V., eds. 2012. *Animal Waste, Water Quality and Human Health.* Published on behalf of the World Health Organization by IWA Publishing,

Alliance House, 12 Caxton Street, London.

Dyer, C. 2010. Including pastoralists in Education for All. *Commonwealth education partnerships*, 11: 63–65.

Dyer, C. 2015. *Evolution in approaches to educating children from mobile and nomadic communities.* Background paper prepared for the Education for All Global Monitoring Report 2015. Education for All 2000–2015: achievements and challenges.

Economic Research Service (ERS), U.S. Department of Agriculture (USDA). 2017. Food Dollar Series. (also available at https://www.ers.usda.gov/data-products/food-dollar-series/).

Ellis, F & Mdoe, N. 2003. Livelihoods and Rural Poverty Reduction in United Republic of Tanzania. *World Development*, 31(8): 1367–1384.

ECDC (European Centre for Disease Prevention and Control), EFSA BIOHAZ Panel (European Food Safety Authority Panel on Biological Hazards) and CVMP (EMA Committee for Medicinal Products for Veterinary Use). 2017. ECDC, EFSA and EMA Joint Scientific Opinion on a list of outcome indicators as regards surveillance of antimicrobial resistance and antimicrobial consumption in humans and food-producing animals. *EFSA Journal,* 2017;15(10): 5017, 70 pp. https://doi.org/10.2903/j.efsa.2017.5017.

Esselink, P., Fresco, L.F.M. & Dijkema, K.S. 2002. Vegetation change in a man-made salt marsh affected by a reduction in both grazing and drainage. *Applied Vegetation Science*, 2002;5:17–32.

European Commission 2012. Agri-environmental indicator— Gross nitrogen balance. (also available at http://ec.europa.eu/eurostat/statistics-explained/index.php/Agri-environmental_indicator_-_gross_nitrogen_balance).

Fafchamps, M. & Lund, S. 2003. Risk-sharing networks in rural Philippines. *Journal of Development Economics* 71 (2): 261–287.

Fafchamps, M., Udry, C. & Czukas, K. 1998. Drought and saving in West Africa: Are livestock a buffer stock? *Journal of Development Economics*, 55(2): 273–305.

Fan, S., Brzeska, J. & Olofinbiyi, T. 2015. The business imperative: Helping small family farmers to move up or move out. In 2014–2015 *Global Food Policy Report*. (also available at http://ebrary.ifpri.org/cdm/ref/collection/p15738coll2/id/129075).

FAO & EU. 2017. *Strengthening sector policies for better food security and nutrition results.* Policy guide note 2. Rome.

FAO & FCRN (Food Climate Research Network). 2016. *Plates, pyramids, planet. Developments in national healthy and sustainable dietary guidelines: a state of play assessment.* Rome and Oxford.

FAO & ILRI 1995. Livestock development strategies for low-income countries. In Wilson, T. R, Ehui, S. & Mack, S. (eds.) *Proceedings of the joint FAO/ILRI roundtable*, Addis Ababa, 25 Feb–2 March, 1995.

FAO & ILRI. 2008. *Dairy development for the resource poor. Part 1: a comparison of dairy policies and development in South Asia and East Africa*, by Staal, S. J., Pratt, A. N. & Jabbar, M. A. PPLPI Working Paper No. 44–1.

FAO & KIT. 2016. *Towards inclusive Pluralistic Service Systems, Insights for innovative thinking.* Rome. (also available at www.fao.org/3/a-i6104e.pdf).

FAO & UNESCO–IIEP. 2003. *Education for rural development: Towards new policy responses.*

Rome, FAO.

FAO & WHO. 2009. Salmonella and Campylobacter in chicken meet. Meeting report. *Microbiological Risk Assessment Series* No. 19, Rome, 56 pp.

FAO, IFAD, UNICEF, WFP & WHO. 2017. *The State of Food Security and Nutrition in the World 2017. Building resilience for peace and food security.* FAO. Rome.

FAO. 2001. *Livestock keeping in urban areas.* FAO Animal Production and Health Division Papers, No. 151. Rome, Italy. (also available at www.fao.org/docrep/004/y0500e/y0500e00. htm#toc).

FAO. 2003. *Trade reforms and food security: Conceptualizing the linkages.* Commodity Policy and Projection Service. Rome.

FAO. 2004. The role of livestock in economic development and poverty reduction, by Upton, M. *Pro-Poor Livestock Policy Initiative Working Paper (PPLPI)*, 10: 1–57.

FAO. 2006a. *State of world aquaculture 2006.* FAO Fisheries Technical Paper. No. 500. Rome, FAO. 134 pp.

FAO. 2006b. *Livestock's Long Shadow: Environmental Issues and Options.* Steinfeld, H., Gerber, P., Wassenaar, T., Castel, V., Rosales, M. & de Haan, C., eds. Rome, Italy.

FAO. 2007. *The Global Plan of Action for Animal Genetic Resources and the Interlaken Declaration.* Rome. (also available at http://www.fao.org/3/a-a1404e.pdf).

FAO. 2008. *Global review of good agricultural extension and advisory service practices.* Rome, Italy.

FAO. 2009a. *The state of food and agriculture. Livestock in the balance.* Rome. (also available at http://www.fao.org/docrep/012/i0680e/i0680e.pdf).

FAO. 2009b. *Grassland carbon sequestration: management, policy and economics.* Proceedings of the Workshop on the role of grassland carbon sequestration in the mitigation of climate change. Rome, Italy.

FAO. 2010a. *Mobilizing the potential of rural and agricultural extension.* Rome. (also available at http://www.fao.org/docrep/012/i1444e/i1444e00.htm).

FAO. 2010b. *Food for the cities.* (also available at ftp://ftp.fao.org/docrep/fao/012/ak824e/ak824e00.pdf).

FAO. 2011a. *The state of food and agriculture: Women in Agriculture. Closing the gender gap for development.* Rome: FAO. (also available at http://www.fao.org/docrep/013/i2050e/i2050e.pdf).

FAO. 2011b. *World Livestock 2011.* (also available at http://www.fao.org/docrep/014/i2373e/i2373e.pdfwww.fao.org/docrep/014/i2373e/i2373e.pdf).

FAO. 2011c. *The role of women in agriculture.* Rome. (also available at www.fao.org/docrep/013/am307e/am307e00.pdf).

FAO. 2011d. *The place of Urban and peri-urban agriculture (UPA) in national food security programmes.* (also available at www.fao.org/docrep/014/i2177e/i2177e00.pdfwww.fao.org/docrep/014/i2177e/i2177e00.pdf).

FAO. 2011e. *Global food losses and food waste – Extent, causes and prevention.* Rome.

FAO. 2012a. *Pro-Poor Livestock Policy Initiative – Livestock sector development for poverty reduction: an economic and policy perspective – Livestock's many virtues.* (also available at www.fao.org/docrep/015/i2744e/i2744e00.pdf).

FAO. 2012b. *Sustainable nutrition security. Restoring the bridge between agriculture and health.* Rome.

FAO. 2012c. *Invisible Guardians: Women manage livestock diversity.* (also available at www.fao. org/docrep/016/i3018e/i3018e00.pdf).

FAO. 2012d. *Biofuel Co-products as livestock feed-opportunities and challenges.* Makkar, H.P.S. ed. Rome, Italy. (also available at www.fao.org/docrep/016/i3009e/i3009e.pdf).

FAO. 2013a. *Understanding and Integrating Gender Issues into Livestock Projects and Programmes. A checklist for practitioners.* FAO, Rome, Italy, 44 pp. (also available at www.fao. org/3/a-i3216e.pdf).

FAO. 2013b. *World of Livestock 2013: Changing Diseases Landscapes.* FAO, Rome, 111 pp. (also available at www.fao.org/docrep/019/i3440e/i3440e.pdf).

FAO. 2013c. *The state of food and agriculture. Food systems for better nutrition.* Rome.

FAO. 2013d. *Milk and dairy products in human nutrition.* Rome.

FAO. 2013e. *FAO Strategy for partnerships with the private sector.* (also available at www.fao. org/docrep/018/i3444e/i3444e.pdf).

FAO. 2013f. FAO Strategy for partnerships with civil society organizations. (also available at www.fao.org/3/a-i3443e.pdf).

FAO. 2014a. *The state of food and agriculture. Innovation in family farming.* Rome.

FAO. 2014b. *Statistical yearbook 2014 and Market competition between farmed and wild fish.* Rome, Italy.

FAO. 2014c. *Ecosystem services provided by livestock species and breeds, with special consideration to the contributions of small-scale livestock keepers and pastoralists.* Commission on Genetic Resources for Food and Agriculture. Background Study Paper No. 66. Rome (also available at www.fao.org/3/aat598e.pdf/).

FAO. 2015a. *The Second Report on the State of the World's Animal Genetic Resources for Food and Agriculture.* Rome.

FAO. 2015b. *Handbook for monitoring and evaluation of child labour in agriculture. Measuring the impacts of agricultural and food security programmes on child labour in family-based agriculture.* Rome.

FAO. 2015c. *Running out of time: the reduction of women's work burden in agricultural production.* (also available at www.fao.org/3/a-i4741e.pdf).

FAO. 2016a. *The State of Food Security and Nutrition in the World: Climate Change, Agriculture and Food Security.* Rome.

FAO. 2016b. *The FAO Action Plan on Antimicrobial Resistance 2016–2020.* Rome. (also available at www.fao.org/3/a-i5996e.pdf).

FAO. 2016c. *Asia and the Pacific regional overview of food insecurity. Investing in a Zero Hunger Generation.* FAO Regional Office for Asia and the Pacific. Bangkok, Thailand.

FAO. 2016d. *Farmer field school guidance document – Planning for quality programmes.* Rome.

FAO. 2016e. *The agriculture sectors in the Intended Nationally Determined Contributions.* Analysis, by Strohmaier, R., Rioux, J., Seggel, A., Meybeck, A., Bernoux, M., Salvatore, M., Miranda, J. and Agostini, A. Environment and Natural Resources Management Working Paper No. 62. Rome.

FAO. 2016f. *The State of World Fisheries and Aquaculture 2016. Contributing to food security and nutrition for all.* Rome. 200 pp.

FAO. 2016g. *Environmental performance of animal feeds supply chains: Guidelines for assessment.* Rome.

FAO. 2016h. *Principles for the assessment of livestock impacts on biodiversity.* Livestock Environmental Assessment and Performance (LEAP) Partnership. FAO, Rome, Italy. (also available at www.fao.org/partnerships/leap/publications/en/).

FAO. 2016i. A review of indicators and methods to assess biodiversity – Application to livestock production at global scale. In Teillard, F., Anton, A., Dumont, B., Finn, J.A., Henry, B., Souza, D.M., Manzano P., Milà i Canals, L., Phelps, C., Said, M., Vijn, S., eds. *Livestock Environmental Assessment and Performance (LEAP) Partnership.* Rome, Italy.

FAO. 2016j. *Food security, Nutrition and Peace.* Proceedings of the Security Council Meeting, New York, 29 March 2016. Rome. (also available at www.fao.org/3/a-i5678e.pdf).

FAO. 2017a. *The future of food and agriculture – Trends and challenges.* Rome. (also available at http://www.fao.org/3/a-i6583e.pdf).

FAO. 2017b. FAOSTAT statistics database. [online] Rome. [Cited 15 May 2018] www.faostat.fao. org.

FAO. 2017c. *Livestock and the Sustainable Development Goals. Global Agenda for Sustainable Livestock.* Policy Paper, Livestock Information, Sector Analysis and Policy Branch. Rome.

FAO. 2017d. *Counting the cost: Agriculture in Syria after six years of crisis.* Rome. (also available at www.fao.org/fileadmin/user_upload/emergencies/docs/FAO_SYRIADamageandLossReport. pdf).

FAO. 2018b. *Farmer field schools for small-scale livestock producers. A guide for decision makers on improving livelihoods.* Rome.

FAO. 2018a. *Shaping the future of livestock.* The 10th Global Forum for Food and Agriculture (GFFA). Berlin, 18–20 January 2018.

Feldt, T. 2015. *Interrelatedness of grazing livestock with vegetation parameters and farmers' livelihoods in the Mahafaly region, southwestern Madagascar* (Doctoral Dissertation). Witzenhausen, Germany: University of Kassel.

Felipe, J., Kumar, U., Abdon, A. & Bacate, M. 2012. Product complexity and economic development. *Structural Change and Economic Dynamics*, 23(1): 36–68.

Fikin, D.R., Olack, B., Bigogo, G.M., Audi, A., Cosmas, L., Aura, B. *et al.* 2011. The Burden of Common Infectious Disease Syndromes at the Clinic and Household Level from Population-Based Surveillance in Rural and Urban Kenya. (Ed J.G. Beeson). *PLOS One*, Jan. 18: 6(1): e16085.

Fogelholm M, Kanerva N, Männistö S. (2015) Association between red and processed meat consumption and chronic diseases: the confounding role of other dietary factors. *European Journal of Clinical Nutrition*, 69(9):1060-1065.

Foodtank. 2016. *Urban Agriculture. Twelve Organizations Promoting Urban Agriculture around the World.* (also available at https://foodtank.com/news/2016/12/twelve-organizations-promoting-urban-agriculture-around-world/).

Forni, C., Chen, J. L. & Caiola, M.G. 2001. Evaluation of the fern Azolla for growth, nitrogen and phosphorus removal from wastewater. *Water Resources*, 35(6):1592–1598.

Foster-McGregor, N., Kaulich, F. & Stehrer R. 2015. *Global Value Chains in Africa*. Working paper. UNIDO/UNU-MERIT. Netherlands.

Frankham, R. 2009. Genetic architecture of reproductive fitness and its consequences. In J. Van der Werf, H.U. Graser, R. Frankham & C. Gondro, eds. *Adaptation and Fitness in Animal Populations: Evolutionary and Breeding Perspectives on Genetic Resource Management*, pp. 15–40. New York, Springer.

Fratkin, E., Roth, E.A. & Nathan, M. A. 2004. Pastoral sedentarization and its effects on children's diet, health, and growth among Rendille of Northern Kenya. *Human Ecology*, *32*(5): 531–559.

Freeman, C. & Wisheart, M. 2015. *Advancing the Debate: Cross-sector partnerships, business and the post-2015 development agenda*. The Post-2015 Agenda Policy Paper. World Vision International.

Freitas, E. E. & Paiva, E. A. 2016. Diversificação e sofisticação das exportações: uma aplicação do product space aos dados do Brasil. *Revista Econômica do Nordeste*, 46(3): 79–98.

Gabanakgosi, K., Moreki, J. C., Tsopito, C. M. & Nsoso, S. J. 2013. Impact of Family Chickens on the Livelihoods of People Living with HIV and AIDS in Four Villages of Botswana. *Journal of World's Poultry Research*, 3(2): 43–53.

Galie', A., Distefano F., Kangogo D., Mattioli R., Wieland B. & Beltenweck I. 2016. [online]. *Gendered Perspective on Smallholder Cattle Production and Health in Three Sites in Tanzania*. [Cited 15 May 2018]. www.agrigender.net/.

GALVmed. 2011a. *The gender and social dimension to livestock keeping in Africa: implications for animal health interventions*. (also available at https://assets.publishing.service.gov.uk/media/57a08ac940f0b6497400078e/GALVmed-African-Gender-Report.pdf).

GALVmed. 2011b.*The Gender and Social Dimensions to livestock keeping in South Asia: Implication for animal health interventions*. (also available at https://assets.publishing.service.gov.uk/media/57a08aea40f0b652dd0009a0/GALVmed-South-Asian-Gender-Report.pdf).

Gerber, P. J., Mottet, A., Opio, C. I., Falcucci, A. & Teillard, F. 2015. Environmental impacts of beef production: Review of challenges and perspectives for durability. *Meat scienc*e, 109, 2–12.

Gerber, P., Chilonda, P., Franceschini, G. & Menzi, H. *2005*. Geographical Determinants and Environmental Implications of Livestock Production Intensification in Asia. *Bioresource Technology*, 96(2): 263–276.

Gerber, P.J., Steinfeld, H., Henderson, B., Mottet, A., Opio, C., Dijkman, J., Falcucci, A. & Tempio, G. *2013*. *Tackling climate change through livestock – A global assessment of emissions and mitigation opportunities*. FAO. Rome. (also available at http://www.fao.org/3/a-i3437e.pdf).

Gewa, C. A., Weiss, R. E., Bwibo, N. O., Whaley, S., Sigman, M., Murphy, S. P. et al. 2009. Dietary micronutrients are associated with higher cognitive function gains among primary school children in rural Kenya. *British Journal of Nutrition*, 101(9): 1378–1387.

Gibson, R. S. 1994. Content and bioaccessibility of trace elements in vegetarian diets. *American Journal of Clinical Nutrition,* 59 (Suppl.): 1223–1232.

Giglietti, R. & Steven, R. 1986. *Labour requirements in livestock enterprises among ILCA sample farmers in Debre Berhan area*. Highlands Program, Addis Ababa, Ethiopia, 44 pp.

GIZ. 2013. *Gender and Livestock Production*. (also available at https://www.giz.de/fachexpertise/ downloads/giz2012-en-gender-and-livestock-production.pdf).

GLEAM 2.0. 2017. FAO [online]. Rome. [Cited 15 May 2018]. http://www.fao.org/gleam/en/.

Glewwe, P., Jacoby, H.G. & King, E.M. 2001. Early childhood nutrition and academic achievement: a longitudinal analysis. *Journal of public economics*, 81(3): 345–368.

Global Agenda for Sustainable Livestock (GASL). 2015. *Facilitating dialogue, generating evidence and adopting good practices: In support of the UN 2030 Agenda for Sustainable Development*. Action Plan 2016–2018.

Gollin, D., Van Dusen, E. & Blackburn, H. 2008. Animal genetic resource trade flows: economic assessment. *Livestock Science*, 120, 248–55.

Grace, D. 2012. *The lethal gifts of livestock*. Presentation at International Livestock Research Institute (ILRI). "Livestock Live talk" seminar. ILRI, Nairobi, Kenya, New Blog, 4 November.

Grace, D., Lindahl, J., Correa, M. & Kakkar, M. 2015. Urban livestock keeping. In *Cities and Agriculture – Developing Resilient Urban Food Systems*. RUAF Foundation, pp. 255–284. (also available at www.ruaf.org/urban-livestock-keeping).

Grace, D., Mutua, F., Ochungo, P., Kruska, R., Jones, K., Brierley, L., Lapar, L., Said, M., Herrero, M., Phuc, P.D., Thao, N.B., Akuku, I. & Ogutu, F. 2012. *Mapping of poverty and likely zoonoses hotspots. Zoonoses Project 4*. Report to Department for International Development, UK, 119 pp. (also available at https://assets.publishing.service.gov.uk/ media/57a08a63ed915d622c0006fd/ZooMapDFIDreport18June2012FINALsm.pdf).

Grace, J.B., Anderson, T.M., Smith, M.D., Seabloom, E., Andelman, S.J., Meche, G., Weiher, E., Allain, L.K., Jutila, H., Sankaran, M., Knops, J.S., Ritchie, M. & Willig, M.R. 2007. *Does Species Diversity Limit Productivity in Natural Grassland Communities?* University of Nebraska Faculty Publications in the Biological Sciences. Paper 28: digitalcommons.unl.edu/ bioscifacpub/28.

Grillenberger, M., Neumann, C.G., Murphy, S. P., Bwibo, N.O., Weiss, R.E., Jiang, L. *et al*. 2006. Intake of micronutrients high in animal-source foods is associated with better growth in rural Kenyan school children. *British Journal of Nutrition*, 95(2): 379–390.

Große-Puppendahl, S., Byiers, B. & Bilal, S. 2016. *Beyond aid in private sector engagement: A mapping of the opportunities and challenges of development and commercially-oriented public support to private sector engagement*. Discussion Paper, nº 187. Maastricht: ECDPM.

Grosse, S.D. 1998. *Farm animals, consumption of animal products, and children's nutritional status in developing countries*. Paper presented at the Symposium on Human Nutrition and Livestock, 14 Oct. 1998, Heifer, Project International, Little Rock, Arkansas, USA, 16 pp.

Guendel, S. 2002. Peri-urban and urban livestock keeping in East Africa. A cooping strategy for the poor? DFID - Livestock Production Programme.

HABITAT II. 1996. *Second United Nations Conference on Human Settlements*. Istanbul, 3–14 June 1996. (also available at http://www.un.org/en/events/pastevents/UNCHS_1996.shtml).

Hagar, G.S.A. 2015. *Assessment of Socio-Economic Impacts on Rural Development Programs on Livestock Sector in Blue Nile and Sennar States, Sudan* (Doctoral dissertation). repository. sustech.edu/handle/123456789/12588.

Halloran, A., Clement, J., Kornum, N., Bucatariu, C. & Magid, J. 2014. Addressing food waste reduction in Denmark. *Food Policy*, 49, 294–301.

Hänke, H. & Barkmann, J. 2017. Insurance Function of Livestock: Farmer's Coping Capacity with Regional Droughts in South-Western Madagascar. *World Development*, 96, 264–275.

Hanselman, T.A., Graetz, D.A., Wilkie, A.C. 2003. Manure-borne estrogens as potential environmental contaminants: a review. *Environmental Science and Technology,* 37:5471–5478.

Hausmann, R., Jason, H. & Dani R. 2007. What You Export Matters. *Journal of Economic Growth*, 12(1): 1–25.

Hausmann, R. *et al.* 2011. *The atlas of economic complexity - mapping paths to prosperity.* Hollis: Puritan Press, 2011. 364 p.

Havelaar, A.H., Kirk, M.D., Torgerson, P.R., Gibb, H.J., Hald, T. & Lake, R.J. 2010. World Health Organization global estimates and regional comparisons of the burden of food-borne disease in 2010. *PLOS Med* 2015;12:e1001923.

Hazlewood, P. 2015. *Global Multi-stakeholder Partnerships: Scaling up public–private collective impact for the SDGs.* Background Paper 4. Independent Research Forum. (also available at https://sustainabledevelopment.un.org/content/documents/1738Global%20Multistakeholder. pdf).

Herrendorf, B., Rogerson, R. & Valentinyi, Á. 2014. Growth and Structural Transformation. *Handbook of Economic Growth*, *2*, 855–941. DOI: 10.1016/B978-0-444-53540-5.00006-9.

Herrero, M., Thornton, P.K., Notenbaert, A.M., Wood, S., Msangi, S., Freeman, H.A., Bossio, D., Dixon, J., *et al.* 2010. Smart Investments in Sustainable Food Production: Revisiting Mixed Crop-Livestock Systems. Science. Vol. 327(5967):pp. 822–5. doi: 10.1126/ science.1183725.

Hidalgo, C. A. & Hausmann, R. 2009. *The building blocks of economic complexity.* Proceedings of the national academy of sciences, 106(26): 10570–10575.

HLPE (High Level Panel of Experts on Food Security and Nutrition). 2016. *Sustainable agricultural development for food security and nutrition: what roles for livestock? Report for the Committee on World Food Security (CFS).* HLPE Report 10. Rome. (also available at www. fao.org/3/a-i5795e.pdf).

Himathongkham, S, Bahari, S, Riemann, H. & Cliver, D. 1999. Survival of Escherichia coli O157:H7 and Salmonella typhimurium in cow manure and cow manure slurry. *FEMS Microbiology Letters*,178(2):251–7.

Hoekstra A.Y. 2008. The water footprint of food. In J. Förare (Ed.), *Water for food* (pp. 49–61). Stockholm: The Swedish Research Council for Environment, Agricultural Sciences and Spatial Planning (Formas). (also available at http://waterfootprint.org/media/downloads/Hoekstra-2008- WaterfootprintFood.pdf).

Holm-Nielsen, J.B., Al Seadi, T. & Oleskowicz-Popiel, P. 2009. The future of anaerobic digestion and biogas utilization. *Bioresource Technology*, 100, 5478–5484.

Hoogeveen, H. 2002. Evidence on informal insurance in Rural Zimbabwe. *Journal of African Economics*, 11(2): 249–278. dx. doi.org/10.1093/jae/11.2.249.

Hoppe, C., Andersen, G.S. Jacobsen, S., Mølgaard, C., Friis, H., Sangild, P.T., Michaelsen, K.F. 2008. The use of whey or skimmed milk powder in fortified blended foods for vulnerable groups. *Journal of Nutrition.* Vol. 138(1): 145S–161S.

Hoppe, C., Mølgaard, C. & Michaelsen, K. F. 2006. Cow's milk and linear growth in industrialized and developing countries. *Annual Review of Nutrition*, 26, 131–173.

Horby, P.W., O'Brien, S.J., Adak, G.K., Graham, C., Hawker, J.I., Hunter, P., *et al.* 2003. A national outbreak of multi-resistant Salmonella enterica serovar Typhimurium definitive phage type (DT) 104 associated with consumption of lettuce. *Epidemiology & Infection,*130(2):169–78.

Hristov, A. N., Oh, J., Lee, C., Meinen, R., Montes, F., Ott, T. *et al.* 2013. *Mitigation of greenhouse gas emissions in livestock production: A review of technical options for non-CO$_2$ emissions.* FAO Animal Production and Health Paper No, 177, 1–206.

Hulett, J. L., Weiss, R. E., Bwibo, N. O., Galal, O. M., Drorbaugh, N. & Neumann, C. G. 2014. Animal-source foods have a positive impact on the primary school test scores of Kenyan schoolchildren in a cluster-randomised, controlled feeding intervention trial. *British Journal of Nutrition*, 111(5): 875–886.

Hull, K. 2009. Understanding the relationship between economic growth, employment and poverty reduction. In *Promoting pro-poor growth: Employment*, pp. 69–94. Paris, OECD Publishing.

Hünerberg, M., McGinn, S.M., Beauchemin, K.A., Okine, E.K., Harstad, O.M. & McAllister, T.A. 2013. Effect of dried distillers' grains plus solubles on enteric methane emissions and nitrogen excretion from growing beef cattle. *Journal of Animal Science,*91:2846–2857 doi:10.2527/jas2012-5564.

IAASTD. 2009. *International assessment of agricultural knowledge, science and technology for development. Global report.* IAASTD, Washington D.C.

Iannotti, L., Muehlhoff, E. & Mcmahon, D. 2013. Review of milk and dairy programmes affecting nutrition. *Journal of Development Effectiveness*, 5(1): 82–115.

Iaquinta, D.L. & Drescher, A.W. 2000. Defining the Peri-Urban: Rural–Urban Linkages and Institutional Connections, Land Reform, Land Settlement and Cooperatives, 2:8–26.

ICEM (International Centre for Environmental Management). 2013. *USAID Mekong ARCC climate change impact and adaptation on livestock.* Prepared for the United States Agency for International Development by ICEM.

IEA (International Energy Agency). 2016. [online].Electricity Access Database. In *World Energy Outlook. 2016.* [Cited 15 May 2018]. www.worldenergyoutlook.org/resources/energydevelopment/energyaccessdatabase/.

IFAD. 2011. *Rural poverty report 2011. New realities, new challenges: new opportunities for tomorrow's generation.* Rome.

IFPRI. 2004. *The changing face of malnutrition.* In Presentation at the IFPRI Forum. Washington D.C.

IFPRI. 2016. *The global hunger index.* [online]. [Cited 15 May 2018]. http://www.globalhungerindex.org/.

IFPRI. 2017. *Agricultural Science and Technology Indicators (ASTI).* (also available at https://www.asti.cgiar.org/data).

IGU (International Gas Union). 2015. *Biogas – from refuse to energy.* Fornebu, Norway. (also available at: www.igu.org/sites/default/files/node-page-field_file/IGU%20Biogas%20Report%20 2015.pdf).

Ihle, R., Dries, L., Jongeneel, R., Venus, T. & Wesseler J. 2017. *The EU Cattle Sector:*

Challenges and Opportunities – Milk and Meat. Study for the European Parliament AGRI Committee. Brussels. (also available at: www.europarl.europa.eu/RegData/etudes/STUD/2017/585911/IPOL_STU(2017)585911_EN.pdf).

ILO & Asian Development Bank. 2011. *Women and labour markets in Asia – Rebalancing for Gender Equality.* (also available at www.adb.org/sites/default/files/publication/28620/women-labor-markets.pdf).

ILO. 2013a. *Marking progress against child labour: Global estimates and trends 2000–2012.* Geneva.

ILO. 2013b. *Child labour and education in pastoralist communities in South Sudan.* International Labour Office, Governance and Tripartism Department; ILO International Programme on the Elimination of Child Labour (IPEC). Geneva.

ILO. 2014. *Empower rural women – end poverty and hunger: the potential of African cooperatives.* (also available at www.ilo.org/public/english/employment/ent/coop/africa/download/coopafrica_leaflet_iwd2012.pdf).

ILO. 2016. *Rural teachers in Africa: A report for ILO.* Working paper no. 312. Prepared by the Centre for International Teacher Education. Geneva.

ILO. 2017. *Education and child labour in agriculture.* [online]. [Cited 15 May 2018].ilo.org/ipec/areas/Agriculture/WCMS_172347/lang-en/index.htm.

ILRI. 2007. *Markets that work – Making a living from livestock.* (also available at https://cgspace.cgiar.org/handle/10568/567).

ILRI. 2010a. *Livestock and Women's Livelihoods: A Review of the Recent Evidence.* (also available at https://cgspace.cgiar.org/bitstream/handle/10568/3017/Discussion_Paper20.pdf).

ILRI. 2010b. *The FARM-Africa dairy goat improvement project in Kenya: A case study.* (also available at agtr.ilri.cgiar.org/agtrweb/index.php?option=com_content&view=article&id=202&Itemid=239).

ILRI. 2012. Livestock in the city: New study of 'farm animals' raised in African cities yields surprising results. *ILRI news.* Available at https://www.ilri.org/ilrinews/index.php/archives/9563

IMF. 1998. Income Inequality: Does Inflation Matter? (also available at https://www.imf.org/external/pubs/ft/wp/wp9807.pdf).

Inter-African Bureau for Animal Resources (AU–IBAR). 2003. *Pastoral Women as Peacemakers.* Nairobi, Kenya. (also available at sites.tufts.edu/capeipst/files/2011/03/AU-IBAR-Pastoral-Women-as-Peacemakers.pdf).

International Food Policy Research Institute (IFPRI). 2016. *Global Hunger Index.* Washington, D.C. (also available at ebrary.ifpri.org/utils/getfile/collection/p15738coll2/id/130709/filename/130920.pdf).

IPCC. 2006. *2006 IPCC guidelines for national greenhouse gas inventories.* [online]. [Cited 15 May 2018]. https://www.ipcc-nggip.iges.or.jp/.

IPCC. 2007. *Climate Change 2007: Mitigation. Contribution of Working Group III to the Fourth Assessment Report of the Intergovernmental Panel on Climate Change.* B. Metz, O.R. Davidson, P.R. Bosch, R. Dave & L.A. Meyer, eds. Cambridge, UK, and New York, USA, Cambridge University Press.

IPCC. 2014. Smith P., M. Bustamante, H. Ahammad, H. Clark, H. Dong, E.A. Elsiddig, H. Haberl,

R. Harper, J. House, M. Jafari, O. Masera, C. Mbow, N.H. Ravindranath, C.W. Rice, C. Robledo Abad, A. Romanovskaya, F. Sperling, and F. Tubiello, 2014: Agriculture, Forestry and Other Land Use (AFOLU). In *Climate Change 2014: Mitigation of Climate Change*. Contribution of Working Group III to the Fifth Assessment Report of the Intergovernmental Panel on Climate Change [Edenhofer, O., R. Pichs-Madruga, Y. Sokona, E. Farahani, S. Kadner, K. Seyboth, A. Adler, I. Baum, S. Brunner, P. Eickemeier, B. Kriemann, J. Savolainen, S. Schlömer, C. von Stechow, T. Zwickel and J.C. Minx (eds.)]. Cambridge University Press, Cambridge, United Kingdom and New York, NY, USA.

IUCN. 2010. B*uilding climate change resilience for African livestock in sub-Saharan Africa*. World Initiative for Sustainable Pastoralism (WISP): a program of IUCN Eastern and Southern Africa Regional Office, Nairobi, March 2010.

Jacobi, P., Amend, J. & Kiango, S. 2000. Urban agriculture in Dar es Salaam: Providing for an indispensable part of the diet. In N. Bakker *et al.* eds. *Growing Cities, Growing Food: Urban Agriculture on the Policy Agenda*, pp. 257–83. Feldafing, Germany. DSE/ZEL.

Jarvis, Lovell S. 1986. *Livestock Development in Latin America*. Washington, D.C. The World Bank.

Ji, X.J., Ren, L.J. & Huang, H. 2015. Omega-3 Biotechnology: A Green and Sustainable Process for Omega-3 Fatty Acids Production. Front. *Bioengineering and Biotechnology*, 3: 158.

Jin, M. & Iannotti, L.L. 2014. Livestock production, animal source food intake, and young child growth: The role of gender for ensuring nutrition impacts. *Social Science & Medicine,* 105: 16–21.

Johnson, N., J. Njuki, E. Waithanji, M. Nhambeto, M. Rogers, and E. Hutchinson. 2013. *The gendered impacts of agricultural asset transfer projects: Lessons from the Manica Smallholder Dairy Development Program*. CGIAR system-wide program on Collective Action and Property Rights (CAPRi) Working Paper No. 115. Washington, DC: International Food Policy Research Institute.

Jones K.E., Patel, NG., Levy, MA., Storeygard, A., Balk, D., Gittleman, J.L. & Daszak, P. 2008. Global trends in emerging infectious diseases. *Nature*, 451: 990–993, 21 Feb. 2008.

Jones, P.G. and Thornton, P.K. 2009. Croppers to livestock keepers: livelihood transitions to 2050 in Africa due to climate change. *Environmental Science & Policy*, 12(4): 427–437.

Jongbloed, A.W. and Lenis, N.P. 1998. Environmental concerns about animal manure. *Journal of Animal Science,* 76: 2641–2648.

Jungcurt, S. 2016. *CFS Adopts Recommendations on Livestock, Smallholders and 2030 Agenda*. IISD. http://sdg.iisd.org/news/cfs-adopts-recommendations-on-livestock-smallholders-and-2030-agenda/.

Kapdi, S.S., Vijay, V.K., Rajesh, S.K. & Prasad R. 2005. Biogas scrubbing, compression and storage: perspective and prospectus in Indian context. *Renew Energy* 30: 1195–2002.

Karanja, N. & Njenga, M. 2011. Feeding the Cities. In *The Worldwatch Institute report, 2011. Innovations that nourish the planet.* (also available at groupedebruges.eu/sites/default/files/publications/downloads/stateoftheworld2011.pdf).

Kazianga, H. & Udry, C. 2006. Consumption smoothing? Livestock, insurance and drought in rural Burkina Faso. *Journal of Development Economics*, 79(2): 413–446.

195

Kim ES & Kirkpatrick BW. 2009. Linkage disequilibrium in the North American Holstein population. *Animal Genetics*, 40(3):279-288.

Kinsey, B., Burger, K. & Gunning, J. 1998. Coping with drought in Zimbabwe: survey evidence on responses of rural households to risk, *World Development*, 26, 89–110.

Kirksey, A., Harrison, G. G., Galal, O.M., McCabe, G. A., Wachs, T.D. & Rahmanifar, A. 1992. *The human cost of moderate malnutrition in an Egyptian village.* Final Report Phase II: Nutrition CRSP. Lafayette, LA, USA, Purdue University.

Knobel D.L., Maina, A.N., Cutler, S.J., Ogola, E., Feikin, D.R., Junghae, M., *et al.* 2013. *Coziella burnetii* in humans, domestic ruminants, and ticks in rural western Kenya. *The American Journal of Tropical Medicine and Hygene,* Mar. 88(3): 513-518. Doi: 10.4269/ajtmh.12-0169. Pmid23382156.

Knoll, A., Große-Puppendahl, S. & Mackie, J. 2015. *Universality and Differentiation in the Post–2015 Development Agenda.* Discussion Paper, No. 173, 2015. Maastricht: ECDPM. (also available at www.ecdpm.org/dp173).

Koletzko, B., Demmelmair, H., Grote, V., Prell, C. & Weber, M. 2016. High protein intake in young children and increased weight gain and obesity risk. *The American journal of clinical nutrition*, 103(2): 303–304.

Kosgey, I. S., Rowlands, G. J., Van Arendonk, J. A. M. & Baker, R. L. 2008. Small ruminant production in smallholder and pastoral/extensive farming systems in Kenya. *Small Ruminant Research*, 77(1): 11–24.

Krätli, S. & Dyer, C. 2009. *Mobile pastoralists and education: Strategic options.* Education for Nomads Working Paper 1. International Institute for Environment and Development (IIED). London.

Krebs, N. F., Mazariegos, M., Tshefu, A., Bose, C., Sami, N., Chomba, E. *et al.* 2011. Meat consumption is associated with less stunting among toddlers in four diverse low-income settings. *Food and nutrition bulletin*, 32(3): 185–191.

Kristjanson, P., Waters-Bayer, A., Johnson, N., Tipilda, A., Njuki, J., Baltenweck, I., Grace, D. & MacMillan, S. 2010. *Livestock and Women's Livelihoods: A Review of the Recent Evidence.* Discussion Paper No. 20, International Livestock Research Institute (ILRI).

Kristjansson, E. A., Gelli, A., Welch, V., Greenhalgh, T., Liberato, S., Francis, D. & Espejo, F. 2016. Costs, and cost-outcome of school feeding programmes and feeding programmes for young children. Evidence and recommendations. *International Journal of Educational Development*, 48, 79–83.

Kues, W.A. and Niemann, H. 2004. The contribution of farm animals to human health. *Trends in Biotechnology*, 22(6): 286–294.

Kurukulasuriya, P. & Rosenthal, S. 2013. *Climate change and agriculture: a review of impacts and adaptations.* Environment Department Papers No. 91. Climate Change Series. Washington, D.C., World Bank (also available at documents.worldbank.org/curated/en/2013/06/17911216/climatechange-agriculture-review-impacts-adaptations).

Laca, E.A., and Demment, M.W. 2018. Livestock Production Systems. In Hudson, R., ed., *Management of Agricultural, Forestry, Fisheries and Rural Enterprise*, Oxford, United Kingdom. Eolss Publishers Co. Ltd.

Lal, R. 2003. Carbon Sequestration in Dryland Ecosystems. *Environmental Management* 33(4): 528–544.

Lallemand Animal Nutrition in FeedInfo. 2015. [online]. Lallemand animal nutrition warns of heat stress in cows all over Europe. [Cited 15 May 2018]. http://www.feedinfo.com/console/PageViewer.aspx?page=5050311&str=lallemand).

Lancelot, R., De La Rocque, S. & Chevalier, V. 2008. B*luetongue and Rift Valley fever in livestock: a climate change perspective with a special reference to Europe, the Middle-East and Africa.* Montpellier, France. EDEN Consortium. (also available at https://agritrop.cirad.fr/559553/1/document_559553.pdf).

Landesa. 2015. *Women's land rights.* (also available at www.landesa.org/resources/womens-land-rights-and-the-sustainable-development-goals/).

Leadley, P., Pereira, H.M., Alkemade, R., Fernandez-Manjarres, J.F., Proenca, V., Scharlemann, J.P.W. *et al.* 2010. *Biodiversity scenarios: projections of 21st century change in biodiversity and associated ecosystem services.* Technical Report for the Global Diversity Outlook 3. Technical Series no. 50. Montreal, Canada. Secretariat of the Convention on Biological Diversity.

Lee-Smith, D. 2012. Cities feeding people: an update on urban agriculture in equatorial Africa. *Environment and Urbanization*, 22: 483–499.

Lenihan-Geels, G., Bishop, K. S. & Ferguson, L. R. 2013. Alternative sources of omega-3 fats: can we find a sustainable substitute for fish? *Nutrients*, 5: 1301–1315.

Leroy, J. L. & Frongillo, E. A. 2007. Can interventions to promote animal production ameliorate undernutrition? *the Journal of Nutrition*, 137(10): 2311–2316.

Li, X., Norman, H.C., Kinley, R.D., Laurence, M., Wilmot, M., Bender, H., de Nys, R. & Tomkins, N. 2016. Asparagopsis taxiformis decreases enteric methane production from sheep. *Animal Production Science.* http://dx.doi.org/10.1071/AN15883.

Lien do, T.K., Nhung, B. T., Khan, N. C., Nga, N. T., Hung, N.T., Kiers, J., Shigeru, Y. & te Biesebeke, R. 2009. Impact of milk consumption on performance and health of primary school children in rural Vietnam. *Asia Pacific journal of clinical nutrition*, 18(3): 326–334.

Lloyd, T. 2017. Forty Years of PT Research in the Food Industry: Insights, Challenges and Prospects. *Journal of Agricultural Economics*, 68(1): 3–21.

Loayza, N. V. & Raddatz, C. 2010. The composition of growth matters for poverty alleviation. *Journal of development economics*, 93(1): 137–151.

Lockheed, M.E., Jamison, D.T. & Lau, L.J. 1980. Farmer education and farm efficiency. *Economic Development and Cultural Change*, 29: 37–76. University of Chicago.

Lubroth, J., El Iddrissi, A., Hasibra, M., Black, P. & Burgeon, D. 2017. Linking Animal Diseases and Social Instability. *OIE Scientific and technical Review.*

Ludena, C. E., Hertel, T. W., Preckel, P. V., Foster, K. & Nin, A. 2007. Productivity growth and convergence in crop, ruminant, and non-ruminant production: measurement and forecasts. *Agricultural Economics*, 37(1): 1–17.

Maass, B.L., Musale, D.K., Chiuri, W.L., Gassner, A. & Peters, M. 2012. Challenges and opportunities for smallholder livestock production in post-conflict South Kivu, eastern DR Congo. *Tropical animal health and production*, 44(6): 1221–1232.

MacCarty, N., Still D. & Ogle, D. 2010. Fuel use and emissions performance of fifty cooking stoves in the laboratory and related benchmarks of performance. *Energy for Sustainable Development,* 2010 14(3): 161–171.

MacMillan, S. 2016, February 29. *Livestock and the Sustainable Development Goals*. ILRI News. https://news.ilri.org/2016/02/29/livestock-and-the-sustainable-development-goals/.

Madalena, F. E. 2008. How sustainable are the breeding programs of the global main stream dairy breeds? The Latin-American situation. *Total health*, 138(85): 62.

Makkar, H.P.S. Tran, G., Heuzé, G. & Ankers, P. 2014. State-of-the-art on use of insects as animal feed. *Animal Feed Science and Technology*, 197: 1–33.

Makkar, H.P.S., Tran, G., Heuzé, G., Giger-Reverdin, S., Lessire, M., Lebas, M. & Ankers, P. 2016 Seaweeds for livestock diets: A review. *Animal Feed Science and Technology*, 212: 1–17.

Makkar, H.P.S. 2014. *Biofuel co-products as livestock feed – Opportunities and challenges.* Technical Summary. FAO, Rome, Italy. (also available at: www.fao.org/docrep/019/i3650e/i3650e.pdf).

Makkar, H.P.S. 2017. Review: Feed demand landscape and implications of food-not-feed strategy for food security and climate change. [online].*Journal of Animal Science.* [Cited 15 May 2018]. https://doi.org/10.1017/S175173111700324X.

Marzin, J., Bonnet, P., Bessaoud, O. & Ton-Nu, C. 2016. *Study on small-scale family farming in the Near East and North Africa region – Synthesis.* FAO, CIRAD, CIHEAM.

Mattioli, R.C., Jaitner, J., Clifford, D.J. & Pandey, V.S. 1998. Trypanosome infections and tick infestation: susceptibility in N'Dama, Gobra and N'Dama x Gobra crossbred cattle exposed to natural challenge and maintained under high and low surveillance of trypanosome infections. *Acta Tropica*, 71: 57–71.

Maxwell, D. 1995. Alternative food security strategy, A household analysis of urban agriculture in Kampala. *World Development*, 23: 1669.

Mayberry, D., Ash, A., Prestwidge, D., Godde, C. M., Henderson, B., Duncan, A., Blummel, M., Reddy Y. R. & Herrero, M. 2017. Yield gap analyses to estimate attainable bovine milk yields and evaluate options to increase production in Ethiopia and India. *Agricultural Systems*, 155: 43–51. (also available at http://doi.org/10.1016/j.agsy.2017.04.007).

Mayurasakorn, K., Sitphahul, P. & Hongto, P. O. 2010. Supplement of three eggs a week improves protein malnutrition in Thai children from rural areas. *The FASEB Journal, 24* (1 Supplement): 94–98.

Mbaye, A. & Moustier, P. 1999. Market-oriented urban agricultural production in Dakar. In *N. Bakker et al. eds Growing cities, Growing food. Urban Agriculture on the Policy Agenda,* pp. 235–256. Feldafing, Germany, DSE/ZEL.

McClintock, N., Pallana, E. & Wooten, H. 2014. Urban livestock ownership, management, and regulation in the United States: An exploratory survey and research agenda. *Land Use Policy*, 38: 426–440.

McDonald, M.C. 2011. Neglected tropical and zoonotic diseases and their impact on women's and children's health. In *The Causes and Impacts of Neglected and Zoonotic Diseases: Opportunities for Integrated Intervention Strategies*. Washington D.C. National Academic Press (also available at https://www.ncbi.nlm.nih.gov/books/NBK62515/).

McGechan, M.B., Lewis, D.R. & Hooda, P.S. 2005. Modelling through soil transport of phosphorous to surface waters from livestock agriculture at the field and catchment scale. *Science of the Total Environment*, 344: 185–199.

McKinsey Global Institute. 2016. [online] *People on the move*: Global migration's impact and opportunity. [Cited 15 May 2018]. https://www.mckinsey.com/featured-insights/employment-and-growth/people-on-the-move.

McMichael, A. J., Powles, J. W., Butler, C. D. & Uauy, R. 2007. Food, livestock production, energy, climate change, and health. *The Lancet*, 370(9594): 1253–1263.

McPeak, B.J. 2004. Contrasting income shocks with asset shocks: Livestock sales in northern Kenya. *Oxford Economic Papers*, 56(2): 263–284.

McPeak, B.J. 2017. Applying the concept of resilience to pastoralist household data. *Pastoralism*, 7 (1):14.

Mekonnen, M. M. & Hoekstra, A. Y. 2011. National water footprint accounts: the green, blue and grey water footprint of production and consumption. In *Value of Water Report 50*. Delft, Netherlands, Unesco–IHE Institute for Water Education.

Mekonnen, M.M. & Hoekstra, A.Y. 2012. A Global Assessment of the Water Footprint of Farm Animal Products. *Ecosystems*, 15(3): 401–415.

Mengistu, M.G., Simane, B., Eshete, G. & Workneh, T.S. 2015. A review on biogas technology and its contributions to sustainable rural livelihood in Ethiopia. *Renewable and Sustainable Energy Reviews*, 48: 306–316.

Menzi, H., Oenema, O., Burton, C., Shipin, O., Gerber, P., Robinson, T. & Franceschini, G. 2010. Impacts of intensive livestock production and manure management on the environment. In *Steinfeld, H., Mooney, A., Schneider, F. & Neville, L.E. eds. Livestock in a changing landscape*, Volume 1: 139–163. Washington D.C. The Island Press.

Meyer, MT. 2004. Use and Environmental Occurrence of Veterinary Pharmaceuticals in the United States. In *Pharmaceuticals in the Environment: Sources, Fate, Effects, and Risks*. Kummerer, K. ed.. New York. Springer-Verlag,155–163.

Miao, X and Wu, Q. 2006 Biodiesel production from heterotrophic microalgal oil. *Bioresource Technology*, 97: 841–846.

Miladinovic, D. 2015. How to process novel fish feed protein sources. Feed Technology: All About Feed, pp 4–5, May 2015.

Millennium Ecosystem Assessment. 2005. Ecosystems and Human Well-being: Biodiversity Synthesis. World Resources Institute, Washington, DC. [online]. [Cited 15 May 2018]. https://www.millenniumassessment.org/en/index.html.

Ministry of Agriculture (MoA) and Ministry of Trade (MoT) of the Federal Democratic Republic of Ethiopia, the USAID-funded Agriculture Knowledge, Learning, Documentation and Policy Project and the Livestock Marketing Development Projects. 2014. *Public-Private Partnerships for Livestock Service Facilities: Lessons from Djibouti and Somaliland for the Mille Quarantine Center*.

Modernel, P., Astigarraga, L. & Picasso, V. 2012. Global vs local environmental impacts of grazing and confined beef production systems. *Environmental Research Letters*, 8 (3): 035052. Doi: 10.1088/1748-9326/8/3/035052.

Mohammed, H.A.H. 2013. *Analysis of Livestock Markets and Products for Pastoralists Depending on Natural Rangelands.* (Doctoral dissertation). Available at http://repository.sustech.edu/handle/123456789/4844.

Moore, L. L., Bradlee, M. L., Gao, D. & Singer, M. R. 2008. Effects of average childhood dairy intake on adolescent bone health. *The Journal of Pediatrics*, 153(5): 667–673.

Moreki, J. C., Dikeme, R. & Poroga, B. 2010. The role of village poultry in food security and HIV/AIDS mitigation in Chobe District of Botswana. *Livestock Research for Rural Development*, 22(3): 1–7.

Moritz, M. 2008. Competing Paradigms in Pastoral Development? A Perspective from the Far North of Cameroon. World Development, 36: 2243–2254.

Mosites, E.M., Rabinowitz, P.M., Thumbi, S.T., Montgomery, J.M., Palmer, G.H., May, S., Rowhani, A., Neuhouser, M.L. & Walson, J. 2015. The Relationship between Livestock Ownership and Child Stunting in Three Countries in Eastern Africa Using National Survey Data. *PLOS One* (also available at http://dx.doi.org/10.1371/journal.pone.0136686).

Mottet, A., de Haan, C., Falcucci, A., Tempio, G., Opio, C. & Gerber, P. 2017. Livestock: On our plates or eating at our table? A new analysis of the feed/food debate. *Global Food Security,* 14: 1–8. (also available at www.sciencedirect.com/science/article/pii/S2211912416300013).

Mottet, A., Henderson, B., Opio, C., Falcucci, A., Tempio, G., Silvestri, S. & Gerber, P. J. 2016a. Climate change mitigation and productivity gains in livestock supply chains: insights from regional case studies. *Regional Environmental Change*, 1–13.

Mottet, A., Teillard, F., Falcucci, A. & Gerber, P. 2016b. Achieving mitigation through adaptation: climate smart livestock solutions in Southern Africa. In 6th *International Greenhouse Gas and Animal Agriculture (GGAA2016) Conference*, Melbourne, Australia, February 14–18, 2016.

Mougeot, L.J.A. 2005. Urban agriculture and the millennium development goals. In Mougeot L.J.A., ed. *Agropolis:the social, political and environmental dimensions of urban agricu*lture. London, Earthscan. www.earthscan.co.uk.

Moustier, P. & Danso, G. 2006. Local economic development and marketing of urban produced food. In van Veenhuizen R., ed. *Cities farming for the future. Urban agriculture for sustainable cities*. RUAF Foundation, IDRC and IIRR, pp. 171–206.

Mueller, B., Acero, F. & Estruch, E. 2017. *Creating employment potential in small-ruminant value chains in the Ethiopian Highlands.* FAO Animal Production and Health Working Paper No. 16, Rome, FAO.

Mueller, D.K., Hamilton, P.A., Helsel, D.R., Hitt, K.J. & Ruddy, B.C. 1995. *Nutrients in groundwater and surface water of the United States—an analysis of data through 1992.* US Geological Survey Water Resources Investor Report, 95–4031.

Munday, R. and Reeve, J. 2013. Risk Assessment of Shellfish Toxins. *Toxins*, 5: 2109–2137; doi:10.3390/toxins5112109.

Muradov, N., Taha, M., Miranda, A.F., Kadali, K., Gujar, A., Rochfort, S., Stevenson, T., Ball, A.S. & Mouradov, A. 2014. Dual application of duckweed and azolla plants for wastewater treatment and renewable fuels and petrochemicals production. *Biotechnology for Biofuels*, 7: 30.

Murphy, S. P. & Allen, L. H. 2003. Nutritional importance of animal source foods. *The Journal* *of nutrition*, 133(11): 3932S–3935S.

Murphy, S. P., Gewa, C., Liang, L. J., Grillenberger, M., Bwibo, N. O. & Neumann, C. G. 2003. School snacks containing animal source foods improve dietary quality for children in rural Kenya. *The Journal of Nutrition*, *133*(11): 3950S–3956S.

Murphy, S.P. & Allen, L.H. 1996. *A greater intake of animal products could improve the micronutrient status and development of children in East Africa.* Paper presented at East Africa Livestock Assessment Workshop, Entebbe, Uganda.

Murray, M. & Black, S.J. 1985. African trypanosomosis in cattle: working with nature's solution. *Veterinary Parasitology*, 18: 167–182.

Muthayya, S., Rah, J.H., Sugimoto, J.D., Roos, F.F., Kraemer, K, *et al.* (2013) The Global Hidden Hunger Indices and Maps: An Advocacy Tool for Action. *PLOS ONE* 8(6): e67860. [Cited 15 May 2018]. https://doi.org/10.1371/journal.pone.0067860.

Nahman, A., de Lange, W., Oelofse, S. & Godfrey, L. 2012. The costs of household food waste in South Africa. *Waste Management*, 32: 2147–2153.

Natarajan, A. Chander, M. & Bharathy, N. 2016. Relevance of draught cattle power and its future prospects in India: A review. *Agricultural Reviews*, 37 (1): 49–54.

Naylor, R., Steinfeld, H., Falcon, W., Galloway, J., Smil, V., Bradford, E., Alder, J. & Mooney, H. 2005. Agriculture. Losing the links between livestock and land. *Science.* 310(5754): 1621–2.

Neumann, C.G., Bwibo, N.O., Murphy, S.P., Sigman, M., Whaley, S., Allen, L.H. *et al.* 2003. Animal source foods improve dietary quality, micronutrient status, growth and cognitive function in Kenyan school children: background, study design and baseline findings. *The Journal of Nutrition*, 133(11): 3941S–3949S.

Neumann, C.G., Murphy, S.P., Gewa, C., Grillenberger, M. & Bwibo, N.O. 2007. Meat supplementation improves growth, cognitive, and behavioral outcomes in Kenyan children. *The Journal of Nutrition*, 137(4): 1119–1123.

Neumann, C., Bwibo, N. O. & Sigman, M. 1992. *Functional implications of malnutrition: Kenya project final report.* Human nutrition collaborative research support programme. Los Angeles, Calif, USA: University of California, Los Angeles, School of Public Health.

Neumann, C., Harris, D. M. & Rogers, L. M. 2002. Contribution of animal source foods in improving diet quality and function in children in the developing world. *Nutrition Research*, 22(1): 193–220.

Neumann, C.G., Bwibo, N.O. Gewa, C.A. & Drorbaugh, N. 2013. Animal source foods as a food-based approach to improve diet and nutrition outcomes. In B. Thompson and L. Amoroso (Eds.), *Food based approaches. Improving diets and nutrition* (pp. 157–172). Rome, FAO.

Neumann, C.G., Demment, M.W., Maretzki, A., Drorbaugh, N. & Galvin, K.A. 2010. The livestock revolution and animal source food consumption: benefits, risks and challenges in urban and rural settings of developing countries. In Steinfeld, H., Mooney, H.A., Schneider, F. & Neville, L.E., eds. *Livestock in a changing landscape.* SCOPE.

Ngigi, M. W., Muller, U. & Birner, R. 2015. *The role of livestock portfolios and group-based approaches for building resilience in the face of accelerating climate change: An asset-based panel data analysis from rural Kenya.* Bonn, Germany: Center for Development Research. (also available at http://ssrn.com/abstract=2676574).

201

Niang I, OC Ruppel MA, Abdrabo A, Essel C, Lennard, Padgham J & Urquhart P. (2014) Africa. In *Climate Change 2014: Impacts, Adaptation, and Vulnerability.* Part B: Regional Aspects. Contribution of Working Group II to the Fifth Assessment Report of the Intergovernmental Panel on Climate Change [Barros, V.R., C.B. Field, D.J. Dokken, M.D. Mastrandrea, K.J. Mach, T.E. Bilir, M. Chatterjee, K.L. Ebi, Y.O. Estrada, R.C. Genova, B. Girma, E.S. Kissel, A.N. Levy, S. MacCracken, P.R. Mastrandrea, and L.L.White (eds.)]. Cambridge University Press, Cambridge, United Kingdom and New York, NY, USA, pp. 1199–1265.

Nilsson, M., Griggs, D., Visbeck, M. & Ringler, C. 2016. *A Draft Framework for Understanding SDG Integrations.* Paris. International Council for Science (ICSU).

Nin, A., Ehui, S. & Benin, S. 2007. Livestock productivity in developing countries: an assessment. *Handbook of Agricultural Economics*, 3: 2461–2532.

Njuguna, J. K., Mwongela, M., Allport, R. & Irura, D. 2014. Innovative radio-based extension for agriculture and livestock producers in Kenya. Proceedings of the 1st International Research Conference "Enhancing innovation for sustainable development in the 21st Century and beyond" 29–31 Oct 2014 Chuka University, Kenya.

Nolte, S., Koppenaal, E. C., Esselink, P., Dijkema, K. S., Schuerch, M., De Groot, A. V., *et al*. 2013. Measuring sedimentation in tidal marshes: a review on methods and their applicability in biogeomorphological studies. *Journal of Coastal Conservation*, 17(3): 301–325.

O'Hare, B., Makuta, I., Chiwaula, L. & Bar-Zeev, N. 2013. Income and child mortality in developing countries: a systematic review and meta-analysis. *Journal of the Royal Society of Medicine*, 106(10): 408–414.

O'Neill, J. 2016. *Review on Antimicrobial Resistance. Tackling drug-resistant infections globally: Final report and recommendations.* Report to UK Government, May, 2016, London, UK (also available at http://amr-review.org/sites/default/files/160525_Final%20paper_with%20cover.pdf).

OECD & FAO. 2012. *Guidance for Responsible Agricultural Supply Chains. Recommendation of the Council on principles for Public Governance of Public–Private Partnerships.*

OECD & FAO. 2013. *Agricultural Outlook 2013–2022.* Paris. OECD Publishing, (also available at https://www.oecd.org/tad/agricultural-policies/OECD–FAO_Outlook_2013–2022.pdf).

OECD & FAO. 2015. *OECD–FAO Agricultural Outlook 2015.* Paris. OECD Publishing. (also available at www.oecd-ilibrary.org/agriculture-and-food/oecd-fao-agricultural-outlook-2015_agr_outlook-2015-en).

OECD & FAO. 2016. *OECD–FAO Agricultural Outlook 2016–2025.* Paris. OECD Publishing. (also available at http://dx.doi.org/10.1787/agr_outlook-2016-en).

OECD & FAO. 2017. *Agricultural Outlook 2017–2026.* Paris. OECD Publishing. http://www.oecd-ilibrary.org/agriculture-and-food/oecd-fao-agricultural-outlook-2017-2026_agr_outlook-2017-en).

OECD–FAO Aglink-Cosimo. 2017. [online]. [Cited 15 May 2018]. http://www.agri-outlook.org/about/.

OECD. 2011. *Determinants of productivity growth and competitiveness. Fostering Productivity and Competitiveness in Agriculture.* Paris. OECD Publishing.

OECD. 2012. Looking to 2060: Long-term global growth prospects. *OECD Economic Policy*

Papers No 03. Paris. OECD Publishing.

OECD. 2014. *Competition issues in the food chain industry.* DAF/COMP (2014)16. Paris. OECD Publishing.

OECD. 2015. *Policy Coherence for Sustainable Development.* Paris. OECD Publishing.

Oenema, O. 2006. Nitrogen budgets and losses in livestock systems. In *International Congress Series.* Vol. 1293: pp. 262–271). Amsterdam, Netherlands, Elsevier.

Oilgae. 2016. *Comprehensive Report on Attractive Algae Product Opportunities.* (also available at www.oilgae.com/ref/report/Comprehensive_Report_on_Attractive_Algae_Product_Opportunities_review.pdf).

Omwami, E. M., Neumann, C. & Bwibo, N. O. 2011. Effects of a school feeding intervention on school attendance rates among elementary schoolchildren in rural Kenya. *Nutrition*, 27(2): 188–193.

One Health. 2018. [online]. [Cited 15 May 2018]. http://www.onehealthglobal.net/contact-us/.

Opio, C., Gerber, P., Mottet, A., Falcucci, A., Tempio, G., MacLeod, M., Vellinga, T., Henderson, B.& Steinfeld, H. 2013. *Greenhouse gas emissions from ruminant supply chains – A global life cycle assessment.* FAO. Rome. (also available at www.fao.org/docrep/018/i3461e/i3461e.pdf).

Orsini, F., Kahane, R., Nono-Womdim, R. & Gianquinto, G. 2013. Urban agriculture in the developing world: A review. *Agronomy for Sustainable Development*, 33: 695–720.

Pachauri, R. K., Meyer, L., Plattner, G. K. & Stocker, T. 2015. IPCC, 2014: Climate Change 2014: *Synthesis Report. Contribution of Working Groups I, II and III to the Fifth Assessment Report of the Intergovernmental Panel on Climate Change.* Geneva, IPCC.

PAHO (Pan American Health Organization). 2006. Assessing the economic impact of obesity and associated chronic diseases: Latin America and the Caribbean. Fact Sheet, April 2006. Washington, D.C.

Pardey, P.G., Beintema, N., Dehmer, S. & Stanley, W. 2006. *Agricultural research. A growing global divide?* Washington D.C. IFPRI.

Peterson, K., Mahmud, A., Bhavaraju, N. & Mihaly, A. 2014. *The Promise of Partnerships: A Dialogue between INGOs and Donors.* FSG Consulting.

Petroselli, A, Giannotti, M. Marras, T. & Allegrini, E. 2016. Integrated system of phytodepuration and water reclamation: a comparative evaluation of four municipal wastewater treatment plants. Int. J. Phytoremediation. 2016 Dec 15:0.

Phillips, J. M. 1994. Farmer education and farmer efficiency: A meta-analysis. *Economic development and cultural change*, 43(1): 149–165.

Phuong Anh, M.T., Ali, M. &Thu Ha, T.T. 2004. *Urban and Peri-urban Agriculture in Hanoi: Opportunities and Constraints for Safe and Sustainable Food Production.* Technical Bulletin No. 32, AVRDC – The World Vegetable Center, CIRAD, SUSPER.

Pica-Ciamarra, U., Otte, J. & Chilonda, P. 2007. Livestock policies, land and rural conflicts in sub-Saharan Africa. *Land Reform, Land Settlement and Cooperatives*, 1: 19–33.

Pica-Ciamarra, U., Tasciotti, L., Otte, J. & Zezza, A. 2015. Livestock in the Household Economy: Cross-Country Evidence from Microeconomic Data. *Development Policy Review*, 33(1): 61–81.

Pica, G., Pica-Ciamarra, U.& Otte, J. 2008. *The livestock sector in the World Development Report 2008: Re-assessing the policy priorities.* FAO-Pro-Poor Livestock Policy Initiative (PPLPI) Research Report 08-07. Rome, FAO.

Pighin, D., Pazos, A., Chamorro, V., Paschetta, F., Cunzolo, S., Godoy, F., Messina, V., Pordomingo, A. & Grigioni, G. 2016. A contribution of Beef to Human Health: A review of the Role of the Animal Production Systems. *The Scientific World Journal*, Vol. 2016. Article ID 8681491, 10 p. (also available at http://dx.doi.org/10.1155/2016/8681491).

Pimentel, D., Zuniga, R. & Morrison, D. 2005. Update on the Environmental and Economic Costs Associated with Alien-Invasive Species in the United States. Ecological Economics, 52, 273–288.

Porter, J.R., Xie, L., Challinor, A.J., Cochrane, K., Howden, S.M., Iqbal, M.M., Lobell, D.B. & Travasso, M.I. 2014. *Food security* and *food production systems*. In Climate Change *2014*: Impacts, Adaptation, and Vulnerability. Part *A*: Global and Sectoral Aspects. Contribution of Working Group II to the Fifth Assessment Report of the Intergovernmental Panel on Climate Change. pp. 485–533. Cambridge University Press.

Praagman, J., Beulens, J.W., Alssema, M., Zock, P.L., Wanders, A.J., Sluijs, I. & van der Schouw, Y.T. (2016) The association between dietary saturated fatty acids and ischemic heart disease depends on the type and source of fatty acid in the European Prospective Investigation into Cancer and Nutrition-Netherlands cohort. *American Journal of Clinical Nutrition,* 103(2):356-365.

Pradère, J.P. 2014. Links between livestock production, the environment and sustainable development. *Scientific and Technical Review,* 33(3). World Organisation for Animal Health.

Quisumbing, A.R. ed. 2003. *Household Decisions, Gender, and Development: A Synthesis of Recent Research.* (also available at http://ebrary.ifpri.org/cdm/ref/collection/p15738coll2/id/129647).

Quisumbing, A.R., *et al.* 2015. *Gender, assets, and market-oriented agriculture: learning from high-value crop and livestock projects in Africa and Asia.* (available at https://link.springer.com/article/10.1007/s10460-015-9587-x).

Radhakrishnan, S., Saravana Bhavan, P., Seenivasan, C., Shanthi, R. & Muralisankar, T. 2014. Replacement of fishmeal with Spirulina platensis, Chlorella vulgaris and Azolla pinnata on non-enzymatic and enzymatic antioxidant activities of Macrobrachium rosenbergii. *Journal of Basic & Applied Zoology* 67(2): 25–33.

Raman, D.R., Williams, E.L., Layton, A.C., Burns, R.T., Easter, J.P. & Daugherty, A.S., *et al*. 2004. Estrogen content of dairy and swine wastes. *Environmental Science and Technology,* 38: 3567–3573.

Ran, Y., Lannerstad, M., Herrero, M., Van Middelaar, C. E. & De Boer, I. J. M. 2016. Assessing water resource use in livestock production: A review of methods. *Livestock Science*, 187: 68–79.

Randolph, T., Schelling, E., Grace, D., Nicholson, C.F., Leroy, J.L., Cole, D.C., Demment, M.W., Omore, A., Zinsstag, J. & Ruel, M. 2007. Role of livestock in human nutrition and health for poverty reduction in developing countries. *Journal of Animal Science*, 85: 2788–2800.

Redwood, M. 2008. Agriculture in urban planning: generating livelihoods and food security.

Ottawa, IDRC.

Reimers, M. & Klasen, S. 2013. Revisiting the role of education for agricultural productivity. *American Journal of Agricultural Economics*, 95(1): 131–152.

Restuccia, D., Dennis T. Y. & Xiaodong, Z. 2008. Agriculture and Aggregate Productivity: A Quantitative Cross-Country Analysis. *Journal of Monetary Economics*, (55): 234–50.

Reuters. 2015. *Indian chicken prices surge to record as heatwave kills millions of birds.* [online]. press article 1.6.2015. [Cited 15 May 2018]. www.reuters.com/article/india-heatwave-chicken-idUSL3N0YM0B920150601.

Robinson, T.P., Yhornton, P.K., Franceschini, G., Kruska, R.L., Chiozza, F., Notenbaert, A., Cecchi, G., Herrero, M., Epprecht, M., Fritz, S., You, L., Conchedda, G. & See, L. 2011. *Global livestock production systems*. Rome, Food and Agriculture Organization of the United Nations (FAO) and International Livestock Research Institute (ILRI), 152 pp. Rome.

Rosegrant, M. W. and Cline, S. A. 2003. Global food security: challenges and policies. *Science*, 302 (5652): 1917–1919.

Rosegrant, M. W., Fernandez, M., Sinha, A., Alder, J., Ahammad, H., de Fraiture, C, Eickhour, B., Fonseca, J., Huang, J. et al. 2009. Looking into the future for agriculture and AKST. In McIntyre, B. D., Herren, H. R., Wakhungu, J., Watson, R. T. eds., *International Assessment of Agricultural Knowledge, Science and Technology for Development (IAASTD): Agriculture at a Crossroads, global report*. Washington, D.C., USA: Island Press. pp.307–376.

Rosenthal, J. 2009. Climate change and the geographic distribution of infectious diseases. *EcoHealth*, 6(4): 489–495.

Rosenzweig, M. & Wolpin, K. 1993. Credit market constraints, consumption smoothing, and the accumulation of durable production assets in low-income countries: investments in bullocks in India, *Journal of Political Economy*, (101): 223-244.

Roth, F., Zinsstag, J., Orkhon, D., Chimed-Ochir, G., Hutton, G., Cosivi, O., Carrin, G. & Otte, J. 2003. Human health benefits from livestock vaccination for brucellosis: case study. *Bulletin of the World Health Organisation*, 81(12): 867–876.

RUAF Foundation. *Urban agriculture: what and why?* [online]. [Cited 15 May 2018]. www.ruaf. org/urban-agriculture-what-and-why.

Rubin, D., Tezera, S.& Caldwell, L. 2010. *A Calf, a House, a Business of One's Own: Microcredit, Asset Accumulation, and Economic Empowerment in GL CRSP Projects in Ethiopia and Ghana.* (also available at www.culturalpractice.com/wp-content/downloads/3-2010-19.pdf).

Ruel, M. 2003. Milk Intake Is Associated with Better Growth in Latin America: Evidence from the Demographic and Health Surveys. *FASEB 17.*

Sansoucy, R. 1995. Livestock – a driving force for food security and sustainable development. *World Animal Review*. No.84/85 pp.5–17 ref.16. FAO. Rome.

Sansoucy, R., Jabbar, Mohammad A., Ehui, Simeon K. & Fitzhugh, H. 1995. Keynote paper: *The contribution of livestock to food security and sustainable development*. Research Report 182946. International Livestock Research Institute.

Sasikala, V., Tiwari, R. & Saravanan, M. 2013. A Review on Integrated Farming Systems. *Journal of International Academic Research for Multidisciplinary*, 3(7): 319–328.

Scherf B.D. and Pilling D., eds. Agriculture. In *FAO Commission on Genetic Resources for Food* *and Agriculture Assessments*, Rome, Italy (available at www.fao.org/3/a-i4787e/index.html).

Schiere, H & den Dikken, G. 2003. Urban livestock. Urban farming and animal production, a synthesis. In *Annotated Bibliography on Urban Agriculture*. Sida and ETC-Urban Agriculture Programme pp. 324–351. Leusden, the Netherlands, ETC.

Schouten, S., van Groenigen, J.W., Oenema, O. & Cayuela. M.L. 2012. Bioenergy from cattle manure? Implications of anaerobic digestion and subsequent pyrolysis for carbon and nitrogen dynamics in soil. *Global Change Biology Bioenergy*, 4: 751–760. doi:10.1111/j.1757-1707.2012.01163.

Schroder, D.G. and Brown, K.H. 1994. Nutritional status as a predictor of child survival: Summarizing the association and quantifying its global impact. *Bulletin of the World Health Organisation*, 72: 569–579.

Schuman, G. E., Janzen, H. H. & Herrick, J. E. 2002. Soil carbon dynamics and potential carbon sequestration by rangelands. *Environmental pollution*, 116(3): 391–396.

Scoones, I. 1996. *Hazards and opportunities: farming livelihoods in dryland Africa. Lessons from Zimbabwe*. London, Zed Books. pp 267.

Scott-Villiers, P., Wilson, S., Kabala, N., Kullu, M., Ndung'u, D. & Scott-Villiers, A. 2006. *A Study of Education and Resilience in Kenya's Arid and Semi-Arid Lands*. UNICEF Eastern and Southern Africa Regional Office (ESARO).

Seo, S.N. (2011). Is an integrated farm more resilient against climate change? A micro-econometric analysis of portfolio diversification in African agriculture: Reply. *Food Policy*, 36(3): 450–451.

Sexton, R.J. & Lavoie, N. 2001. Food processing and distribution: an industrial organization approach. *Handbook of agricultural economics*, 1: 863–932.

Shichang Kang, Chaoliu Li, Feiyue Wang, Qianggong Zhang & Zhiyuan Cong. 2009. Total suspended particulate matter and toxic elements indoors during cooking with yak dung. *Atmospheric Environment*, Vol. 43, Issue 27, September 2009, Pages 4243–4246. doi. org/10.1016/j.atmosenv.2009.06.015.

Silliman, B.R., Mozdzer, T., Angelini, C., Brundage, J.E., Esselink, P., Bakker, J.P., Gedan, K.B., van de Koppel, J. & Baldwin, A.H. 2014. Livestock as a potential biological control agent for an invasive wetland plant. In Yoccoz N, ed. *PeerJ*, 2014;2:e567. (also available at https://peerj.com/articles/567/).

Slavchevska, V.,Kaaria, S. & Taivalmaa, S. 2016. *Feminization of Agriculture in the Context of Rural Transformations: What is the Evidence?* World Bank, Washington, D.C.

Smit, J., Nasr, J. & Ratta, A. 2001. Problems Related to Urban Agriculture. In *Urban Agriculture Food, Jobs and Sustainable Cities*. 2001 Edition. The Urban Agriculture Network, Inc. (also available at www.jacsmit.com/book/Chap02.pdf).

Smith, Lisa C., Ramakrishnan, U., Ndaiye, A., Haddad, L.J. & Martorell, R. 2003. "*The Importance of Women's Status for Child Nutrition in Developing Countries*". (also available at www.ifpri.org/publication/importance-womens-status-child-nutrition-developing-countries). IFPRI.

Sorathiya, L.M., Fulsoundar, A.B., Tyagi, K. K., Patel, M.D. & Singh, R.R. 2014. Eco-friendly and modern methods of livestock waste recycling for enhancing farm profitability. *International Journal of Recycling of Organic Waste in Agriculture* 3:50 (DOI 10.1007/s40093-014-0050-6).

Soussana, J.F., Tallec, T. & Blanfort, V. 2010. Mitigating the greenhouse gas balance of ruminant production systems through carbon sequestration in grasslands. *Animal : an international journal of animal bioscience*, 4, 334–350.

Statista. 2017. *Production of biogas worldwide in 2013, by region (in exajoules).* (also available at https://www.statista.com/statistics/481828/biogas-production-worldwide-by-region/).

Steinfeld, H., Gerber, P., Wassenaar, T., Castel, V., Rosales, M. & De Haan, C. 2006. *Livestock's long shadow. Environmental Issues and Options*, FAO, Rome. 390pp.

Steinfeld, H., Mooney, H.A., Schneider, F. & Neville, L.E., eds. 2013. *Livestock in a changing landscape, Volume 1: Drivers, consequences, and responses.* Washington D.C., Island Press.

Steinfeld, H, et al. 2006. *Livestock's Long Shadow: Environmental Issues and Options.* FAO. Rome. 377 pp. (also available at www.globalmethane.org/expo_china07/docs/postexpo/ag_gerber.pdf).

Stevens, G.A., Bennett, J.E., Hennocq, Q. et al. 2015. Trends and mortality effects of vitamin A deficiency in children in 13 low-income and middle-income countries between 1991 and 2013: a pooled analysis of population-based surveys. *Lancet Global Health.*

Sutton, M.A., Bleeker, A., Howard, C.M., Bekunda, M., Grizzetti, B., De Vries, W. et al. 2013. *Our nutrient world: the challenge to produce more food and energy with less pollution.* NERC/Centre for Ecology & Hydrology.

Sutton, P.M., Rittmann, B.E., Schraa, O.J., Banaszak, J.E. & Togna, A.P. 2011. Wastewater as a resource: a unique approach to achieving energy sustainability. *Water Science Technology,* 63(9):2004–9.

Tacon, A.G.J. & Metian, M. 2008. Global overview on the use of fish meal and fish oil in industrially compounded aquafeeds: trends and future prospects. *Aquaculture,* 285: 146–158.

Tacon, A.G.J. & Metian, M. 2015. Feed Matters: Satisfying the Feed Demand of Aquaculture. Reviews. *Fisheries Science & Aquaculture,* 23 (1): 1–10.

Taguchi, M. & Makkar, H. 2015. Issues and options for crop–livestock integration in peri-urban settings. Agriculture for Development, No.26, pp.35–38. (also available at www.researchgate.net/publication/286385924).

Tangka, F.K., Jabbar, M.A. & Shapiro, B.I. 2000. *Gender roles and child nutrition in livestock production systems in developing countries: A critical review.* Socio-economics and Policy Research Working Paper 27. ILRI (International Livestock Research Institute), Nairobi, Kenya, 64 pp.

Tasho, R.P. & Cho, J.Y. 2016. Veterinary antibiotics in animal waste, its distribution in soil and uptake by plants: A review. *Science of the Total Environment,* 563–564, 366–376.

Tegegne, A., Tadesse, M., Yami, A. & Mekasha, Y. 2000. Market-oriented urban and peri-urban dairy systems. *Urban Agriculture Magazine,* 2: 23–24.

Thomas, B., Togarepi, C. & Simasiku, A. 2014. Analysis of the determinants of the sustainability of cattle marketing systems in Zambezi Region of north-eastern communal area of Namibia. *International Journal of Livestock Production,* 5(7): 129–136.

Thornton, P. K. 2010. Livestock Production: Recent Trends, Future Prospects. *Philosophical Transactions of the Royal Society B: Biological Sciences* 365(1554): 2853–2867. (also available at rstb.royalsocietypublishing.org/cgi/doi/10.1098/rstb.2010.0134).

207

Thornton, P.K. & Herrero, M. 2014. Climate change adaptation in mixed crop–livestock systems in developing countries. *Global Food Security*, 3(2): 99–107.

Thornton, P.K., Jones, P.G., Owiyo, T.M., Kruska, R.L., Herrero, M., Kristjanson, P. U. *et al*. 2006. *Mapping climate vulnerability and poverty in Africa.* 200pp. Nairobi, Kenya. ILRI. (also available at https://cgspace.cgiar.org/handle/10568/2307).

Thumbi, S.M., Njenga, M.K., Marsh, T.L., Noh, S., Otiang, E., Munyua, P., Ochieng, L., Ogola, E., Joder, J., Audi, A., Montgomery, J.M., Bigogo, G., Breiman, R.F., Palmer, G.H. & McElwain, T.F. 2015. Linking Human Health and Livestock Health: A "One Health" Platform for integrated Analysis of Human Health, Livestock Health, and Economic Welfare in Livestock Dependent Communities. *PLOS One*, Mar. 2015 (also available at http://dx.doi.org/10.1371/jou-pone.0120761).

Thys, E. 2006. Role of Urban and Peri-urban Livestock Production. In *Poverty Alleviation and Food Security in Africa*. Mémoire in-8°, Nouvelle Série, Tome 26, fasc. 1. Bruxelles, Academie Royale des sciences d'outre-mer.

Thys, E., Oueadraog, M., Speybroec, N. & Geerts, S. 2005. Socio-Economic Determinants of Urban Household Livestock Keeping in Semi-Arid Western Africa. *Journal of Arid Environments*, 63: 475–496.

Tilman, D. & Clark, M. 2014. Global diets link environmental sustainability and human health. *Nature*, 515: 518–522.

Todd, H. 1998. Women climbing out of poverty through credit; or what do cows have to do with it? *Livestock Research for Rural Development* (also available at www.fao.org/ag/aga/AGAP/frg/lrrd/lrrd10/3/todd103.htm).

Tomley, F.M. and Shirley, M.W. 2009. Livestock infectious diseases and zoonoses. Philosophical Transactions of the Royal Society B: *Biological Science*, Sep 27, 364(1530): 2637–2642.

Torres-Lima, P., Rodriques Sanchez, L. M. & Garcia Uriza, B. I. 2000. Mexico City: The integration of urban agriculture to contain urban sprawl. In N. Bakker *et al*. eds. *Growing cities, Growing food. Urban agriculture on the policy agenda,* pp. 363–390. Feldafing, Germany.

Torres, M.M. *et al*. 2001. A case study on the National Dairy Development Board of India. http://siteresources.worldbank.org/INTEMPOWERMENT/Resources/14655_NatlDairy-web.pdf).

Townsend, R. and Thirtle, C. 2001. Is livestock research unproductive? Separating health maintenance from improvement research. *Agricultural Economics*, 25(2-3): 177–189.

Tran, G., Heuzé, V. & Makkar, H.P.S. 2015. Insects in fish diets. *Animal Frontiers*, 2015, 5: 37–44.

Triboi, R.M. 2017. *Urban pastoralism as environmental tool for sustainable urbanism in Romania and Eastern Europe.* Procedia Environmental Sciences International Conference – Green Urbanism, GU. (also available at https://www.ierek.com/wp-content/uploads/2016/08/procediaES_conferenceaGU_Triboi.pdf).

Turmelle, A.S. and Olival, K.J. 2009. Correlates of viral richness in bats (order Chiroptera). *EcoHealth*, 6(4): 522–539.

TWN (Third World Network). 2016. *Access to medicines fundamental to achieving right to health*. TWN Info Service on UN Sustainable Development (also available at www.twn.my/title2/unsd/2016/unsd160701.htm).

Udo, H.M.J. and Steenstra, F. 2010. *Intensification of smallholder livestock production: is it sustainable?* The 5th International Seminar on Tropical Animal Production Community Empowerment and Tropical Animal Industry, Yogyakarta, Indonesia.

UN, Economic and Social Council. 2016. Report of the Secretary-General – *Progress towards the Sustainable Development Goals*. (also available at www.un.org/ga/search/view_doc. asp?symbol=E/2016/75&Lang=E).

UN. 1948. *Universal Declaration of Human Rights.* UN, New York.

UN. 2008. International Standard Industrial Classification of All Economic Activities Rev. 4. Department of Economic and Social Affairs. New York, USA.

UN. 2014. *World Urbanization prospects. The 2014 Revision.* (also available at https://esa.un.org/unpd/wup/publications/files/wup2014-highlights.Pdf).

UN. 2016a. *Transforming our World: The 2030 Agenda for Sustainable Development.* New York. A/RES/70/1.

UN. 2016b. *The Sustainable Development Goals Report 2016.* United Nations, New York.

UN. 2016c. Report of the Secretary-General, *"Progress towards the Sustainable Development Goals"*, E/2016/75.

UN. 2016d. *Sustainable Development Goal. Build resilient infrastructure, promote sustainable industrialization and foster innovation.* (also available at www.un.org/sustainabledevelopment/infrastructure-industrialization/).

UN. 2017. Department of Economic and Social Affairs, Population Division. *World Population Prospects: The 2017 Revision, Key Findings and Advance Tables.* ESA/PWP/248.

UNDP. UNDP support to the Implementation of Sustainable Development Goal 16. January 2016. New York. (also available at www.undp.org/content/dam/norway/undp-ogc/documents/16_peace_Jan15_digital.pdf).

UNESCO. 2015. *Education 2030 Incheon Declaration and Framework for Action.* UNESCO, Paris.

UNESCO. 2016. *Education for people and planet: creating sustainable futures for all. Global Education Monitoring Report.* UNESCO, Paris.

UNICEF. 2002. *Case studies on girls' education.* UNICEF, New York.

UNICEF/WHO/World Bank. 2017. *Joint Child Malnutrition Estimates.* [online]. [Cited 15 May 2018].https://data.unicef.org/topic/nutrition/malnutrition/#.

UNIDO. 2015. *Industrial Development Report 2016: The Role of Technology and Innovation in Inclusive and Sustainable Industrial Development.* Vienna, Austria.

UNIDO. 2017. MVA Manufacturing Value Added Database. Vienna. [online]. [Cited 15 May 2018]. http://stat.unido.org.

United Nations, Department of Economic and Social Affairs, Population Division, 2015. *World Population Prospects: The 2015 Revision. Key Findings and Advance Tables.* Working Paper No. ESA/P/WP.241. (also available at www.un.org/esa/ffd/wp-content/uploads/2015/08/AAAA_Outcome.pdf).

UNSTAT. 2016. SDG Goal 5. https://unstats.un.org/sdgs/report/2016/goal-05/.

Upadhyay, B. 2005. *Women and natural resource management: Illustrations from India and Nepal* (available at https://onlinelibrary.wiley.com/doi/abs/10.1111/j.1477-8947.2005. 00132.x).

Upadhyaya, S. 2013. *Country grouping in UNIDO statistics.* United Nations Industrial Development Organization (UNIDO) working paper 1/2013.

Upton, M. 2004. *The Role of Livestock in Economic Development and Poverty Reduction.* PPLPI Working Paper No.10. FAO. Rome. (also available at http://ageconsearch.umn.edu/bitstream/23783/1/wp040010.pdf.

Valdés, A. & Foster, W. 2010. Reflections on the Role of Agriculture in Pro-Poor Growth. *World Development*, 38(10): 1362–1374.

Valdés, A. & William, F. 2010. Reflections on the Role of Agriculture in Pro-Poor Growth, *World Development*, 38(10): 1362–1374.

Van Dooren, C., Marinussen, M., Blonkb, H., Aiking, H. & Vellinga, P. 2014. Exploring dietary guidelines based on ecological and nutritional values: A comparison of six dietary patterns. *Food Policy*, 44: 36–46.

Van Hoeve, E, Van Koppen, B. 2005. *Beyond fetching water for livestock: A gendered sustainable livelihood framework to assess livestock-water productivity.* (available at https://www.researchgate.net/publication/255621693_Beyond_fetching_water_for_livestock_A_gendered_sustainable_livelihood_framework_to_assess_livestock-water_productivity).

Victora, C. G., Adair, L., Fall, C., Hallal, P. C., Martorell, R., Richter, L. & Sachdev, H. S. Maternal & Child Undernutrition Study Group. 2008. Maternal and child undernutrition: consequences for adult health and human capital. *The Lancet*, 371(9609): 340–357.

Von Wissmann, B., Machila, N., Picozzi, K., Fèvre, E.M., deC.Bronvoort, B.M., Handel, I.G. *et al.* 2011. Factors associated with acquisition of human infective and animal infective trypanosomes infections in domestic livestock in Western Kenya. (2011). *PLOS Neglected Tropical Diseases,* Jan. (1): e941. Doi: 10.1371/journal.pntd.0000941. pmid:21311575.

Voortman, T., Braun, K. V. E., Kiefte-de Jong, J. C., Jaddoe, V. W., Franco, O. H. & van den Hooven, E. H. 2016. Protein intake in early childhood and body composition at the age of 6 years: the Generation R Study. *International Journal of Obesity*, 40(6): 1018–1026.

Walker, P., Rhubart-Berg, P., McKenzie, S., Kelling, K. & Lawrence, R. S. 2005. Public health implications of meat production and consumption. *Public health nutrition*, 8(04): 348–356.

Wallis DeVries, M.F., Poschlod, P. & Willems, J.H. 2002. Challenges for the conservation of calcareous grasslands in northwestern Europe: integrating the requirements of flora and fauna. *Biological Conservation*, 104: 265–273.

Watanabe, F. 2007. Vitamin B12 sources and bioavailability. *Experimental Biology and Medicine*, 232(10): 1266–1274.

Webb, J. and Archer, J.R. 1994. Pollution of soils and watercourses by wastes from livestock production systems. In *Pollution in Livestock Production Systems.* Dewi, I.A., Axford, R.F.E., Marai, I.F.M. & Omed, H.M., eds. Oxfordshire, UK. CABI Publishing, 189–204.

Wei, H-G, Yang, P., Wang, Y, and Xie, Z. 2004. Use of rural energy resources and eco-environmental degradation in Tibet. *Journal of Environmental Sciences* 16(6): 1046–50.

Weir, S. 1999. The effects of education on farmer productivity in rural Ethiopia. *The Centre for the Study of African Economies Working Paper Series*, 91.

WHO. 2014. Global Health Observatory (GHO) Data. *Mortality from household air pollution.* (also available at www.who.int/gho/phe/indoor_air_pollution/burden_text/en/).

WHO. 2015. *Maternal mortality*. Fact sheet, Updated November 2016 www.who.int/mediacentre/factsheets/fs348/en/.

WHO. 2016. *Antimicrobial resistance – Global action plan on antimicrobial resistance*. ISBN: 078241509763.

WHO. 2017. *Obesity and overweight – Fact sheet*. [online]. [Cited 15 May 2018]. www.who.int/mediacentre/factsheets/fs311/en/.

Wilson, J., Deinum, B. & Engels, F. 1991. Temperature effects on anatomy and digestibility of leaf and stem of tropical and temperate forage species. Netherlands Journal of Agricultural Science, 39: 31–48.

Winters, L.A. 2001. Trade policies for poverty alleviation in developing countries. In B.Hoekman, P. English & A. Mattoo, eds. *Trade policy, economic development and multilateral negotiations: a sourcebook*. Washington, DC, The World Bank.

Witzke, P., Kempen, M., Pérez, I., Jansson, T., Skokai, P., Helming, J., Heckelei, D., Moro, A., Tonini, A. & Fellman, T. 2009. *Regional economic analysis of milk quota reform in the EU*. IPTS Report. Luxembourg, European Commission.

Woolhouse, M., Ward, M., van Bunnik, B. & Farrar, J. 2015. Antimicrobial resistance in humans, livestock and the wider environment. *Philosophical Transactions of the Royal Society B* DOI:10.1098/rstb.2014.0083): 15 pp.

World Bank. 2001. *Engendering development: through gender equality in rights, resources, and voice* (also available at siteresources.worldbank.org/PGLP/Resources/Engendering_Development.pdf).

World Bank. 2013. *The Role of Livestock Data in Rural Africa: The Tanzanian Case Study*. www.fao.org/resources/infographics/infographics-details/en/c/201887/.

World Bank. 2014. *Clean and Improved Cooking in Sub-Saharan Africa – a landscape report*. Washington, D.C., USA. (also available at http:// documents.worldbank.org/curated/en/164241468178757464/pdf/98664-REVISED-WP-P146621-PUBLIC-Box 1393185B.pdf).

World Bank. 2016. *Poverty and Shared Prosperity 2016: Taking on Inequality*. Washington, D.C., World Bank.

World Bank. 2017. *World Development Indicators*. Washington, D.C., World Bank. https://data.worldbank.org/products/wdi.

World Resources Institute. 2005. Millennium Ecosystem Assessment, 2005. *Ecosystems and Human Well-being: Biodiversity Synthesis*. Washington, D.C.

Wrage, N., Strodthoff, J., Cahill, H.M., Isselstein, J. & Kaisers, M. 2011. Phytodiversity of temperate permanent grasslands: Ecosystem services for agriculture and livestock management for diversity conservation. *Biodiversity Conservation*, 20: 3317–3339.

Wyness, L. 2013. Nutritional aspects of red meat in the diet. In J.D. Wood and C. Rowlings, eds. *Nutritional and Climate Change: Major Issue Confronting the Meat Industry*. Nottingham University Press, pp. 1–22.

Xiao, Q., Saikawa, E., Yokelson, R.J., Chen P., Li, V. & Kang, S. 2015. Indoor air pollution from burning yak dung as a household fuel in Tibet. *Atmospheric Environment*, Vol. 102, February 2015, pp. 406–412. doi.org/10.1016/j.atmosenv.2014.11.060.

Yaméogo, N.D., Nabassaga, T. & Ncube, M. 2014. Diversification and sophistication of livestock products: The case of African countries. *Food Policy*, 49: 398–407.

Yi-Zhang, C. & Zhangen, Z. (2000). Shanghai: trends towards specialised and capital intensive urban agriculture. In N. Bakker *et al.* (eds), *Growing cities, growing food, urban agriculture on the policy Agenda,* pp. 467–475. Feldafing, Germany, DSE/ZEL.

Yisehak, K. 2008. Gender responsibility in smallholder mixed crop–livestock production systems of Jimma zone, South West Ethiopia. *Livestock Research for Rural Development.* 20:11. [online]. [Cited 15 May 2018]. http://www.lrrd.org/lrrd20/1/yise20011.htm.

Yue, X.P., Dechow, C., Liu, W.S. 2015. A limited number of Y chromosome lineages is present in North American Holsteins. *Journal of Dairy Science*, 98(4): 2738-2744.

Zezza A. & Tasciotti L. 2010. Urban agriculture, poverty, and food security: Empirical evidence from a sample of developing countries. *Food Policy,* 35: 265–273.

Zhang, W., Ziao, S. Samaraweera, H., Lee, E.J.& Ahn, D.U. 2010. Improving functional value of meat products. *Meat Science*, 86(1): 15–31.

图书在版编目（CIP）数据

世界畜牧业：实现可持续发展目标，促进畜牧业转
型 / 联合国粮食及农业组织编著；刘芹防，刘琳译.—
北京：中国农业出版社，2022.12
（FAO中文出版计划项目丛书）
ISBN 978-7-109-24719-2

Ⅰ.①世…　Ⅱ.①联…　②刘…　③刘…　Ⅲ.①畜牧业
—产业发展—世界　Ⅳ.①F316.3

中国国家版本馆CIP数据核字（2023）第002611号

著作权合同登记号：图字01-2022-4077号

世界畜牧业——实现可持续发展目标，促进畜牧业转型
SHIJIE XUMUYE—SHIXIAN KECHIXU FAZHAN MUBIAO CUJIN XUMUYE ZHUANXING

中国农业出版社出版
地址：北京市朝阳区麦子店街18号楼
邮编：100125
责任编辑：郑　君　　文字编辑：张潇逸
版式设计：杜　然　　责任校对：吴丽婷
印刷：北京通州皇家印刷厂
版次：2022年12月第1版
印次：2022年12月北京第1次印刷
发行：新华书店北京发行所
开本：700mm×1000mm　1/16
印张：15.25
字数：290千字
定价：98.00元